T0149290

الطفل نموه - ذكائه - وتعلمه

الدكتور وليد رفيق العياصرة

عماد الدين للنشر والتوزيع
عمان – الأردن
٢٠١١م

الطبعة الأولى

1432هـ -2011م

المملكة الأردنية الهاشمية
رقم الإيداع لدى دائرة المكتبة الوطنية
(2010/9/3268)

155.4
العياصره ، وليد رفيق
الشورى في الاسلام وممارستها التربويه / وليد رفيق العياصره –
عمان :عماد الدين للنشر والتوزيع ،2010
(248)ص
ر.أ(2010/9/3268)
الواصفات : سكيولوجيه الطفوله//الاطفال//رعايه طفوله

- ❖ أعدت دائرة المكتبة الوطنية بيانات الفهرسة والتصنيف الأولية
- ❖ يتحمل المؤلف كامل المسؤولية القانونية عن محتوى مصنفه ولا يعبّر هذا المصنف عن رأي دائرة المكتبة الوطنية أو أي جهة حكومية أخرى.

ISBN 978-9957-506-61-2 (ردمك

عماد الدين للنشر والتوزيع
عمان - العبدلي - مركز جوهرة القدس
هاتف ٦١١١٤٢٣ فاكس ٦١١١٤٢٦ ٦ ٩٦٢ +
ص.ب ٩٢٣٠٠١ عمان ١١١٩٢ الأردن
E-mail:emadhamad@gmail.com

الإهداء

إلى والديّ اللذين أدباني وعلماني ((رب ارحمهما كما ربياني صغيرا))

إلى زوجتي وأبنائي

إلى إخواني وأخواتي

إلى أصدقائي

إلى كل مربٍ ومعلم وطالب يبتغي بعلمه رضا اللـه سبحانه وتعالى

إليهم جميعا أهدي هذا العمل

فــهرس المحتـويـات

بسم الـلـه الرحمن الرحيم

المقدمة:

الحمد لله رب العالمين والصلاة والسلام على سيدنا ومعلمنا محمد صلى الـلـه عليه وآله وسم وبعد:

واكب التطور الهائل والمتعدد الجوانب في هذا القرن، تطورا مماثلا في مجالي التعليم والتعلم، فالتعليم لم يعد قائما على التلقين وحشو الأذهان بالمعلومات كما كان الحال في الماضي، وإنما أصبح يقوم تنظيم تعلم الطفل، وتوفير الظروف المساعدة على إحداث التغيرات المرغوبة في سلوكه، وعلى النحو الذي يكفل نموه النمو المتكامل في جميع النواحي النفسية والجسمية والعقلية والانفعالية والاجتماعية.

تناول هذا الكتاب معالجة عدد من مفاهيم في موضوعات النمو والذكاء والتعلم، وتضمنت المعالجة عرضا نظريا لأهم الأفكار النفسية والتربوية ومبادئ تطبيقية لهذه المفاهيم والموضوعات، اعتمادا على ما وفرته عدد من الدراسات والبحوث من معارف في هذا العلم.

لقد نظمت هذه المعارف بطريقة تتفق إلى حد ما مع طبيعة الطفل في المراحل العمرية المختلفة، المتمثلة في النمو بجوانبه المتعددة، والمدخلات التربوية، وسيكولوجية التعلم والتعليم والتقويم.

جاء هذا الكتاب لكي يكون دليلا عمليا للمربين، ومساعدتهم على: فهم عملية النمو عند الطفل ومراحلها وجوانبها المختلفة ونظريات النمو المختلفة وطرق تعليمه وأبرز النظريات النفسية والتربوية في التعليم والذكاء.

فهذا الكتاب يزويد المربن بحصيلة من المبادئ الصحيحة التي تفسر التعلم المدرسي، واكتسابهم مهارات الفهم النظري والوظيفي للعملية التربوية، وتدريبهم على التفسير العلمي لمختلف أنماط السلوك التي تصدر عن الطفل وخاصة إذا استمرت فترة من الزمن، وبذلك تصبح عنده القدرة على التمييز بين أنماط السلوك التي تثير الاهتمام والتي لا تثير الاهتمام، فهذا الكتاب يساعدهم على أن يجيبوا عن السؤال الآتي: ما الذي يسبب سلوك الطفل؟ وما العوامل المسئولة عن إحداث هذا السلوك؟ وبذلك يتجه نحو الفهم الأفضل للعملية التربوية، فلا تكون استجابته لسلوك الطفل انفعالية أو دفاعية، ومساعدتهم على التنبؤ بالسلوك وضبطه.

يحتوي هذا الكتاب على النظرية البسيطة، ودليلها العملي التطبيقي، فهو كتاب ضروري لكل مرب.

تكونت فصول الكتاب من ثلاثة فصول موزعة على النحو الآتي:

الأول: ويتعلق بموضوع النمو ومفهومه ومظاهره وطرق دراسته، والعوامل المؤثرة فيه، ومبادئه، والنمو المعرفي، والاجتماعي والنفسي واللغوي، والأخلاقي، ومشاكل النمو، وخصائص النمو للطفل.

والثاني: ويتعلق بموضوع الذكاء ومفهومه وطبيعته ومكوناته وقياسه وأنواعه، والابتكار والإبداع والتفكير.

والثالث: ويتعلق بموضوع التعلم ونظرياته والمفاهيم الجديدة فيه وأهميته وتصنيفه، والعوامل المؤثرة فيه كالدافعية والاستعداد، ومعايير التعلم الصفي الفعال، والعوامل المؤثرة في التعلم الصفي الفعال، ومراحل عملية التعلم، والمفاهيم المستخدمة في سيكولوجية التعلم، ونظريات التعلم المختلفة.

وفي الختام لابد من القول إلى أن فهم هذه الموضوعات على نحو تكاملي يمكن المربي من تكوين تصورا واضحا عن العملية التعليمية التعلمية ويساعده على تجاوز الكثير من المشكلات التي تواجهه أثناء أداء نشاطاته التعليمية المختلفة، الأمر الذي يسهل تعلم الطفل ويجعل التعليم أكثر فاعلية.

الدكتور وليد رفيق العياصرة

الفصل الأول
النمو عند الطفل:

المبحث الأول
مفهوم النمو:

إن فهم عملية النمو والعوامل المؤثرة فيها والمراحل التي تمر بها، يساعد المعلم على التعرف على خصائص المتعلم وفهم سلوكه المدخلي والنهائي [1] في الأوضاع التربوية المختلفة، وإن تحديد السلوك المدخلي للمتعلم لا يمكن أن يتم بغياب المعرفة التامة بخصائص المتعلم ومبادئ نموه ومظاهره، فدراسة موضوع النمو يمكن المعلم من الإجابة عن سؤال مهم يساعده على تحقيق أهدافه التعليمية وهو: من أدرس؟

تكمن أهمية معرفة النمو والعوامل المؤثرة فيه في العملية التعليمية التعلمية، عندما نجد الارتباط القوي بين التعلم وحدوثه وبين النمو الجسدي والنفسي والمعرفي واللغوي والاجتماعي.

تجدر الإشارة إلى أن تحقيق أهداف العملية التعليمية التعلمية مسعى معقد، ومعرفة كيف يحدث التعلم وكيف يرتبط بالنمو، أمر يمكن المربين من تنظيم التعليم على نحو يعزز النمو السوي ويعمل على تطوير شخصية صحيحة متكاملة (النشواتي، ٢٠٠٣: ١٤٧، بتصرف).

إن من الأهمية بمكان أن يتعرف المعلم على ما يحدث في سنوات العمر الأولى لطلابه، فمعرفة اتجاهات النمو في الطفولة ومشاكله تلقي ضوءاً على سنوات المراهقة والرشد، كما أن هذه السنوات تساعد المعلم أن يفهم تلميذه كما هو الآن، من خلال

---

[1]. يقصد بالسلوك المدخلي: المعرفة السابقة لدى المتعلم أو إلى ما يجب أن يكون المتعلم قد تعلمه حين يعد نفسه لتعلم جديد، فالسلوك المدخلي لفرد ما يتمثل في تحديد النقطة التي يجب أن يبدأ منها تعلم ذلك الفرد وتعليمه ومن الواضح أيضا أن نقطة البداية هذه تختلف من متعلم إلى آخر.

أما السلوك النهائي فيشير إلى: هو الحالة المستقبلية للسلوك الذي يريد المعلم أن يصل إليه المتعلم أو يحققه، أي أن المعلم يسير من السلوك المدخلي إلى السلوك النهائي، وهذا يؤكد على أمر في غاية الأهمية وهو أن العلم تراكمي. مثال: لو كان الهدف النهائي تلاوة سورة الرحمن تلاوة سليمة مع مراعاة أحكام النون الساكنة. فمن اجل تحقيق هذا الهدف يجب على المتعلم أن يكون تعلم (السلوك المدخلي): معرفة المعرفة المقصود من النون الساكنة، والفرق بينها وبين النون المتحركة، والتعريف بالإظهار والإدغام والإخفاء ... وحروف كل منها... وكيفية لفظها.....

معرفته لما حصل له في الماضي، كما يعينه في إرشاده ومساعدته في التغلب على مشكلاته، وغني عن الذكر أن معرفة المعلم بخصائص نمو طلابه يساعده في تخطيط برامجه التعليمية بشكل أنجح مما لو قام بتخطيط تعليمه بغياب هذه المعرفة (عدس، وقطامي، ٢٠٠٦: ٧٦).

معنى النمو:

النمو: هو جميع المتغيرات النوعية والكمية التي تطرأ على الإنسان منذ لحظة تكوين الزايجوت (البويضة الملقحة) إلى أرذل العمر والناتج من تفاع عاملي: النضج والتعلم (الخبرة). (Kagan and Segal, ١٩٩٢).

النضج (Motivation): المتغيرات التي تحدث بشكل متزامن في الأجهزة الجسمية والحسية وفقا لمخطط وراثي بيولوجي دون أن يكون لعوامل البيئية أثر فيها.

التعلم (الخبرة، *Experience*): المتغيرات التي تطرأ على سلوكات الأفراد بفعل التفاعل مع البيئة وتشمل الجوانب المعرفية والمهارات الحركية والاجتماعية والأخلاقية.

النمو شبكة معقدة من النضج والتعلم ويشير إلى كافة التغيرات السلوكية التي تنجم عن تفاعل هذين العاملين.

أهداف دراسة النمو:

١. فهم طبيعة الأفراد والمتغيرات التي تطرأ على سلوكهم عبر المراحل العمرية المختلفة.
٢. معرفة خصائص الأفراد النمائية في المراحل العمرية، الأمر الذي يسهم في توفير مطالب وحاجات النمو المناسبة لتلك مرحلة.
٣. اختيار الخبرات والمهارات الأكاديمية وغير الأكاديمية المناسبة لكل مرحلة.
٤. اختيار استراتيجيات وطرائق تقديم الخبرات (اختيار استراتيجيات التدريس المناسبة).
٥. تحديد العوامل الوراثية والبيئية التي تؤثر سلبا أو إيجابا على في النمو.
٦. وضع البرامج الإرشادية المناسبة كبرامج الإرشاد والتوجيه النفسي أو برامج التوجيه المهني لمساعدة المراهقين على التكيف السليم.

المبحث الثاني

مظاهر النمو:

إن الإنسان ينمو ككل متكامل، ولكنا نستطيع أن نلاحظ بين الحين والآخر جانب من جوانب النمو فيتم التركيز على هذا الجانب بالدراسة والبحث للكشف عن ما يطرأ عليه من تغيرات، وتوصف بأنها مظاهر مختلفة للنمو ورغم التكامل والتآزر بين المظاهر المتعددة، يمكن إيجاز مظاهر النمو على النحو الآتي:

١. الجانب الجسمي: يظهر النمو في هذا الجانب في صور متعددة منها:

- تغيرات كمية: مثل تغير في الوزن والطول.
- تغيرات في العدد: كالتغير في عدد الأسنان حيث يبدأ بواحد أو اثنين ثم يتجاوز العشرين في فترة محددة، وكذلك عدد الكلمات التي يلفظها الطفل حيث يبدأ بكلمة ثم كلمتين ثم شبه جملة...
- تغيرات في الشكل: يبدأ الإنسان حياته كتلة لحمية وتتطور هذا الكتلة باستمرار ...
- تغيرات في النسب: وأكثر ما تظهر هذه التغيرات في الرأس الذي يعادل عند الوليد ٤/١ من الجسم في حين أنه لا يتجاوز عند الراشد ٨/١ من الجسم.
- ظهور أشياء جديدة: مثل ظهور شعر اللحية والشارب.
- اختفاء أشياء قائمة: مثل اختفاء الغدة الصنوبرية.

٢. الجانب الفسيولوجي: يظهر النمو في هذا الجانب في صور متعددة منها:

- ضربات القلب: حيث تأخذ ضربات القلب بالتناقص التدريجي بحيث تصبح عند الراشد نصف ما كانت عليه عند الولادة.
- التغذية والهضم: ينتقل الإنسان من الاعتماد الكلي على الغذاء السائل إلي تناول الأغذية الصلبة.
- التبول والإخراج: يسيطر الإنسان على هاتين العمليتين تدريجيا ويتحكم بهما.

٣. الجوانب الحسية والحركية: يظهر النمو في هذا الجانب في صور متعددة منها:

- التطورات على إحساسات الذوق والشم: يبدأ الطفل حياته لا يميز بين الأطعمة والروائح؛ ولذلك يندر أن يرفض الأطعمة التي تقدم له مع أنها في حالات قد تكون

مزودة بفيتامينات ذات مذاق غير مستحب وروائح غير جاذبة، فإذا كبر بعض الشيء ابتدأ التمييز بين الأطعمة فيرفض هذا ويطلب هذا، وتشده هذه الرائحة وينفر من تلك.

- التطورات على السمع والبصر: تزداد قدرة هذه الحواس الحسية على الاستقبال وتزداد حدة وترتفع قدرتها على التفريق والتمييز كلما تقدم الطفل في العمر.

- مهارات التقاط الأشياء: يبدأ الطفل بمحاولة التقاط الأشياء من خلال اندفاعه نحو الشيء، ثم الإمساك به بكل اليد ثم التقاطه بأطراف الأصابع.

- مهارات اللعب: تبدأ على صورة اهتزازات للرأس مع الجذع مع الرجلين مع حركة اليدين (الجسم ككل)، ثم التدرج شيئا فشيئا إلى ممارسة اللعب بالأيدي أو ركل الكرة بالأرجل ونحو ذلك من الحركات المتخصصة.

٤. الجوانب العقلية: أبرز مظاهر النمو فيها على النحو الآتي:

- الانتقال من الاعتماد الكلي على الإدراك الحسي إلى التجريد والتعميم والاستدلال.

- الانتقال من الحفظ الآلي (الصم) إلى الحفظ المبني على الفهم (التعلم).

- الانتقال من الانسجام مع الخيال إلى الالتصاق بالواقع.

٥. الجانب اللغوي: أبرز مظاهر النمو اللغوي على النحو الآتي:

- زيادة عدد المفردات اللغوية.

- زيادة طول الجملة.

- سلامة النطق والتركيب.

- إدراك قواعد اللغة.

٦. الجانب الانفعالي: أبرز مظاهر النمو الانفعالي على النحو الآتي:

- الانتقال من التهيج العام إلى الانفعالات المتمايزة.

- الانتقال من عدم القدرة على التحكم في الانفعالات إلى السيطرة عليها.

- الانتقال من الانفعالات المؤقتة إلى العواطف المستدامة.

٧. الجانب الاجتماعي: ومن مظاهر النمو في هذا الجانب:

- الانتقال من اللعب الفردي إلى الاجتماعي.

- الانتقال من الأنانية إلى الغيرة.

- الانتقال من التنظيم الخارجي إلى الضبط الذاتي.

- تمييز الأصدقاء.

٨. النمو الجنسي: ومن مظاهر النمو في هذا الجانب:

● نشاط الأجهزة الجنسية في فترة المراهقة بعد ضعف استمر طوال فترة الطفولة.

● بروز الخصائص الجنسية الثانوية التي تعبر رمزيا عن نشاط الأجهزة التناسلية مثل ظهور الشعر على الذقن، وخشونة الصوت عند الذكور، واتساع منطقة الحوض ونمو الثديين عند الإناث.

للمزيد أنظر (الكند، ١٩٩٦، وعريفج، ٢٠٠٢، وكونجر، ١٩٨٥).

المبحث الثالث:

مفهوم الفترة الحرجة في النمو (Critical period):

١. يقتنع عدد من العلماء بوجود فترة حرجة في النمو.

٢. تعرف الفترة الحرجة بأنها: الفترة التي يسارع خلالها تطور بعض العمليات النفسية، وتكون فيها العضوية شديدة الحساسية وعرضه للتأثير السريع بالمثيرات البيئية.

٣. تتطلب هذه الفترة استثارة العضوية بشكل مناسب؛ لتتمكن من اكتساب الخبرات التي يجب أن تكتسبها أثناء الفترة الحرجة، وإذا لم تستثر العضوية أو كانت استثارتها غير مناسبة، فقد تفقد القدرة على اكتساب هذه الخبرات التي يجب أن تكتسبها أثناء هذه الفترة، أو قد يتبطأ معدل سرعة اكتسابها لها، الأمر الذي يؤثر سلبا في فترة النمو اللاحقة.

٤. أظهرت نتائج العديد من الدراسات وجود فترة حرجة عند العديد من الحيوانات، كالإوز، والعصافير، والقرود والكلاب، فقد يبين لورنز (Lorenz, ١٩٧٥) أن فراخ الإوز تواجه فترة حرجة في الساعات الأولى المبكرة في حياتها، حين تتبع أي حجم متحرك في بيئتها ولو كان غير الأم الطبيعية، وكذلك بين وجود هذه الفترة الحرجة لدى أنواع من العصافير تقع فيها فيما بين الأسبوع الثاني والثامن من حياتها، حيث تحتاج إلى سماع غناء العصافير الأخرى في هذه الفترة لتكتسب القدرة على إنتاج الأصوات الغنائية، وأن تعرضها للغناء قبل هذه الفترة أو بعدها لن يؤثر في قدرتها على اكتساب الغناء.

٥. لا يوجد دليل قاطع على وجود فترة حرجة عند الإنسان، لكن العديد من علماء النفس النمو يعتقدون أن السنوات الخمس الأولى تشكل فترة حرجة لنمو الطفل العقلي (جودوين، وكلوزماير، Goodwin, and Klausmeier, ١٩٧٥).

٦. أكد بلوم (Bloom, ١٩٦٤) على الفترة الحرجة وأهمية الخبرة المبكرة الغنية المثيرة في التطور العقلي للطفل، فيرى أن التغيرات في أبعاد الشخصية ودرجات الذكاء ترتبط ارتباطا وثيقا بالظروف البيئية. لقد ذهب إلى ما ابعد من ذلك حينا استنتج من تحليل اختبارات الذكاء أن ٥٠% من الذكاء يتم تحصيله في السنوات الأربع الأولى من العمر، ويقول: أن الطفل إذا عاش في بيئة فقيرة تربويا في السنوات الأربع الأولى من العمر يخسر بمعدل ٢،٥ درجة ذكاء سنويا.

وهناك العديد من الدراسات التي تؤكد على أهمية البيئة الغنية بالمثيرات على دفع عملية النمو، ومن هذه الدراسات الدراسة التي تناولت الحركة الموجهة بصريا عند الطفل، تلك الحركات التي تتطور نتيجة عوامل النضج والتي يتسلل تطورها **على النحو الآتي:**

- في الشهر الأول: ينظر الطفل إلى جسم جذاب معلق فوق السرير.
- في الشهر الثاني: يمد يده إلى الجسم وراحته مغلقة.
- في الشهر الرابع ينظر مرة إلى راحة يده المفتوحة ومرة إلى الجسم الذي يريد إمساكه.
- في الشهر الخامس: يمد يده ويمسك الجسم بنجاح.

وجد أن هذا النمط يمكن تسريعه عن طريق إثراء البيئة بواسطة الإجراءات الآتية:

- زيادة فترة حمل الطفل أثناء النهار.
- وضع الطفل على بطنه حتى يستطيع مراقبة الأشياء.
- تبديل أغطية سرير الطفل البيضاء اللون بأخرى ذات ألوان جذابة وأشكال مختلفة.
- تعليق أشكال جذابة ومختلفة وبألوان زاهية على سرير الطفل حتى يراها ويستكشفها بمد يده فوق السرير

وقد وجد أن الأطفال الذين تعرضوا لهذا النوع من الإثراء تمكنوا من القيام بالحركة الموجهة بصريا السالفة الذكر في حوالي الشهر الثالث والنصف بالمقارنة مع الأطفال العاديين الذين لم يتمكنوا من القيام بهذه المهمة إلا في الشهر الخامس، وعلى الرغم من هذا التقدم إلى أنه لوحظ أن سلوك اكتشاف اليد قد تأخر عند هؤلاء الأطفال مما أدى بالعلماء إلى القول: أن زيادة الاستثارة لا تعطي نتائجها إلا عندما يكون الطفل قد نضج بشكل كاف من ناحية ثانية (عدس: ٨٢).

٧. هناك من العلماء من يعتقد بوجود العديد من الفترات الحرجة يمر بها الإنسان أثناء نموه، حيث يرى اريكسون (Erikson, ١٩٦٠) أن الإنسان يواجه عددا من الفترات الحرجة أو الأزمات أثناء نموه، قد يواجه بعض المشكلات النفسية أو السلوكية ما لم يتغلب عليها في حينها، وسوف تناقش هذه النظرية في المباحث القادمة إن شاء الله تعالى.

يتضح مما سبق أن توفير – المربي – بيئة تزود الطفل بالمثيرات، تساعده على تحقيق نمو سوي متكامل، وإذا لم تتوفر هذه المثيرات للطفل فإن هذا قد يعيق نموه ويؤثر في قدرته على اكتساب العديد من السلوكات.

المبحث الرابع

مفهوم المرحلة في النمو (Stage Concept):

أثارت طبيعة النمو جدلاً طويلاً بين العلماء فيما إذا كان النمو مستمر (يجري على نحو تدريجي دون أي تحولات مفاجئة أو حادة، كما هو الحال بالنسبة لورقة النبات التي تكبر ويزيد حجمها وتحافظ في الوقت ذاته على شكلها وهويتها)، أم أنه غير مستمر (ينطوي على مراحل أو مستويات تباين فيما بينها على نحو نوعي كما هو الحال في ديدان القز التي تتطور من مرحلة البويضة إلى مرحلة الشرنقة ثم إلى الفراشة).

إن الإنسان في نموه يتضمن خاصيتي الاستمرار وعدم الاستمرار، فنموه يجري عبر مراحل محددة بحيث تتزامن خصائص النمو المستمر وخصائص النمو المرحلي في الحدوث، فالإنسان يحافظ على الشكل العام وهويته أثناء نموه، كما يمر بمراحل مختلفة تطرأ خلالها تغيرات حادة على أنماط سلوكه المختلفة.

يستخدم مفهوم المرحلة للدلالة على التغيرات الحادة التي تتناول أنماط السلوك أثناء فترات النمو المختلفة وبذلك تشير **المرحلة**: إلى مجموعة من الظواهر أو الأنماط السلوكية التي تقترن معا أثناء حدوثها بحيث يمكن تصنيفها منطقيا وعزوها إلى مرحلة نمو معينة فتحددها وتميزها عن غيرها من المراحل مثل الأنماط السلوكية للطفولة المبكرة (نشواتي: ١٥٠).

إن النمو الإنساني يشتمل على الزيادة والتغير معا، فكلما نما الإنسان ازداد حجمه ولكنه كورقة الشجر يحافظ على شكله الأساسي، بالوقت نفسه الذي يزداد فيه حجم أعضاء جسده تتغير الوظائف الذي يستطيع القيام بها وتتنوع، إذ يصبح مع الزمن قادراً على الحبو والوقوف والمشي والجري. إن نمو العمليات النفسية وسلوك الإنسان الظاهر يشبه نمو الفراشة وتطورها من حيث أنها تتغير بشكل أساسي خلال فترة الحياة (عدس: ٧٧).

تقسيم مراحل النمو:

لقد قام العلماء والباحثين بتقسيم مراحل النمو إلى متنوعة؛ وذلك لتسهيل عملية بحث ودراسة النمو، واستند هذا التقسيم إلى أسس متنوعة، ومن أهم هذه الأسس:

أ. تصنيف الذي يقوم على أساس الميزات الجسمية والفسيولوجية ويتمثل في:

- مرحلة ما قبل الولادة (من تلقيح البويضة إلى جنين وحتى الولادة).

- مرحلة الرضاعة وتتراوح بين السنة الأولى والثانية من العمر.

- مرحلة الطفولة المبكرة (٢-٦ سنوات).

- مرحلة الطفولة المتوسطة (٧-٩ سنوات).

- مرحلة الطفولة المتأخرة (١٠-١٢ سنة).

- مرحلة المراهقة (البلوغ) (١٢-١٤ سنة).

- مرحلة المراهقة المتوسطة (١٥-١٧ سنة).

- المراهقة المتأخرة (١٨-٢١ سنة).

- مرحلة الرشد (٢٢-٤٠ سنة).

- مرحلة وسط العمر (٤٠-٦٠ سنة).

- مرحلة الشيخوخة (من سن ٦٠ إلى الموت).

ب. تصنيف يقوم على أساس تربوية وتعليمية:

- مرحلة ما قبل المدرسة (رياض الأطفال) (من ٤-٦ سنوات).

- المرحلة المدرسية الأساسية الأولى (٦-١٢ سنة).

- المرحلة المدرسية الأساسية الثانية (١٢-١٦ سنة).

- المرحلة المدرسية الثانوية (١٦-١٨ سنة).

- مرحلة الدراسة الجامعية (١٩-٢٢).

ج. وهناك تصنيف اعتمده فرويد (مدرسة التحليل النفسي) والذي يقوم على أساس العمليات النفسية المتصلة بالتغذية ... وسيتم الحديث عنه في المباحث القادمة إن شاء الله تعالى.

د. تصنيف بياجيه ويقوم على أسس النمو المعرفي، وسيتم الحديث عنه في المباحث القادمة إن شاء الله تعالى.

هـ. تصنيف أركسون ويقوم على نوع التفاعل بين الفرد والبيئة الاجتماعية والثقافية، وسيتم الحديث عنه في المباحث القادمة إن شاء الله تعالى.

المبحث الخامس

طرق دراسة النمو:

استخدم علماء نفس النمو أسلوب الملاحظة لاكتشاف معايير النمو من سن الطفولة إلى سن الرشد، وعملوا على إعداد جداول ومقاييس خاصة تبين هذه المعايير لأنواع النمو المختلفة: الحركي واللغوي، والنفسي والمعرفي والاجتماعية والأخلاقي، وكان ذلك باستخدام المنهج الوصفي: الذي يعتمد على ملاحظة النمو الطبيعي وإجراء قياسات عليه، ووصف نتائج الملاحظة أو القياس.

إذاً كانت نقطة البداية في دراسة النمو تتمثل باستخدام الطريقة الوصفية التي تعتمد على ملاحظة وتدوين الظواهر السلوكية للنمو في المراحل العمرية المختلفة ووصفها، ومع ظهور الأسلوب العلمي والتجريبي في علم نفس النمو لم يعد اهتمام العلماء يقتصر على وصف تسلسل الظواهر السلوكية للنمو، بل اخضعوا بعض عمليات النمو للمنهج التجريبي بهدف دراسة المتغيرات المختلفة التي تؤثر في النمو، ومشكلة النمو المعرفي واكتساب اللغة، وتشكيل السلوك والانتباه والإثارة.

اتبع علماء نفس النمو طريقتين عند استخدمهم الطريقة الوصفية أثناء دراسة مشكلات النمو، وهما (Kaplan, ١٩٩٠):

أ. الطريقة الطولية (Longitudinal study):

وهي طريقة يتابع بها الباحث عدداً من الأفراد لفترة زمنية طويلة تتجاوز أحيانا العشر سنوات، للوقوف على التغيرات السلوكيه التي تطرأ على هؤلاء الأفراد، ويتم قياس هذه التغيرات عادة خلال فترة زمنية محددة.

تقوم هذه الطريقة على تحديد جوانب النمو التي يراد دراستها، وتعيين المظاهر الدالة على النمو في هذه الجوانب، واختيار مجموعة من الأفراد من عمر واحد تقريبا، وتتبع التغيرات التي تطرأ على المظاهر النمائية في الجوانب المراد دراستها عند أفراد المجموعة التي تم اختيارهم، مع تقدمهم في العمر يوما بعد يوم أو شهرا إثر شهر أو سنة تلو الأخرى، ويقرر الباحث مدى الفترة الزمنية التي تمتد غليها الدراسة على ضوء التغيرات التي تطرأ وفقا للفروض التي ينطلق منها (عريفح، ٢٠٠٢: ٥٤).

إيجابيات وميزات الطريقة الطولية:

توفر هذه الطريقة معلومات دقيقة، لأن الباحث يتناول الأفراد أنفسهم في فترة زمنية طويلة.

سلبيات هذه الطريقة:

- تتطلب كثير من الجهد والمال (مكلفة).

- يواجه الباحث مشكلة تعميم النتائج، لأن عدد الأفراد الذين يتم دراستهم في الغالب يكون قليل.

- قد يحدث تسرب في أفراد العينة بسبب الموت أو الانتقال على مكان آخر مما يؤثر على النتائج.

ب. الطريقة العرضية أو المستعرضة(Cross–sectional study):

وهي طريقة يتناول فيها الباحث مجموعة من الأفراد في مراحل عمرية مختلفة، ويخضعون لاختبارات ومقاييس واحدة في الوقت نفسه، لتبيان الفروق التي يمكن اعتبارها مطابقة للسن.

تقوم هذه الطريقة على تحديد جوانب النمو التي يراد دراستها، وتعيين المظاهر الدالة على النمو في هذه الجوانب، واحتيار مجموعات عدة من الأفراد كل مجموعة من عمر زمني واحد، قد تكون المجموعة الأولى من أبناء السنة الثالثة والمجموعة الثانية من أبناء السنة الرابعة وهكذا. يقوم الباحث بإجراء القياسات على أفراد كل مجموعة، ويسجل نتائج قياساته ويحسب متوسطاتها، فيكون المتوسط دالاً على مستوى النمو في السن الذي تمثله المجموعة الواحدة، وهكذا تتجمع لديه مستويات عدة للنمو خلال سنوات متعاقبة، ولكنه يحصل على نتيجة القياس خلال فترة زمنية محددة بسبب اللجوء للمجموعات المتباينة في الأعمار (عريفج: ٥٦).

ايجابيات هذه الطريقة:

- توفر هذه الطريقة الوقت والمال والجهد: لأن الظاهرة يتم دراستها بنفس الوقت عند مجموعة من الأفراد من الفئات العمرية المختلفة.

- تتيح فرصة التعميم الإحصائي لأن حجم العينة يكون كبير نوعا ما.

- قد لا يحدث تسرب في أحد أفراد العينة، وإن حدث فإن ذلك ربما لا يؤثر على النتائج.

سلبيات هذه الطريقة:

المعلومات التي توفرها هذه الطريقة ليست على نحو كبير من الدقة كما هو الحال في الطريقة الطولية؛ لأنه يصعب التنبؤ أن سلوك ابن السنة الخامسة سيغدو بعد أربع سنوات كسلوك ابن التسع سنوات الحالي.

ملاحظة: قد يستخدم الباحث استخدام المنهج التجريبي في دراسة النمو. ويمكن للباحث كذلك استخدام أدوات مختلفة لجمع البيانات مثل: الملاحظة، المقابلات، الاستبانات، تطبيق المقاييس النفسية والاجتماعية المختلفة، السجلات والوثائق.

المخطط الآتي يلخص أبرز طرق دراسة النمو:

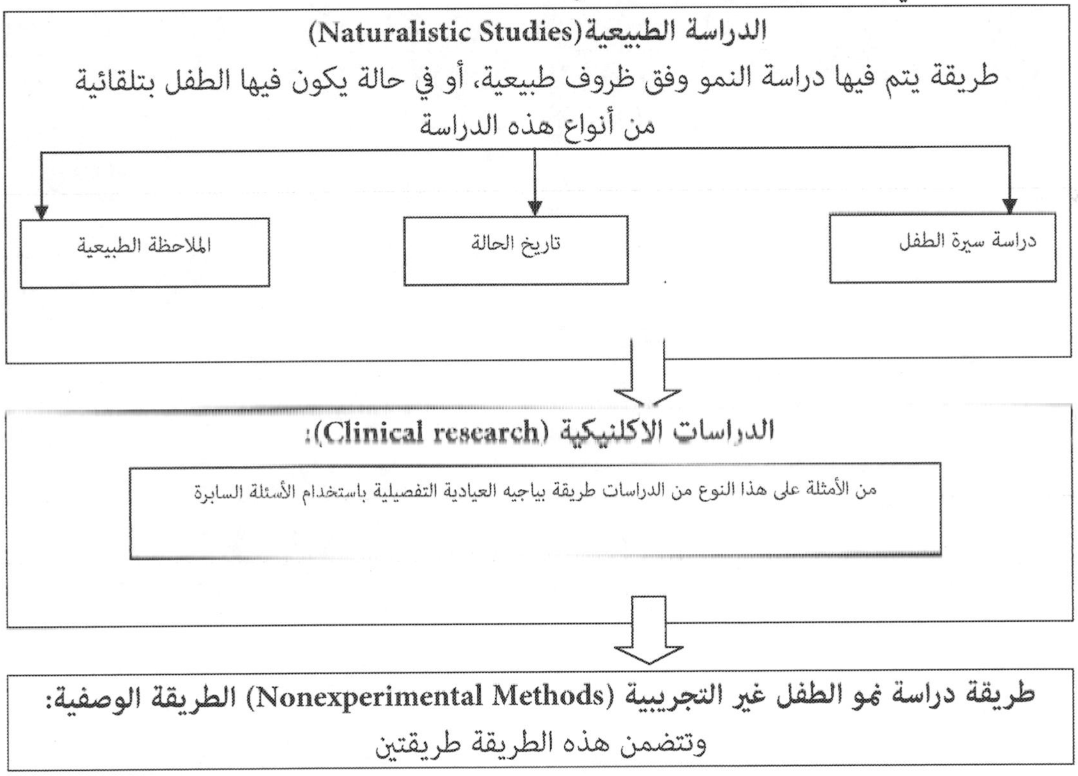

الدراسة الطبيعية (Naturalistic Studies)

طريقة يتم فيها دراسة النمو وفق ظروف طبيعية، أو في حالة يكون فيها الطفل بتلقائية

من أنواع هذه الدراسة

الملاحظة الطبيعية	تاريخ الحالة	دراسة سيرة الطفل

الدراسات الاكلنيكية (Clinical research):

من الأمثلة على هذا النوع من الدراسات طريقة بياجيه العيادية التفصيلية باستخدام الأسئلة السابرة

طريقة دراسة نمو الطفل غير التجريبية (Nonexperimental Methods) الطريقة الوصفية:

وتتضمن هذه الطريقة طريقتين

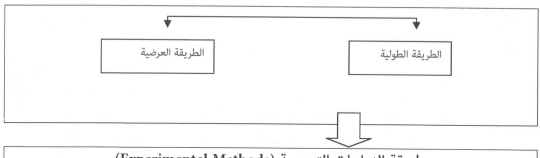

الطريقة الطولية | الطريقة العرضية

طريقة الدراسات التجريبية (Experimental Methods)

في هذه الطريقة يتم تحديد العوامل المستقلة والتابعة والمتغيرات المتداخلة وعملية اختبار الفرضيات والتحكم في الظروف البيئية

التحليل التجريبي لسلوك الطفل (Cognitive experimental analysis of behavior):

يتضمن هذا الاتجاه الطريقة العلمية الطبيعية بدراسة ظواهر النمو وتطورها، ودراسة المتغيرات التي تتداخل بتطور بنيته

المبحث السادس

العوامل المؤثرة في النمو:

١. العوامل الوراثية (Genetic Factors):

يشير مفهوم الوراثة إلى: العملية التي يتم من خلالها انتقال الخصائص من الآباء إلى الأبناء.

تساهم العوامل الوراثية في عملية النمو من حيث طبيعة الصفات الوراثية التي يكتسبها الفرد من الآباء والأمهات والتي يتحقق في ضوئها السقف الأعلى للنمو (Smith, ١٩٩٣).

٢. العوامل البيولوجية (Biological Factors):

تتمثل العوامل البيولوجية بالجهاز الغددي (Endocrine System)، والجهاز العصبي (Nervous System).

تساهم العوامل البيولوجية في عملية النمو، حيث تلعب دوراً في اكتمال النضج لدى الأفراد.

يساهم جهاز الغدد في عملية نضج الأجهزة الجسمية المختلفة واكتمال وظائفها، من خلال ما تفرزه هذه الغدد من هرمونات.

ومن الأمثلة التي تظهر دور الجهاز الغدد في النمو:

- النقص في إفرازات الغدة الدرقية قد يؤدي إلى القزمية، والزيادة فيه ربما يؤدي إلى العملقة.

- إزالة الخصيتين في مرحلة الطفولة يؤدي إلى عدم ظهور الشعر والعلامات الثانوية الدالة على الرجولة.

- تساهم الغدد في العمليات الحيوية التي تحدث لدى الكائن الحي كعمليات الأيض (تكوين الغذاء) والتمثل الغذائي وامتصاص الأملاح والمعادن المختلفة.

يلعب الجهاز العصبي دوراً هاما في عملية النمو، فهو:

- ينظم ويوجه أنشطة الأجهزة الجسمية المختلفة.

- يتدخل في كثير من الأنشطة العقلية المتعددة المتمثلة في: الانتباه والإدراك، وتعلم المهارات العقلية المعقدة مثل القدرة على التخطيط وحل المشكلات وغيرها.

- يسهم في تطوير اللغة والكلام.
- يسهم في تنظيم وضبط الانفعالات وغيرها من المظاهر السلوكية الأخرى.

٣. العوامل البيئية (Environmental Factors):

تسهم العوامل البيئية المختلفة في عملية اكتمال النمو لدى الأفراد من حيث أنها تقرر المدى الذي ستصل إليه الخصائص الوراثية للأفراد في أثناء نمائها، فالعوامل البيئية قد تساهم في أن تصل هذه الخصائص إلى سقفها الأعلى أو قد تحول دون ذلك (Witherspoon, ١٩٨٠).

تتعدد البيئات التي يتم فيها النمو وتشمل الآتي:

١. البيئة الرحمية (Embryonic Environment):

وهي فترة الحمل، حيث يكون الطفل جنين في بطن أمه، وهذه البيئة من أهم البيئات التي تؤثر على نمو الطفل بجوانبه المختلفة، حيث أظهرت العديد من الدراسات أن نمو الجنين يتأثر بجميع الخبرات الانفعالية والصحية والعصبية التي تمر بها الأم أثناء فترة الحمل، فالأمهات اللواتي يتعرضن للضغوط النفسية أو الانفعالية فربما يؤدي إلى ولادة مواليد كثيري الحركة ويمتازون بالعصبية وسوء التوافق كما أشار إلى ذلك (Santrock, ١٩٩٨).

٢. البيئة الأسرية (Family Environment):

تعد الأسرة من أهم البيئات التي تؤثر في نمو الطفل بجوانبه المختلفة: المعرفي والنفسي والاجتماعي واللغوي والأخلاقي. كيف لا وهي تمثل المصدر الأول لإشباع حاجات الطفل ومطالب نموه الفسيولوجية والنفسية والاجتماعية والمعرفية واللغوية.

إن الطفل في هذه البيئة يتعلم خبراته الأساسية كتعلم اللغة والعادات السليمة وتطوير الضمير والتمييز بين الجنسين والأدوار وتطوير الاتجاهات نحو الذات والآخرين.

أشرنا فيما سبق وعندما تم بحث موضوع الفترة الحرجة في النمو، أن السنوات الخمس الأولى من عُمر الطفل تعد فتره حرجة يتأثر الطفل فيها بشكل اكبر ببيئته، من هنا يمكن القول أن ملامح شخصية الطفل المستقبلية تعتمد على نوعية الخبرات التي يواجهها الطفل في هذه الفترة .

٣. البيئة المدرسية (Scholastic Environment):

يظهر الدور الهام للمدرسة في نمو الطفل بما توفره من خبرات ومعارف ومهارات متعددة، تسهم في تطوير قدرات الطفل على التفكير وحل المشكلات وتنمية جوانب شخصيته المختلفة: المعرفية، والانفعالية والاجتماعية والأخلاقية والأدائية.

إن من أهدف المدرسة: صقل شخصية الفرد وإعداده للحياة، وبالتالي لابد وأن توفر المدرسة المناخ المناسب لتعلم الأفراد، فتوفر المثيرات والجو الإنساني والاجتماعي المناسب الذي يحترم كرامة الفرد ويتصف بالتفاعل الإيجابي بين الأفراد في المدرسة والود والقبول.

٤. البيئة الاجتماعية (Social Environment):

يقصد بالبيئة الاجتماعية، البيئات الكائنة خارج نطاق الأسرة كالحارة والأقارب والمساجد والنوادي وغيرها.

تكمن أهمية البيئة الاجتماعية كونها تعمل على تشريب الفرد العادات والقيم وأساليب الحياة السليمة (فهمي، د.ت).

٥. البيئة الطبيعية (Physical Environment):

يقصد بها البيئة المادية بما تتضمنه من الموجودات المحسوسة التي يتفاعل معها الأفراد. فالبيئة التي تمتاز بكثرة وتنوع مثيراتها وتخلو من عوامل التلوث تعمل على نحو إيجابي في نمو الفرد، في حين البيئات الفقيرة بالمثيرات البيئية او تلك التي تمتاز بالتلوث فإنها تسهم سلبا في نمو الأفراد، ويلعب المناخ السائد دورا بارزا في عملية النمو، حيث أن الأفراد الذين يعيشون في المناطق الباردة يعانون بطء في النمو وضآلة الجسم وتقلب المزاج وعدم الاستقرار الانفعالي، أما أولئك الذين يعيشون في المناطق الاستوائية فإنهم يعانون من التسارع في النمو (Kaplan, ١٩٩٠).

إن سلوك الفرد، هو محصلة التفاعل بين عوامل البيئة وعوامل الوراثة، فالطفل يتصرف بطريقة ما لأن:

- له قواه البيولوجية تدفعه نحو ذلك السبيل.
- له حاجات معينة.
- محاط بقوى بيئية وثقافية معينة تحدد له كيف يشبع هذه الحاجات.

ومن هنا يمن القول أن الإنسان صنيع الوراثة والبيئة.

أما السؤال عن أيهما أهم في تقرير سفات الإنسان الوراثة أم البيئة؟ فهو سؤال ساذج؛ لأن هناك بعض الصفات تلعب فيها الوراثة الدور الأساسي كلون العيون

وبعض الصفات الأخرى تلعب فيه البيئة الدور الأساسي كاختيار ألوان الملابس، إلا أن معظم الخصائص البشرية يقررها تفاعل العاملين معاً، ولا يمكن الجزم بأي واحدة منها له الإسهام الأكبر (عدس، وقطامي: ٧٨).

المبحث السابع

مبادئ النمو (Physical Environment):

أن النمو عبارة عن عملية تكامل في التغيرات الفيزيولوجية والسيكولوجية، تهدف إلى تحسين قدرة الفرد على التحكم في البيئة، وإن هذه العملية منظمة وتسير وفق أسس وتتقدم بناء على قواعد يمكن التعرف عليها ودراستها، والمعرفة بهذه المبادئ ضرورية من أجل فهم الطفل. ومن القوانين والمبادئ التي تحكم عملية النمو وهي:

١. يتم النمو خلال مراحل مرتبطة بفترات زمنية معينة:

يتم النمو خلال مراحل مرتبطة بفترات زمنية معينة وتمتاز كل منها بعدد من الخصائص النمائية المميزة لها، ومتطلباتها الخاصة بها.

تتجه هذه المراحل نحو التكامل إذ أنها مترابطة ومتداخلة، ولا توجد حدود فاصلة فيما بينها، كما أنها عامة لجميع الأفراد من مختلف الجنسيات، حيث أنهم يمرون بالتسلسل ذاته خلال عملية نموهم بدءً من المرحلة الجنينية، فالرضاعة، فالطفولة المبكرة وهكذا.

على الرغم من أن جميع الأطفال يمرون بمراحل النمو المختلفة نفسه حسب التسلسل الذي تظهر فيه هذه المراحل إلا أنهم لا يصلون كل مرحلة منها بالعمر نفسه، فقد يصل طفل إلى مرحلة في وقت أبكر من غيره رغم تساويهم في العمر الزمني.

٢. هناك فروق فردية في عملية النمو:

على الرغم من أن الأطفال يمرون بالتسلسل ذاته عبر المراحل المختلفة، إلا أن هناك تفاوتا فيما بينهم من حيث السن الذي يدخلون فيه المرحلة الواحدة ويخرجون منها. قد يرجع ذلك التفاوت فيما بينهم إلى عوامل وراثية وبيئية.

من الأمثال التي توضح ذلك، بداية المشي عند الأطفال، والكلام وغيرها.

٣. يسير النمو حسب نظام مصطرد:

إن سرعة النمو ليست واحدة في جميع المراحل، فيكون النمو أسرع ما يكون في المرحلة الجنينية، ثم يأخذ بالتباطؤ في الرضاعة والطفولة المبكرة ويتسارع في المراهقة ويأخذ التباطؤ في النضج.

٤. يأخذ النمو مظاهر متعددة كالجسمية والعقلية والاجتماعية والحركية واللغوية والانفعالية:

إن هذه المظاهر مترابطة فيما بينها، وتؤثر سلبا أو إيجابا في بعضها البعض، فالخلل في احد مظاهر النمو قد يؤثر سلبا في المظاهر الأخرى، في حين النمو السليم لأحد المظاهر يؤثر إيجابا في المظاهر الأخرى.

على سبيل المثال الطفل الذي يعاني من مشاكل انفعالية كالخجل أو الانطواء ينعكس ذلك على النمو الاجتماعي والمعرفي لديه نظرا لتجنبه الكثير من المواقف الاجتماعية، بسبب هذه المشاكل الانفعالية.

٥. يأخذ النمو اتجاها خاصا به:

إن النمو يأخذ اتجاها خاصا به، فهو يسير:

- من العام إلى الخاص.

- ومن المركز إلى الأطراف.

- ومن الحركات العشوائية العامة إلى الأفعال الهادفة.

ومن الأمثلة التي توضح ذلك:

- يتم نمو الرأس قبل الأطراف، فيتحكم الطفل برأسه قبل أطرافه.

- حركات الطفل في البداية تكون عامة عشوائية وتتجه لتصبح أكثر تركيزا وأكثر تخصصا.

- يكون الطفل أكثر ميلا للتعميم في المراحل المبكرة، ثم يصبح قادر على التمييز بين الأشياء والاستجابة لها بطرق مختلفة فمثلا يطلق الطفل كلمة (بس، أو مَع كما يلفظ الطفل) على أي حيوان يشاهده ثم يبدأ بالتمييز بين الحيوانات بالتدريج ثم يصبح قادرا على تصنيفها.

- يتجه الطفل في بداية نموه نحو بالتمركز حول الذات – سيتم الحديث عن ذلك في المباحث اللاحقة إن شاء الـله- ثم يبدأ بتوسيع علاقاته الاجتماعية.

٦. يشمل النمو على جانبين: كمي ونوعي (وظيفي):

يشير الجانب الكمي إلى التغيرات الكمية التي تطرأ على الفرد، كطول، وحجم، ووزن، والعدد مثل تزايد عدد الأسنان والطول ومفردات اللغة عند الطفل.

أما الجانب الوظيفي فيشير إلى تغير وظائف الأعضاء الجسمية، مثلا:

- تغير استعمالات اليد (توصيل الطعام إلى الفم، الكتابة، التعرف من خلالها على الأشياء).

- تغير وظائف الأعضاء الجنسية (من التبول إلى ممارسة الجنس).

- تغير استخدام الخبرات المعرفية والاجتماعية، وأساليب وأنماط الإدراك والتفكير، مثال: يستطيع الطفل إدراك المعاني المختلفة للفظ الواحد ويستخدمها في أكثر من سياق، ويصبح قادر على التفكير في الشيء الواحد بأكثر من طريقة.

٧. هناك فترة حرجة في النمو:

يوجد فتره حرجة في النمو يكون الفرد فيها شديد الحساسية للمتغيرات البيئية، وأهم هذه الفترات: الخمس سنوات الأولى من عمر الطفل، وفترة المراهقة.

٨. لكل عضو من أعضاء الجسم سير نمائي خاص به:

إن لكل عضو من أعضاء الجسم سير نمائي خاص به، حيث تتفاوت سرعة النمو في الأعضاء من مرحلة نمائية إلى مرحلة نمائية أخرى، فالنمو في الجهاز العصبي يكون سريعا في المرحلة الجنينية والرضاعة ثم يأخذ بالتباطؤ في المراحل اللاحقة، في حين الأعضاء الجنسية تكون بطيئة في المرحلة المبكرة وتتسارع في مرحلة المراهقة، وكذلك النمو اللغوي يكون في مرحلة الطفولة المبكرة سريعا، في الوقت الذي يكون النمو الاجتماعي بطيئا جدا.

٩. كل جهاز من الجسم له خط سير نمائي خاص به:

إن لكل جهاز من أجهزة الجسم له خط سير خاص به ومن الأمثلة التي توضح ذلك:

- المنحى العصبي المتعلق بنمو الجهاز العصبي والذي يتضمن اتجاه النمو للرأس، والأعصاب، والحبل الشوكي، والعين، يتميز بنمو سريع في الطفولة الأولى، ثم يتحول إلى نمو أبطأ في مرحلة الطفولة المبكرة والمراهقة.

- منحى النمو الجسمي، كالطول، والوزن والشكل العام للجسم وعرض الأكتاف والأرداف، فيتميز بأن معدل النمو في حالته يكون سريعا أثناء فترة الحضانة ثم يصبح أبطا أثناء فترة الطفولة ثم يتسارع أثناء البلوغ، وتسبق الإناث الذكور سنة في المتوسط، ثم يعود معدل نموهن إلى التباطؤ في المراهقة المتأخرة ليتوازى مع نمو الذكور.

١٠. النمو عملية مستمرة:

إن النمو عملية مستمرة تبدأ منذ لحظة تكوين الزايجوت وتستمر حتى الموت، وإن حدث توقف في الجانب الكمي فإن الجانب النوعي يبقى مستمرا حتى نهاية العمر.

١١. هناك مهمات على الفرد أن يتعلمها في مراحل معينة دون الأخرى:

فإن تعلم الفرد هذه المهمات في الفترة المناسبة، أدت إلى راحته ونجاحه في تعلم المهمات اللاحقة.

أما الفشل في تعلم هذه المهمات في الوقت المناسب، فإنه يقود إلى عدم الراحة وإلى الصعوبة في تحقيق المهمات اللاحقة.

١٢. يتداخل النمو والتعلم في سلوك الفرد بشكل يصعب معه وضع حدود فاصلة بين التغيرات التي تعود للنضج والتغيرات التي تعود للتعلم:

من أبرز الفروق بين التغيرات العائدة للنضج والتغيرات العائدة للتعلم في سلوك الفرد الآتي:

- التغيرات التي يقود إليها النضج تسمح بالتشابه بين الأفراد، والتغيرات التي يقود إليها التعلم تسمح بوجود الاختلاف بينهم.

- التغيرات التي يقود إليها النضج تتم بصورة غير مقصودة وحتى أثناء النوم، بينما التغيرات التي يقود إليها التعلم تكون مقصودة في اغلب الحالات.

- التغيرات التي يقود إليها النضج لها صفة الاستمرارية إلى حد كبير بينما نتائج التعلم معرضة للنسيان.

- التعلم لا يتم من دون دوافع بينما النضج لا يحتاج إلى استثارة حتى يتم.

١٣. النمو نتاج لتفاعل عاملي الوراثة والبيئة:

إن العامل الوراثي وحده غير كاف لحدوث عملية النمو، كما أن البيئة لا تحدث النمو ما لم يصل الفرد إلى مستوى معين من النضج.

تلعب الخبرة الباكرة، دوراً بارزاً في النمو الإنساني، توازي الدور الذي تلعبه الوراثة، فالبيئة المثيرة التي تدفع الطفل للقيام بمهارات متنوعة، تساعد على تطوير المهارات عند الأطفال في وقت أبكر من غيرهم من الأطفال الذين لم يلقوا التشجيع نفسه، فعلى الرغم من أن النمو الحركي يتأثر بشكل أساسي بعوامل النضج ولا يتأثر إلا قليلاً بالعوامل البيئية والثقافية، إلا أن درجة معينة من الاستثارة البيئية أمر ضروري

لذلك، فالمشي مثلا متغير تحكمه عوامل النضج إلا أن التدريب يساعد على ظهور هذه المهارة في الوقت المناسب، كما أن الأطفال الذين يقضي الآباء معهم أوقاتاً ليست قليلة يتحدثون معهم أثناءها ويلاعبونهم يتكلمون قبل غيرهم من الأطفال الذين يتركون لوحدهم.

إن الأطفال الذين يعيشون في مؤسسات لا يحملون فيها إلا قليلا ولا تتوفر لهم فيها إلا فرص نادرة للحركة يجلسون ويقفون ويمشون في وقت متأخر عن باقي الأطفال العاديين، ففي بعض الملاجئ في إيران لم يتمكن سوى ٤٢% من الأطفال من الجلوس في سن الثانية، كما انأ ١٥% لم يمشي إلى في سن الأربع سنوات. وقد أشارت أكثر من دراسة إلى أهمية الخبرات في النمو الحركي مما يقود إلى الاعتقاد بوجود حلقة مستمرة من التفاعل بين عوامل النضج وخبرات البيئة في تحقيق أقصى طاقات النمو (عدس، وقطامي: ٨١).

المبحث الثامن

النمو المعرفي (العقلي) (Cognitive Development):

كيف يفكر الطفل؟ وكيف يتعرف على العالم الذي يحيط به؟

إن الإجابة عن هذه الأسئلة تساعد المعلم على فهم سلوك الطلبة وكيف يتغير سلوكهم.

من هنا معرفة المعلم كيف يتعلم الطلبة وماذا يتعلمون وكيف يستخدمون ما تعلموه أمراً لا غنى عنه.

إن النمو المعرفي هو أهم عناصر السلوك المدخلي للمتعلم الذي يجب أن يحيط به المعلم إحاطة تامة؛ لما له من علاقة مباشرة بالممارسات التعليمية وخبرات التعلم التي يجب أن يتعرض الطلاب لها من جهة، ولما له علاقة مباشرة بمفهوم الاستعداد التطويري للتعلم من جهة ثانية (عدس، وقطامي، ٢٠٠٦).

يتطلب فهم النمو المعرفي، الرجوع إلى بعض النظريات أو المبادئ الموجهة التي يمكن أن تزود المعلم بطريقة أو اتجاه كلي يساعده على هذا الفهم، ويتوفر في علم النفس العديد من النظريات المختلفة ذات الصلة المباشرة بالنمو المعرفي، إلا أن الفرد لا يستطيع قبول أو رفض نظرية ما على نحو كلي، فالنظريات جميعها تنطوي على جوانب معينة تشرح فيها بعض جوانب النمو المعرفي بشكل مناسب، كما أن الوسائل التجريبية لا تدلنا على أفضل النظريات كفاءة من حيث التنبؤ بالوظيفة المعرفية للفرد، إذ يعتمد ذلك بشكل رئيسي على الجانب المعرفي موضوع الاهتمام (Rohwer et al, ١٩٧٤).

ومن أبرز النظريات التي تساعد المعلم على فهم عملية النمو العقلية عند طلابه:

أ. نظرية جان بياجيه في النمو المعرفي (العقلي):

استخدم جان بياجيه مفهوم البنية المعرفية (Structures) للدلالة على النمو العقلي عند الأفراد، والتي تتضمن:

١. الخبرة.

٢. إستراتيجية التفكير حيالها (Kaplan, ١٩٩٠).

من خلال النمو تزداد هذه البنى المعرفية عدداً وتعقيداً (تزداد حصيلة الخبرة المعرفية وتتنوع أساليب التفكير عند الفرد).

استخدم بياجيه كذلك مفهوم الوظائف العقلية (Functions) للدلالة على النمو المعرفي، حيث يشير هذا المفهوم إلى: العمليات التي يلجأ إليها الفرد عند تفاعله مع مثيرات البيئة التي يتعامل معها.

العوامل التي تؤثر في النمو المعرفي عند الأفراد:

بينت النظريات المعرفية ثلاثة عوامل أساسية تؤثر في النمو المعرفي عند الأفراد (تساهم في تشكيل خبرات الفرد).

أضاف بياجيه إلى هذه العوامل عامل رابع وهو التوازن (Equilibration)، وهذا العامل كما يرى بياجيه يعمل على تنسيق العوامل الثلاثة الأخرى، وهذه العوامل هي:

١. النضج البيولوجي: تشير إلى مجموع التغيرات التي تطرأ على المظاهر الجسمية والحسية والعصبية والمحكومة بالمخطط الجيني الوراثي والتي ليس للبيئة أثر فيها، وهو مؤشر على اكتمال نمو أعضاء الجسم بحيث تمكن الفرد من تعلم خبرة جديدة.

مثال: حاسة البصر تمكن الفرد من التركيز على المهمات الأكاديمية كالقراءة والكتابة، كما أنها تمكن الفرد من المشي، وتتيح له القدرة على التفاعل مع المثيرات البيئية المختلفة.

٢. التفاعل مع البيئة المادية (الطبيعية): من خلال تفاعل الأفراد مع البيئة المادية (الموجودات المحسوسة) يكتسبون الخبرات المتعلقة بالأشياء والموضوعات المادية كمعرفة أسمائها وخواصها واستخدامها وفوائدها ومضارها، وهذا يسهم في تطوير خبراتهم وأساليب المعرفة وطرائق تفكيرهم حيال تلك الأشياء (قناوي، ٢٠٠٠، بتصرف).

٣. التفاعل مع البيئة الاجتماعية: تمثل الإنسان بمنظومته الفكرية والعقائدية والمؤسسات المختلفة، من خلال التنشئة الاجتماعية يكتسب الأفراد الخبرات والعادات وأساليب العيش وطرائق التفكير المختلفة[٢].

٤. التوازن: وهو نزعة فطرية تولد مع الفرد بحيث تمكنه من تحقيق التغيرات في البنى المعرفية لديه.

---

[٢] هذه العوامل الثلاث هي جوانب بينتها نظريات النمو المعرفي الكلاسيكية وأضاف لها بياجية عامل اخر وهو التوازن.

أو هو عملية تقدمية (عملية عقلية متطورة) ذات تنظيم ذاتي، تهدف إلى تكيف الطفل مع البيئة، بحيث تؤدي تدريجيا إلى إكساب الفرد مفهوم المقلوبية (Reversibility)[٣].

ويعمل التوازن على تنسيق العوامل الثلاث السابقة (النضج البيولوجي، التفاعل مع البيئة المادية، التفاعل مع البيئة الاجتماعية).

تحقيق توازن بين حصيلة خبرات معرفية سابقة وخبرات جديدة يواجهها الفرد، الأمر الذي يحدث عند الفرد حالة من عدم الاتزان والتوتر، عندها ينهمك الفرد في البحث عن التوازن مجددا بين ما يدركه من مثيرات وأوضاع جديدة، وما يمتلكه من بنى معرفية على نحو مسبق.

يعتقد بياجية أن النمو العقلي يحدث عبر سلسة من حالات التوازن وعدم التوازن العقلي، عندما يواجه الفرد خبرة جديدة فإنها تثير لديه عدم الشعور بالارتياح والتوتر الأمر الذي يولد لديه سلوكا ما بغية الوصول إلى حالة التوازن من جديد.

ويرى بياجية أن عملية التوازن عند الفرد تعتمد على عمليتين رئيسيتين هما:

١. التنظيم:

وهي نزعة فطرية لدى الإنسان تمكنه من تنظيم خبراته وعملياته المعرفية في بنى نفسية (معرفية).

ينطوي التنظيم على عمليات: الجمع، والترتيب، وإعادة التشكيل للأفكار والخبرات لتصبح نظاماً متكاملاً.

ويرى بياجيه أن الأفراد يولدون ولديهم بعض القدرات التنظيمية البسيطة، التي تتطور وتتشابك لتصبح أنظمة أو بنى معرفية أكثر تعقيداً، مثل التركيز البصري والإمساك بالأشياء.

٢. التكيف:

التكيف: وهي نزعة فطرية عند الإنسان تمكنه من التكيف مع البيئة، فالفرد منذ ولادته يقوم ببعض الأنماط السلوكية كالصراخ والحركة العشوائية بحثاً عن التكيف.

يرى بياجية أن الأفراد يسعون إلى تحقيق التكيف من خلال عمليتين هما:

[٣]. المقلوبية: هو إدراك الطفل ثبات الوزن الشيء مع تغير الشكل.

١. التمثل (assimilation): وتشير إلى عملية تشويه أو تغيير الخبرات الخارجية لكي تنسجم مع البنى المعرفية الموجودة لدى الأفراد.

ففي هذه العملية يسعى الأفراد إلى فهم الخبرات والمثيرات الجديدة من خلال استخدام البنى المعرفية الموجودة لديهم. مثال: إطلاق الطفل لفظة كلب على كل حيوان يمشي على أربعة أرجل اعتماداً على البنى المعرفية لديه.

٢. التلاؤم (accomodation): يشير إلى عملية تغيير أو تعديل في البنى المعرفية لدى الفرد لتتلاءم مع الخبرات الخارجية.

ففي هذه العملية يقوم الفرد بتغيير أساليب التفكير الموجودة لديه لتتناسب مع المثيرات أو الخبرات الجديدة بدلاً من تعديل الخبرات الجديدة، وفي هذه الحالة يضيفون بنية معرفية جديدة أو يطورون أسلوب تفكير جديد.

يلجأ الأفراد إلى هذه العملية عندما تفشل عملية التمثل، أي عندما يكتشف الأفراد أن البنى المعرفية لديهم لا تنسجم مع المثيرات أو الخبرات الجديدة.

يشير بياجية إلى عملية التوازن على أنه عملية تهدف إلى تكيف الطفل مع البيئة ليصل بالتدريج إلى مفهوم (المقلوبية).

ويتضح مفهوم المقلوبية من خلال المثال الذي اقترحه بياجيه والمتعلق بمعالجة الطفل التقدمية لكتل المعجون، وهذا المثال هو:

لو تم تشكيل اسطوانتين من المعجون (بحجم متساوي من المعجون في كل منها)، مختلفتين من حيث الطول، وسألنا طفلاً صغيراً عن الاسطوانة التي تتضمن كمية أكبر من المعجون، فسيجيب بأنها الأطول؛ لأنه في هذه المرحلة من النمو المعرفي لا يدرك إلا بعداً واحداً وهو بعد الطول، فهو لا يدرك مفهوم المقلوبية هنا وهو أن الأشياء غير المتساوية في الطول يمكن أن تكون متساوية من حيث الكمية والكتلة، ويتضح هذا في حالة إعادة تشكيل الاسطوانتين على شكل كرتين.

لو تم إعادة تشكيل الاسطوانتين مرة أخرى بحيث تأخذ شكلا أطول فأطول عندها سيتحول من بعد (طويل قصير) إلى بعد آخر وهو (رفيع ثخين) وهنا سيقول أن الاسطوانة الأثخن هي التي تحتوي على كمية معجون أكثر.

لاحظ أن هذا يتناقض مع إجابة الطفل السابقة (الاسطوانة الأطول هي الأكثر معجونا)، عندها سيشعر الطفل بالتناقض وعدم التوازن ويتردد بين الاستجابتين (الأطول يحتوي كمية أكبر من المعجون، والأطول يحتوي كمية أقل من المعجون).

فكيف تكون الاسطوانة ذاتها كمية كبيرة وكمية صغيرة في آن واحد. (ترتبط نظرية بياجية بالمنطق والتفكير السليم، فعملية التوازن تتطلب معرفة العلاقات المنطقية وطرق استخدامها).

كما يقول بياجيه: عندما يلاحظ الطفل أنه كلما غدت الاسطوانة أطول أصبحت في الوقت ذاته أرفع عندها سينتقل من مفهوم التشكيل الثابت (الاسطوانة إما طويلة أو رفيعة) إلى مفهوم التحويل (الاسطوانة قد تكون طويلة ورفيعة) وعملية الانتقال هذه تبين مفهوم التوازن ووظيفته، إنها عملية ضرورية تمكن النمو المعرفي من الانتقال من مرحلة إلى المرحلة التي تليها.

أن هذا التحول يهيئ الطفل للانتقال إلى المرحلة التالية وهو أن الاسطوانة الطويلة يمكن أن تغدو اقصر كما يمكن تحويل القصير الثخين إلى طويل ورفيع عندها يتكون لديه مفهوم التماسك **(بقاء المادة):** ثبات الكتلة على الرغم من تغيير الأشكال التي تأخذها. وهو الذي يبين مفهوم **المقلوبية:** وهو أن عملية التحويل لا تغير كمية المادة التي تتضمنها الكتلة التي يتعرض شكلها للتحويل.

والشكل التالي يوضح المراحل التي يتم فيها التوازن:

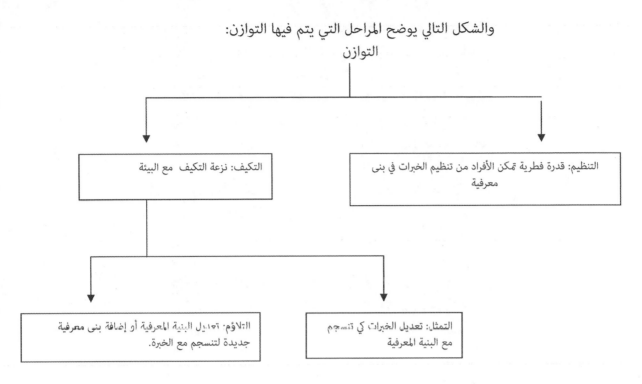

التوازن
التنظيم: قدرة فطرية تمكن الأفراد من تنظيم الخبرات في بنى معرفية
التكيف: نزعة التكيف مع البيئة
التمثل: تعديل الخبرات كي تنسجم مع البنية المعرفية
التلاؤم: تعديل البنية المعرفية أو إضافة بنى معرفية جديدة لتنسجم مع الخبرة.

مراحل النمو المعرفي عند بياجيه:

وهي أربع مراحل تتصف بالآتي:

أ. متسلسلة مترابطة: فلا يمكن الوصول إلى مرحلة من هذه المراحل دون المرور بالمرحلة السابقة، وهذه المراحل يمر بها الأفراد جميعهم.

ب. ترتبط هذه المراحل بأعمار زمنية معينة، إلا أن العمر الزمني لا يشكل حداً فاصلاً وإنما هو للتقريب وليست ثابتة.

ج. ليس بالضرورة أن يجتاز جميع الأفراد هذه المراحل.

د. على الرغم من أن الانتقال من مرحلة إلى أخرى يتوقف جزئيا على النضج، إلا أن النضج وحده غير كاف، ولا بد من توافر الخبرة لانجاز هذا الانتقال؛ لأن الخبرة هي التي تؤهل الفرد لعملية الانتقال وتجعل أمر الانتقال ممكنا.

وهذه المراحل هي:

١. المرحلة الحس حركية(Sensor motor Stage): من الولادة حتى نهاية السنة الثانية.

خصائص هذه المرحلة:

أ. يعتمد الطفل على الحواس والأفعال لفهم البيئة المحيطة به (للتعرف على الأشياء).

ب. سميت هذه المرحلة "بالحس حركية" لاعتماد الطفل في تفكيره على الاتصال الحسي المباشر بالأشياء والأفعال.

ت. يحدث التعلم عبر الأحاسيس والأفعال والمعالجات اليدوية.

ث. يدرك تدريجيا استقلاله عن البيئة (يتطور عنده الوعي بالذات).

ج. يصبح تدريجيا على وعي بالعلاقة بين أفعاله ونتائجها على البيئة، وبالتالي يصبح قادراً على التعرف وأن يجعل الحوادث المثيرة فترة أطول (مثال: لو قام الطفل بتحريك الخرخيشة وصدر الصوت فإن هذا الصوت يدفعه لتحريكها مراراً لصدور الصوت مرة أخرى).

ح. قادر على التحرك نحو هدف معين والإمساك بالأشياء وتقليد الأصوات والحركات (تنسيق الحواس). تتحسن عملية التآزر الحسي الحركي.

خ. في نهاية المرحلة يمكن أداء الحركات الجسمية بسهولة ودقة نسبيتين.

د. يتعلم في نهايتها فكرة ثبات الأشياء (لم يعد وجود الأشياء مرتبطا بإدراكه الحسي لها).

ذ. اكتساب اللغة.

ر. معرفة وجود بعض النظم للبيئة التي يعيش فيها.

الأفعال عبر الزمن:

١. الشهر الأول: يمارس الأفعال الانعكاسية مثل المص تحريك اليدين والرجلين.

٢. بين الشهر الثاني والرابع: ينسق الطفل بين حواسه واستجاباته (يلتفت على مصدر الصوت، يتبع الأشياء).

٣. من الشهر الخامس والثامن: يكرر الاستجابات ويظهر اهتمام بالأشياء والموضوعات .

٤. من الشهر التاسع إلى الثاني عشر: يدرك بقاء الأشياء وثباتها (لم يعد وجود الأشياء مرتبطا بحواسه، فالأشياء موجودة ولو لم يدركها بحواسه، ويدل على ذلك بحث الطفل عن أشياء بعيدة عن إدراكه الحسي).

٥. من الشهر الثالث عشر إلى الثامن عشر: يطور وسائل معرفية جديدة لاكتشاف العالم والتعرف عليه، ويتمثل ذلك باستخدام أساليب المحاولة والخطأ والتجريب والعبث

بالأشياء. يبدأ الطفل بالمشي، ويصبح عنده قدرة في استخدام الأدوات، ويكتسب بعض رموز اللغة.

٦. من الشهر التاسع عشر إلى نهاية هذه المرحلة: يظهر سلوك يعتمد على التخطيط والتخيل ويبتكر بعض الوسائل للوصول إلى الغايات، وتصبح أفعاله أكثر هدفية.

٢. مرحلة ما قبل العمليات المعرفية(Preoperational Stage): من نهاية السنة الثانية إلى السابعة

هذه المرحلة مرحلة انتقالية غير مفهومة على نحو واضح؛ لأنها لا تتسم بمستوى ثابت واضح من حيث النمو المعرفي على الرغم من تطور مظاهر المعرفة فيها ، كتهذيب القدرات الحركية وزيادة القدرة على استخدام اللغة وتسمية الأشياء والتصنيف وتكوين بعض المفاهيم (اصغر اكبر، أطول أقصر).

قد لا يصل الطفل في هذه المرحلة إلى القدرة على تكوين المفاهيم كما يفعل الراشدين لها لذلك يطلق على بياجيه هذه المرحلة **اسم ما قبل المفهوم** (Preconcept): (مفهوم الأطفال للأشياء يختلف عن الكبار، مثل يطلق رمز كلب على كل حيوان يمشي على أربع).

ومن خصائص هذه المرحلة:

١. استخدام الرمز للتعبير عن الأشياء المادية المحسوسة (يستخدم اللغة ويتمكن من تمثيل الموضوعات عن طريق الخيالات والكلمات).
٢. تزداد قدرته على المحاكاة والتقليد ولعب الأدوار ويميز جنسه.
٣. لا يستطيع أن يفكر في الأشياء في ضوء أكثر من بعد واحد، أمثلة: لا يدرك أن للكلمة أكثر من معنى، لا يفهم مفهوم التبادلية أو التفكير المعكوس مثل ٣ × ٥ ناتج ٥ × ٣. والطفل في هذه المرحلة يصنف الأشياء وفقا لبعد واحد مثال لو طلب منه تصنيف الكرات حسب اللون سينجح بذلك ولكن لو طلب منه تصنيفها حسب اللون والحجم فلن ينجح.
٤. لا يدرك مبدأ الاحتفاظ (المقلوبية): أي أن كتلة المادة لا تتغير بتغير شكلها بسبب الاعتماد على الإدراك البصري ولم يطور مفهوم التعويض والذي يتمثل في أن النقص في بعد يمكن تعويضه في بعد آخر.

مثال توضيحي: لو وضعنا أمام طفل كاسين من نفس الحجم (كما في الشكل أ، ب) وسكبنا فيهما نفس المقدار من العصير، ثم سألنا الطفل أيهما يحتوي كمية أكبر على العصير؟ سيجيب أنهما متساويان، فإذا تم سكب أحد الكأسين (ليكن أ) في كأس آخر مختلف في الشكل أو الحجم (مثل الكأس ج)، ثم سألنا الطفل أيهما يحتوي على كمية أكبر من العصير (ب أم ج)؟ سيجيب الطفل بالطبع أن كمية العصير في الكأس (ب)، اكبر من كمية العصير في الكأس (ج)، على الرغم من تساوي كمية العصير في الكأسان وكذلك إن العصير في الكأس (ج) هي نفسها التي كانت في الكأس (أ) ووضعت أمام الطفل في الكأس (ج)؛ ويعود السبب في ذلك أن الطفل في هذه المرحلة لم يطور مفهوم التعويض، والذي يتمثل في أن النقص في بعد يمكن تعويضه في بعد آخر كالنقص بالطول مثلا قد يعوض بالعرض (Ginsburg and Upper, ١٩٨٨).

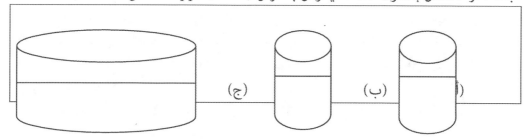

٥. يمارس مفهوم الإحيائية (animisim) (إسقاط الحياة على الجمادات) ولها فائدة حيث توسع خبرات وأساليب المعرفة عند الطفل وتوسع قدرته على التخيل. من هنا تزداد قدرة اللعب الإيهامي عنده (الذي يتميز بالخيال والابتكار).

٦. التمركز حول الذات (Egocentrism): الأشياء تأخذ شكلها منه فقط، وغنه مركز هذا الكون وكل شيء في الكون موجود لخدمته؛ لذلك لا يعتقد بوجود وجهات نظر أخرى أو حلول أخرى غير التي يؤمن بها (لا يعي حاجات وآراء الآخرين).

٧. نمو ظاهرة حب الاستطلاع عنده: طرح الكثير من الأسئلة المتكررة لفهم البيئة والأشياء وقد تكون محرجة ومزعجة للوالدين. وهنا لا بد من الحرص الشديد على أن تكون أجوبة هذه الأسئلة واضحة وبسيطة وأن يجاب على المناسب منها قدر الإمكان.

٨. في أواخر هذه المرحلة يبدأ باستخدام العد، وينمي مفاهيم الحفظ.

٣. مرحلة العمليات المادية (Concrete operational stage): ٨ – ١١ سنة

١. يستخدم مصطلح العمليات لوصف الأعمال العقلية التي تشكل منظومة معرفية وثيقة.

٢. يستطيع الفرد فيها على التفكير المنطقي والمرتبطة بالموضوعات والأفعال المادية الملموسة أو السابقة والتي يمكن استجرارها والعمل طبقا لها.

مثال يوضح ذلك: طفل في الثامنة أعطي ثلاث مكعبات مختلفة في الحجم فهنا يستطيع من خلال الإدراك البصري ودون المقارنة الفعلية بين المكعبات أن يقول الأول أكبر من الثاني والثاني أكبر من الثالث وبذلك يستنتج أن المكعب الأول أكبر من المكعب الثالث. أما لو حاول الاستنتاج المنطقي من خلال الرموز عوضا عن المادية فإنه سيواجه صعوبة واضطراب في الوصول إلى الصحيح كأن تقول له:

إذا كانت أ > ب وكانت ج > ب فأي الحدود الثلاثة هو الأكبر.

٣. يصبح قادرا على التفكير فيما يترتب على الأفعال من نتائج والتنبؤ بالحوادث ولكن على المستوى المادي الملموس.

٤. تضعف عنده حالة التمركز حول الذات (يصبح أكثر توجها نحو الآخرين أي يصبح اجتماعي)، ويصبح هنا قادر على فهم وجهات نظر الآخرين.

٥. إدراك الأشياء يختلف باختلاف تطورها.

٦. تأخذ لغته شكل الطابع الاجتماعي على نحو متزايد وينخفض تواتر الأنا في لغته.

٧. يتطور عنده مفهوم البقاء من حيث الكتلة والوزن والحجم فلم يعد الأطول اكبر وزنا أو كمية لان المادة ثابتة رغم تغير أشكالها (تكون لديه مفهوم المقلوبية).

٨. ينجح في الخلاص من تركيزه في التفكير على بعد واحد للأشياء، فتصنيف الأشياء في ضوء أبعاد متعددة للشيء الواحد في الوقت نفسه، فمثلا تصبح عنده قدرة على تصنيف المكعبات حسب اللون والحجم والشكل أو تصنيف الأشكال الهندسية ذات الألوان المختلفة والمصنوعة من الخشب والبلاستك والنحاس فانه يستطيع فرز الأشكال الدائرية ذات اللون الأبيض والمصنوعة من البلاستك واستبعاد الأشكال

الأخرى . ويستطيع تطوير المماثلة لمفاهيم الراشدين. وعلى الرغم من ذلك إلا أن تفكيره مرتبط بالأشياء المادية.

٩. ما زال الطفل في هذه المرحلة غير قادر على التفكير في الاحتمالات أو الإمكانات المستقبلية على نحو منطقي مجرد (فشل في التفكير في الاحتمالات المستقبلية دون خبرة مباشرة بالموضوعات المادية).

١٠. يدرك مفهوم الزمن (ماضي حاضر مستقبل).

٤. مرحلة العمليات المجردة (Formal Operational stage): من ١٢- حتى السنوات اللاحقة:

١. عند دخول الفرد إلى مرحلة المراهقة يمارس أكثر العمليات المعرفية تطورا وتقدما حيث يصبح قادرا على التفكير والبحث بعيدا عن الأشياء والموضوعات المادية الملموسة والخبرات المباشرة لها. (الأشياء لم تعد موجودة في العالم الخارجي فقط بل هي موجودة في عقله أيضا).

٢. يفكر بشكل مجرد ويصل إلى النتائج المنطقية دون الرجوع إلى الأشياء المادية (التفكير في أبعاد متعددة للشيء الواحد).

٣. يصبح عنده قدرة على حل المشكلات (يضع فروض حلول ويبني النظريات).

٤. تنتقل عملية التفكير من العالم الخارجي لتصبح عملية داخلية خارجية بالفرد. (يعتمد على الرموز المجردة).

٥. عنده قدرة على التفكير الافتراضي (المفاضلة بين البدائل المختلفة).

٦. القدرة على التفكير المنظم والبحث في جميع الأسباب المحتملة لحدوث ظاهرة ما.

٧. نمو القدرات على التعليل الاستقرائي (استخدام عناصر مختلفة للوصول إلى تعميمات). يمكن

أهمية نظرية بياجية في الوجود التربوي:

١. تمكن المعلم من التعرف على طبيعة تفكير الطفل في مراحل نموه المختلفة وهذا يساعد على تحديد الأهداف المناسبة للطلبة.

٢. تحتم وضع الطفل في بيئة نشطة وفعالة لتسهيل التعلم وممارسة أساليب الاكتشاف الذاتي. يقول بياجيه: أن التطور المعرفي يتأثر بفرص تفاعل الطفل مع المثيرات

البيئية، وهكذا فإن إتاحة العديد من الفرص أمام الأطفال للتفاعل مع الأشياء وتجريبها ومع الأشخاص ومناقشتهم، يساعد كثيرا على فهم تطورهم المعرفي.
٣. لا ينبغي للمربي أن يواجه الطفل بمشكلات تتطلب أعمالا تتفوق على مرحلة تطوره المعرفي، كما ينبغي عليه ألا يعطل عليه ممارسة الأعمال العقلية التي يؤهله نموه المعرفي لممارستها.
٤. على المعلم أن يهيئ الأنشطة المتنوعة التي تثير الدهشة والتساؤل عند الطفل، ليعمل على إخلال التوازن المعرفي عند المتعلم والتي تثير لديه الحيرة والقلق، ويهيئ له مواد جديدة للمعرفة تنير الطرق أمامه لتفسيرات جديدة وناجحة لهذه الأمور فيتخلص من حالة عدم التوازن المعرفي وينتقل إلى حالة الرضا الناتج عن إدماج الخبرات الجديدة في تنظيماته المعرفية.
٥. تساعد مصممي المناهج على وضع مواد دراسية تتفق مع طبيعة العمليات العقلية للأطفال وحسب مراحلهم العمرية (المرحلة الأساسية مواد واقعية، والمرحلة الإعدادية مواد تمكن الطلبة من إدراك المشكلات وحلها)
٦. إمكانية وضع اختبارات تقيس مستوى النمو العقلي عند المتعلمين.

ب. نظرية برونر في النمو المعرفي:

اهتم برونر في نظريته: باللغة، وتطور الإنسان كنوع، والدور الذي تلعبه الثقافة التي يعيش فيها الطفل، غير أن الاهتمام الرئيسي منصب على اللغة.

بحث برونر في طرق تمثل الفرد لخبراته داخلياً وطرق تخزين التمثلات واسترجاعها.

تشير عملية التمثل الداخلي للعالم الخارجي عند برونر إلى: الطريقة التي يرى أو يترجم فيها الفرد ما هو موجود حوله في البيئة، أي يصبح الطفل قادرا على فصل الاستجابات عن مثيراتها، ويطور منظومة لمعالجة المعلومات، تمكنه من تخزين خبراته واستعادتها.

وتتم عملية التمثل من خلال ثلاثة طرق:

أ.العمل والحركة: تظهر هذه الطريقة واضحة في أشياء كثيرة نعرفها وليس لدينا عنها صورة خيالية، ولا كلمات. ويعتبر تعلمها بالكلمات والصور من الصعوبة بمكان كتعلم التنس.
ب. الصور والخيالات: وتعتمد على التنظيم البصري، أو أي تنظيم حسي آخر كاستخدام الصور والخيالات التي تلخص الخبرات.

ج. الرموز: أي التمثيل بالكلمات واللغة.

يرى برونر أن عملية تمثل وتنظيم الخبرات في مجال النمو المعرفي، تتطلب الانتباه إلى الأمور الآتية، وهي التي تسم بعمليات النمو المعرفي وهي[٤]:

١. يتعلم الطفل أثناء النمو المعرفي فصل المثيرات عن الاستجابة (تستقل الاستجابة تدريجيا عن المثيرات المباشر الذي يستدعي هذه الاستجابة عبر الزمن).

يتحقق قدر كبير من النمو عندما يستطيع الطفل أداء الاستجابة نفسها حتى لو تغيرت البيئة المثيرة.

٢. يعتمد النمو على تذويب الحوادث (أي إعطاء الحوادث طابعا ذاتيا) في ذاكرة تطابق البيئة (أي في نظام معين لخزن المعلومات). يتوقف النمو المعرفي عند الفرد على عملية تخزين داخلية، ومنظومة معالجة المعلومات (information – processing - system)، والتي تمكن الفرد من تمثل العالم الواقعي (تكوين نظام رموز يمثل فيه عالمه الخارجي على نحو داخلي).

٣. تتضمن عملية النمو المعرفي (العقلي) قدرة متزايدة على مخاطبة الذات والآخرين، عبر وسط رمزي (لغوي وغيره)، في التحدث عن النشاطات والأفعال الماضية والمستقبلية (هذه الخاصية توصله إلى إدراك الذات أو الوعي الذاتي). وهذا يمكنه من تحويل السلوك من سلوك تحكمه المثيرات إلى سلوك تحليلي.

٤. يعتمد النمو العقلي على التفاعل المنظم بين المعلم والمتعلم، المعلم الذي زود مسبقا بمدى واسع من الطرق المختلفة التي يعلمها للطفل، وهذا التفاعل المنظم أمر ضروري للنمو المعرفي السليم (إيصال الثقافة إلى الأطفال عن طريق تفاعل منظم بين المعلم والمتعلم).

٥. إن استخدام اللغة يسهل التعلم وبالتالي التدريس، فاللغة مفتاح النمو المعرفي، وفهم طبيعة النمو يستلزم تحليل الطبيعة اللغوية والوظائف التي تقدم بها في هذا النمو.

فمن خلال اللغة يستطيع الفرد:

- فهم تصورات الآخرين للعالم الخارجي.
- نقل تصوراته إليهم.

---

[٤]. هذه النقاط ضمنها برونر في كتابه: نمو النظرية للتدريس (Towards a Theory of Instruction)

● أن يجعل البيئة أكثر انتظاما.

٦. يتسم النمو المعرفي بازدياد القدرة على البحث في بدائل عديدة على نحو متزامن، وتوجيه الانتباه بشكل تسلسلي نحو أوضاع متنوعة تستلزم أداء نشاطات عديدة متزامنة، أو الانتباه لمتطلبات متعددة في الفترة نفسها من الوقت، وتوزيع الوقت والانتباه بطريقة تناسب هذه المتطلبات المتعددة.

مراحل النمو عند برونر:

يرى برونر أن هنالك ثلاثة مراحل لعمليات التمثل، يتطور خلالها النمو المعرفي، وهذه المراحل هي:

١. مرحلة التمثل العملي (الحسية الحركية) (Enactive representation stage):

أ. يحدث النمو المعرفي من خلال العمل والفعل، حيث يتعرف الطفل على الأشياء من خلال ما يقوم به من أفعال حيالها، كاللمس والحك، والمعالجات اليدوية المختلفة.

ب. في هذه المرحلة، الفعل هو الطريقة الوحيدة لتمثل البيئة والتعرف عليها، ويمثل به عالمه الخارجي.

د. تكون الأشياء في هذه المرحلة حقيقية للطفل (موجود بالنسبة له)، إذا استطاع أن يتفاعل معها

د. الطفل في هذه المرحلة غير قادر على أشكال التخيل أو التصور جميعها، والمهارات التي يقوم بها هي مهارات حسية حركية.

مثال الطفل في عمر سنة لا يبكي لإبعاد لعبته عنه إلا إذا كانت بيده فقط.

٢. مرحلة التمثل التصوري (أو الأيقوني، أي عن طرق الصور الذهنية) (Ikonic representation stage):

أ. يحدث النمو المعرفي أثناء هذه المرحلة عبر التصورات البصرية.

ب. يتمثل الطفل عالمه الواقعي عبر عملية تخيل المدركات الحسية المختلفة، فتحل الصور محل الشيء الفعلي.

تشابه هذه المرحلة مرحلة السنوات الأولى لمرحلة ما قبل العمليات عند بياجيه.

٣. التمثل الرمزي (Symbolic representation stage):

أ. يحدث التمثل عبر الرموز والأشكال.

ب. تمثل العالم الخارجي عن طريق اللغة (استخدام الرمز اللغوي في التفكير).

ج. تحل الرموز اللغوية والمنطقية والرياضية محل الأفعال والمدركات الحسية. ويصبح قادر على صياغة خبراته في رموز لغوية وغير لغوية أو معادلات رياضية ومنطقية

يمكن القول أن الطفل يتفاعل مع البيئة في المرحلة الأولى عن طريق العمل والحركة، وفي الثانية عن طريق المدركات الحسية، وفي الثالثة عن طريق اللغة والرموز.

تجدر الإشارة إلى أن برونر لا يعتقد بوجود مراحل نمو معرفي مستقلة كليا بحيث تقتصر على نوع واحد من عمليات التمثل فقط، فالطفل ينتقل فعلا من مرحلة التمثيل العملي إلى مرحلة التمثيل التصوري، فمرحلة التمثيل الرمزي، إلا أن ذلك لا يعني إطلاقا أن الراشد يقتصر في عملياته المعرفية على التمثيل الرمزي فقط، بل يعني أن التمثيل الرمزي يغدو أكثر سيطرة عند الطفل لدى تقدمه في السن، وان الأفراد يمثلون خبراتهم على نحو عملي وتصوري طيلة حياتهم كلها وليس في مراحل عمرية معينة من حياتهم، ترتبط بالسنوات المبكرة منها (نشواتي: ١٦٦).

أهمية نظرية برونر في الوجود التربوي:

يرى برونر أن الطفل عنده استعداد لتعلم أي موضوع بفعالية في أي مرحلة من مراحل النمو، فهو يرى إمكانية تسريع التعلم، وسوف نوضح المقصود بمفهوم تسريع التعلم بعد قليل إن شاء الله تعالى.

يبنى المنهاج كما يرى برونر، بحيث يحتوي في معظمه على الأبنية الأساسية للمادة الدراسية، بحيث يمكن تعديلها بشكل يتفق مع طريقة تمثل الطفل للخبرات في مرحلة معينة. إن أحسن أنواع البناء هو ما يتكون من منظومة افتراضات يمكن منها توليد كمية كبيرة من المعلومات والمعارف، ويعتمد هذا بشكل واضع على مقدار التقدم الذي أحرز في ميادين المعرفة، وتعتمد فائدة هذا البناء في قدرته على:

- تبسيط المعلومات.
- توليد قضايا جديدة.
- زيادة القدرة على التحكم بمجموعة معارف.

لذلك يجب أن يرتبط البناء بوضع المتعلم ومواهبه، وعلى هذا فالبناء المثالي هو نسبي وليس مطلقا وذلك لاختلاف المتعلمين (عدس وقطان، ٢٠٠٦).

إن فاعلية وكفاية بنية المادة الدراسية تعتمد على ثلاثة عوامل رئيسية تؤثر كل منها في قدرة المتعلم على تعلم المادة والسيطرة عليها وهذه العوامل هي:

- طريقة العرض: يقصد بها حالة التمثل التي توضع فيها المادة الدراسية (حالات التمثـل ثلاثة: الحركي، والايقونين والرمزي).

- الاقتصاد: يقصد بـه كميـة المعلومـات اللازمـة أو الواجب أن تحفظ في الـدماغ لفهـم الموضوع فكلما احتاج المتعلم إلى معلومات أكثر لفهم موضوع ما ازدادت الحاجـة إلى خطوات ومهام جديدة وبالتـالي قلت الاقتصادية، وبـذلك تكـون الاقتصـادية في أعـلى صورها عندما لا يحتاج المتعلم سوى معلومات قليلة لفهم مادة التعلم.

- القوة الفعالة: ويقصد بها القيمة التوليدية لمادة التعلم، فكلما أمكن توليـد منظومـات جديدة من القضايا التعليمية ازدادت فاعلية البناء، ويمكن أن يمثل ذلك بقدرة البنـاء على الربط بين الأمور التي تبدو وكأنها منفصلة عن بعضها البعض (عدس، ٢٠٠٦).

إن مهمة المتعلم هي المطابقة بين طريقة تقديم المادة للمتعلم وبين طريقته في تمثل المعرفة، وهي مهمة تتطلب تمثل البناء الأساسي للموضوع بتعابير طريقة الطفل في النظر إلى الأشياء فهي لا تتعدى كونها مهمة ترجمة ليس إلا.

ماذا تقدم نظريات النمو المعرفي للعملية التعليمية التعلمية:

إن نظريات النمـو المعرفي تنطوي عـلى عدد من المضامين التي تمكن المعلم من الوقوف على طرق تفكير الأطفال وتعلمهم وكيف تغير هذه الطرق لدى تقدمهم في السن، ومن أهـم هـذه المضامين التي تنطوي عليها نظريات النمو المعرفي الآتي:

١. على المعلم أن ينظر إلى الظاهرة أو المشكلة من وجهة نظر الطفل لا من وجهة نظر الراشدين ليقيم نوعا من التعاطف المعرفي بينه وبين الطفل (مع إدراك أن تفكير الطفل يجعله أكثر عرضة للخطأ).

٢. في المرحلة العمريـة المبكـرة، يتعلم الطفـل عـن طريـق التفاعـل مـع الأشياء والظواهر الماديـة المحسوسة في البيئة (المعالجة اليدوية والعمل والمس، والرؤية)، أفضل مـن التعلـم اللفظـي، الأمـر الذي يساهم في فهم العلاقات والمفاهيم، على نحو أكثر فاعلية من الطرق المجردة، التي قد تكون أكثر نجاعة في مرحلتي الطفولة المتأخرة والمراهقة.

٣. تشجيع المعلمين على اعتماد أساليب التعلم الاكتشافي (في هذا الأسلوب يكتسب الطفل المفاهيم والمبادئ عبر عمليات اكتشاف ذاتية)، وهذا يتم بوجود تفاعل منظم بين المعلم والمتعلم كـما يـرى برونر؛ وذلك لضمان نمو معرفي مناسب.

يظهر دور المعلم هنا، باغناء البيئة بالمثيرات وتنظيمها على نحو يسهل قدرة الأطفال على الاكتشاف والتعلم وخاصة في المرحلة الابتدائية وما قبل الابتدائية).

٤. يزود المعلم تلاميذه بخبرات جديدة، تناسب البنى المعرفية عندهم أي تكون المعلومات الجديدة نسبية وليس كلية، لتسهيل عملية النمو المعرفي لديهم.

٥. تشير نظريات النمو المعرفي إلى ضرورة تفاعل الطفل مع الآخرين بشكل فعال، للانتقال به من خصائص التفكير المتمركز حول الذات إلى خصائص التفكير الاجتماعي.

تسريع النمو المعرفي:

أثار العلماء مسألة مهمة وهي مسألة تسريع النمو المعرفي للطفل، بمعنى هل يستطيع الطفل ممارسة العمليات المعرفية التي تتجاوز مرحلة نموه؟

لم ينصب اهتمام بياجيه بموضوع تسريع النمو المعرفي بقدر اهتمامه بمساعدة الطفل لانجاز عمليات النمو السوي، ويرى أن للخبرة دور ضئيل جدا في تعزيز الانتقال من مرحلة نمو معري إلى أخرى، ويقول بحد أدنى من التسريع في عمليات الاستدلال المنطقي.

أما برونر والذي يرى إمكانية تسريع النمو المعرفي، حيث يمكن تعليم أي موضوع لأي طفل، في أي مرحلة من مراحل النمو المعرفي، إذا تم تعليم هذا الموضوع بطريقة سليمة (Bruner, ١٩٧٧).

يعتقد العديد من العلماء بإمكانية تسريع النمو المعرفي، حيث يعزون إمكانية تسريع النمو المعرفي إلى البيئة والتعليم، وهؤلاء من اعتقدوا بوجود فترة حرجة في النمو الإنساني ومنهم: بلوم (Bloom, ١٩٦٨)، وكولبرج (Kohlberg, ١٩٦٨)، حيث يعتقدان إمكانية تعزيز النمو المعرفي من خلال توفير الإثارة البيئية المناسبة.

على الرغم من عدم توفر دليل قاطع على وجود الفترة الحرجة في النمو الإنساني، أو إمكانية تسريع النمو المعرفي - كما أشار (Clarizio, ١٩٨٩) - إلا أن على المربي أن يكون من أنصار تسريع النمو المعرفي ووجود فترات حرجة تصاحب نمو الطفل، فيعمل على توفير المثيرات البيئية المناسبة للطفل، وتنظيم المواد الدراسية على نحو هرمي، لأن ذلك يساعد على تسريع تعلمهم.

المبحث التاسع

النمو الأخلاقي:

التربية الأخلاقية ضرورة لـ:

١. لبقاء المجتمع وتنظيم العلاقات بين الأفراد في المجتمع.
٢. توجيه النشاطات نحو أهداف عامة تخدم المجتمع.
٣. تجعل الأفراد متماسكين ضمن إطار اجتماعي واحد.
٤. تحقيق التكيف الاجتماعي.
٥. تجعل الفرد صالحا يدرك حاجات الآخرين وكيف يتعامل معهم.

كيف تكتسب الأخلاق وتنمو وتتعدل عند الأفراد؟

تكونت اتجاهات مختلفة لتفسير التغيرات المتعلقة بالسلوك الأخلاقي ومن أهمها:

أ. **الاتجاه المعرفي،** الذي ينظر إلى النمو الأخلاقي على أنه جزء من عملية النضج، مثله مثل النمو العقلي الذي يحدث ضمن إطار العمر.

ومن أشهر **رواد هذا الاتجاه بياجيه، وكولبرج،** فهما يؤكدان على أن اكتساب الأخلاق ينتج عن محاولة الفرد تحقيق التوازن في علاقاتهم الاجتماعية مع أفراد بيئتهم، وأن هذا التفاعل مع البيئة الخارجية يتم من خلال عمليتي التمثل والتلاؤم وذلك لتحقيق التوازن مع البيئة.

فالفرد يحاول من خلال تفاعله مع البيئة إلى دمج مفاهيم وقواعد المجتمع في بناء الفرد المعرفي وتحويلها من معلومات خارجية إلى مبادئ داخلية (التذويب).

يرى بياجيه أن الفرد خلال نموه الأخلاقي يمر بمرحلتين هما:

أ. مرحلة الأخلاق التبعية (الواقعية): من عمر ٤-٨ سنوات.

تعتمد أحكام الطفل فيها على ما يترتب على المواقف أو الفعل من نتائج فعلية (يعتبر أن السلوك المسموح فيه من قبل الوالدين سلوك جيد كما ويعتبر القوانين مقدسة وغير قابلة للتغيير)، لأنه متمركز نحو الذات ولا يعي وجهات نظر الآخرين.

ب. مرحلة الأخلاق الذاتية أو الاستقلالية: ٨-١٢ سنة.

- يعتمد السلوك على القصد والنية فلم يعد يحكم على السلوك من خلال النتيجة.

- يبدأ بتفسير القواعد الاجتماعية القائمة وتشكيل قواعده الذاتية لم يعد يقبل القوانين بحرفيتها (تفسيرها بمعان عدة).

نظرية كولبرج في النمو الأخلاقي:

اهتم كولبرج (Kohlberg, ١٩٦٣) في بنية الحكم الأخلاقي - تفسير وتبرير الجواب - أكثر من اهتمامه في السلوك الأخلاقي.

النمو يسير وفق تسلسل هرمي عبر ثلاث مستويات رئيسية يتضمن كل منها مرحلتين أخلاقيتين، ليس بالضرورة أن يصل الناس إلى المستوى الخامس والسادس.

مراحل النمو الأخلاقي عند كولبرج:

١. المستوى ما قبل التقليد (Preconventional level): من الولادة حتى سن التاسعة:

يعتمد الطفل في الحكم على السلوك الأخلاقي على النتائج المادية المترتبة على السلوك كالعقاب والثواب. كما يتأثر بالقواعد والتسميات التي تنسبها الثقافة للخير والشر والصواب والخطأ، ويتضمن هذا المستوى مرحلتين:

أ. مرحلة التوجه نحو العقاب والطاعة (The Punishment obedience orientation):

يعتبر الطفل الفعل خيرا أم شرا حسب النتائج المادية التي تترتب على السلوك بغض النظر عن المعاني أو القيم الإنسانية (يقوم بالسلوك الأخلاقي تجنبا للعقاب وطاعة للسلطة أو القوة).

ب. مرحلة التوجه النسبي الذرائعي (The Instrumental – relativist orientation):

- في هذه المرحلة يعتبر الطفل الأفعال حسنة إذا أشبعت حاجاته وحاجات الآخرين.

- محاكمته للفعل بناء على المنفعة الشخصية وليس على القيمة الإنسانية ذاتها.

- يخضع ويمثل للسلطة من أجل الحصول على الثواب.

٢. المستوى التقليدي (Conventional level): من تسعة إلى خمسة عشرة سنة.

يحترم الطفل في هذا المستوى توقعات الأسرة والجماعة والأمة كأمور قائمة بحد ذاتها، بغض النظر عما يترتب عليها من نتائج مادية مباشرة (يسلك الطفل بما ينسجم مع هذه التوقعات). وتقسم إلى مرحلتين:

أ. **مرحلة توافق العلاقات الشخصية المتبادلة أو الصبي الطيب أو البنت الطيبة (The Interpersonal concordance or good boy - nice girl orientation):**

- يقوم الطفل بالأفعال التي يعتقد أنها تسعد الآخرين وتنال رضاهم.
- حكمه الأخلاقي لا يتأثر بالنتائج المادية المترتبة على الفعل بل بنية الفاعل.
- يسعى الطفل إلى إقامة علاقات طيبة مع الآخرين.

ب. **مرحلة التوجه نحو النظام والقانون (The law and order orientation):**

- السلوك الصحيح هو الالتزام والقيام بالواجب؛ لذلك هو يطيع القوانين طاعة عمياء.
- الالتزام بالقوانين يكون ذاتيا داخليا.

٣. **المستوى ما بعد التقليد (الاستقلالي أو المبدئي) (Post conventional autonomous or principled level): من خمسة عشر سنة فما فوق.**

- تصبح المبادئ والقوانين جزء من ذات الفرد.
- تحديد القيم الأخلاقية ذات النزعة التطبيقية بغض النظر عن سلطة الجماعة أو الأفراد الذين يؤمنون بها.
- تكوين مبادئ خاصة.

وتقسم هذه المرحلة إلى قسمين:

أ. **مرحلة التوجه نحو العقد الاجتماعي والقانون (The social - contract, legalistic orientation):**

- يتحدد السلوك الأخلاقي في هذه المرحلة بالحقوق والمعايير العامة التي وافق عليها أفراد المجتمع جميعهم، على الرغم من نسبية القيم والآراء الشخصية، فيدرك الفرد أن القانون عبارة عن عقد اجتماعي تم الاتفاق عليه لتلبية متطلبات اجتماعية معينة، وانه قابل للتغيير والتبديل في ضوء تغيير هذه الظروف.
- ينزع على التأكيد على روح القانون وليس نصه الحرفي.
- يتحدد السلوك الأخلاقي بالحقوق والمعايير العامة التي وافق عليها أفراد المجتمع.

ب. **مرحلة التوجه نحو المبدأ الأخلاقي العالمي (The Universal - ethical - principle orientation):**

- أعلى مراحل النمو الأخلاقي؛ يعتمد الحكم الأخلاقي على المعايير الداخلية الذاتية للفرد.
- يتحدد الصواب والخطأ فيها حسب حكم أخلاقي يعتمد على ما يمليه الضمير بناء على اختبار مبدئي يحتكم إلى المنطق ويدعم بالثبات على المبدأ.
- تمتاز الأخلاق في هذه المرحلة بالشمول والثبات والعالمية والعدل في حقوق الإنسان، واحترام الإنسان..

مما سبق يتضح أن الطفل ينتقل تدريجيا من الاهتمامات الشخصية الأنانية إلى المسؤولية الاجتماعية، كما وينتقل من الاعتماد على معايير ومبادئ خارجية إلى الاعتماد على معايير ومبادئ داخلية، ومن التفكير في النتائج المادية إلى التفكير في القيم المجردة والمبادئ الإنسانية المطلقة.

كيف وصل كولبرج إلى هذه المستويات والمراحل في النمو الأخلاقي؟

كان كولبرج يطرح عدد من الأسئلة تتعلق ببعض القضايا الأخلاقية، على أطفال وراشدين ، ثم يقوم بتحليل إجاباتهم.

كان يسأل المفحوص مثلا، عما إذا كان يجب على العامل في مؤسسة الدفاع المدني أن يترك مكان عملة لمساعدة أفراد أسرته الذين يمكن أن يكونوا قد أصيبوا بالأذى نتيجة وقوع حادثة ما، أم يجب عليه أن يلازم مكان وظيفته لمساعدة الآخرين الذين قد يصابون بأذى أثناء مغادرته مكان عمله.

كان يمكن للمفحوص أن يجيب عن هذه القضية حسب التبريرات التالية التي تبين نموه الأخلاقي:

١. يجب على العامل أن يلازم مكان عمله لكي لا يتعرض للعقاب الذي توقعه عليه السلطات المسئولة (المرحلة الأولى: التوجه نحو العقاب والطاعة).
٢. يجب عليه أن يذهب لمساعدة أسرته ومعرفة ما حدث لأفرادها، لكي يتجنب القلق النفسي الذي يمكن أن يقضي على حياته (المرحلة الثانية: التوجه النسبي الذرائعي).
٣. يجب عليه أن يذهب لأسرته، لأن العناية بالأسرة من خصائص الزوج الجيد (المرحلة الثالثة: العلاقات الشخصية المتبادلة، الولد الطيب والبنت الطيبة).

٤. عليه أن يلازم مكان عملة لأن القواعد السائدة تقول بعدم مغادرة مكان العمل (المرحلة الرابعة: التوجه نحو القانون والنظام).
٥. قد يلازم مكان عملة لأنه وافق على طبيعة العمل في مركز للطوارئ، وقد يغادر هذا المكان في ظروف استثنائية إذا وجد تبريراً معقولاً لذلك (المرحلة الخامسة: التوجه نحو العقد الاجتماعي القانوني).
٦. عليه أن يلازم مكان عملة وإلا سيحرم أفراد أسر آخرين يحتاجون إلى مساعدته، وإذا غادر هذا المكان فسيشعر بالأسى وتأنيب الضمير طيلة حياته (المرحلة السادسة: التوجه المدني الأخلاقي العالمي) (نشواتي: ١٩٣).

هل يوجد صلة بين نظرية كولبرج للنمو الأخلاقي ونظرية بياجيه للنمو المعرفي؟

تشير مراحل النمو الأخلاقي إلى نموذج هرمي تنتقل فيه أحكام الطفل الخلقية تدريجيا من الاهتمامات الشخصية الأنانية إلى الاهتمامات والمسئوليات الاجتماعية، ومن الاعتماد على مبادئ ومعايير خارجية إلى الاعتماد على معايير ومبادئ داخلية ذاتية، ومن التفكير في النتائج المادية للسلوك إلى التفكير في القيم المجردة والمبادئ الإنسانية المطلقة، وهذا يبين مدى الصلة الوثيقة بين النظريتين.

تجدر الإشارة إلى أن النمو الأخلاقي يأخذ العديد من خصائص النمو المعرفي، حيث تشير مراحل النمو الأخلاقي إلى منظومة فكرية تختلف فيها كل مرحلة عن سابقتها من حيث كمية الخبرات والمعارف التي تحويها، وسن حيث البنية الفكرية التي تنتظم فيها تلك المعارف، وتتكون هذه المنظومة عبر عملية التنشئة الاجتماعية، حيث يقوم الطفل أثناء نموه بتعديل بنيته الأخلاقية القائمة وإحلال بينة جديدة مكانها، وذلك نتيجة لما يتعرض له من خبرات أثناء تنشئته.

المبحث العاشر

النمو النفسي الاجتماعي:

تسعى العملية التربوية إلى تنمية الجوانب الحسية والنفسية والاجتماعية عند الفرد؛ لتطوير شخصية الفرد ومساعدته على التكيف السليم.

إن مساعدة الفرد على النمو النفسي السليم، يساعده في تحقيق تكيفا شخصيا وأكاديميا ومهنيا مثمرا، وهنا يظهر دور العملية التعليمية التعلمية في بناء الشخصية الصحيحة، التي توفر لصاحبها الشعور بالكفاية والثقة وتزويده بالقدرة على الانجاز والتغلب على مشكلات الحياة.

نظرية فرويد:

من أشهر من اهتم بالنمو النفسي- فرويد، حيث طور نظريته على مراحل سميت بالمراحل السيكوجنسية، والتي تستند إلى مبدأ اللذة الذي يحققه الفرد من خلال مناطق جسمه المختلفة عبر المراحل المتعددة، حيث يرى أن عدم تحقيق الإشباع في هذه المراحل أو أحداها ربما يؤدي نوع من التثبيت، الأمر الذي يسبب خللا في بينية الشخصية لدى الفرد.

يرى فرويد أن الإنسان مدفوع بنوعين من الغرائز غريزة الحياة (الجنس)، وغريزة الموت (العدوان).

مراحل النمو النفسي عند فرويد:

يرى فرويد أن الطفل يمر بخمس مراحل في النمو النفسي والشخصي وهي:

١. **المرحلة الفمية:** من يوم إلى سنتين.

يحقق الطفل اللذة في هذه المرحلة من خلال الفم، متمثلا ذلك في المص والبلع والطعام.

٢. **المرحلة الشرجية:** من سنتين إلى أربع سنوات.

يحقق الطفل اللذة في هذه المرحلة من خلال التحكم بعملية الإخراج. قد يترتب على هذه المرحلة مشاكل نفسية للطفل فإذا كان الوالدين متشددين جدا بعملية ضبط الطفل للإخراج، يخرج الطفل بخيل ويحب السيطرة، وإذا كانوا غير مبالين خرج الطفل مبذر وغير مبالي.

٣. المرحلة القضيبية: من أربع إلى ست سنوات.

يحقق الطفل اللذة في هذه المرحلة من خلال العبث بالأعضاء التناسلية.

قد يظهر عدد من المشاكل في هذه المرحلة هي:

أ.   عقدة اوديب للذكور: تتملك الطفل مشاعر الخوف من الاخصاء. يشعر الطفل بـان والـده ينافسه على محبته لوالدته، ويخاف الطفل أن يقوم الأب باخصائه.

ب. عقدة اليكترا: تشعر البنت بأن أمها تنافسها على محبة والدها (شعور الحسد).

٤. مرحلة الكمون (الجنسية المثلية): من عمر ست سنوات إلى اثني عشر سنة.

في هذه المرحلة تستقر الاهتمامات الجنسية لدى الفرد ويتوجه نحـو تحقيق اللـذة مـن خـلال البيئة (الاستمتاع بالجمال دون النظر إلى النوع).

مشاكل هذه المرحلة:

عقدة اونيس: شعور الطفل هنا بالغرور وأنه أجمل المخلوقات.

٥. المرحلة التناسلية: من اثني عشر سنة فما فوق.

تعود الاهتمامات الجنسية لدى الفرد ولكن تكون موجهه نحو الجنس الآخر.

من المشاكل فيها:

أ.   السادية: التلذذ بتعذيب الآخرين.

ب. المازوخية: التلذذ بتعذيب الآخرين له

ت. الواطية والسحاقية: تكمن في العجز عن تكوين صدقات من الجنس الآخر (انظـر المليجـي ورفيقه، ١٩٨٢).

نظرية إريك أريكسون (Erikson):

● يرى أريكسون أن للسياق الاجتماعي الذي ينشأ فيه الفرد تـأثير قـوي في تكوين الشخصية، فللتنشئة والمشكلات الاجتماعية التي يواجهها الفرد خلال عمليـة نمـوه والتي ربما تنعكس سلبا أو إيجابا في تطوره النفسي والاجتماعي.

● يرى أريكسون أن الفرد يمكن أن ينمو نفسيا بشكل سـليم، ويملك إمكانيـة إنتـاج السلوك الخير السوي.

● اقترح ثمان مراحل يمر بها الفرد خلال عمليـة نمـوه النفسي ـ والاجتماعـي أسـماها **بالمراحل النفسية الاجتماعية**، حيث يواجه الفرد في كل مرحلة أزمة تنطوي على

صراع يتطلب الحـل والتوافـق معـه لـكي يسـتطيع الفـرد مـن الانتقـال بسـلام إلى المراحل اللاحقة.

- هذه المراحل مترابطة: أي أن تحقيق النمو النفسي ـ السليم في المراحل المتتابعة، يعتمد إلى درجة كبيرة على اجتياز المراحل السابقة.
- النمو النفسي والاجتماعي يرتبط بخبرات التعلم الاجتماعي.

وهذه المراحل هي:

١. الإحسـاس بالثقـة مقابل الإحسـاس بعدم الثقـة (A sense of trust versus a sense of mistrust)(١-٢):

يحتاج الطفل في هذه المرحلة: للحب، والحنان، والطعام، والنظافة، والدفء، والأمـن (الحاجات الأساسية)؛ حتى ينمي الثقة بالبيئة المحيطة به ويشعر بالأمن والاستقرار.

إن عدم توفير هـذه الاحتياجات للطفل يـؤدي إلى شعوره بعـدم الأمان ويفقد الثقة بالبيئة المحيطة به.

٢. الإحساس بالاستقلالية مقابل الشعور بالخجل والشـك (A sense of autonomy versus a sense of shame and doubt): (نهاية ٢   وبداية ٤):

يبدأ الطفل في هذه المرحلـة بالإحسـاس أن لـه سـلوكا خاصا بـه، فيعمل عـلى تأكيد إحساسـه بالاستقلال الذاتي.

يحتاج الطفل إلى تأكيد الذات والاستقلالية مـن خـلال السـيطرة عـلى عمليـة الإخراج والعنايـة بنفسه.

إن الطفل في هذه المرحلة بحاجة إلى التـدريب والعنايـة والـدعم مـن الوالـدين. يبرز هنا دور الوالدين في هذه المرحلة في تعزيز نمو الاستقلال الذاتي الصحيح عند الطفل، وذلك بإتباع أسـاليب تنشئة تحافظ على نوع من التوازن بين التسامح والحزم بحيـث لا ينقلب التسامح إلى إهـمال كـلي، ولا يتحول الحزم إلى تسلط مطلق (نشواتي: ١٧٨).

تكمن أهمية هذه المرحلة أن الطفل إذا كان نموه سليما، فإنه يكتسب بعض المعايير التي تضبط وعيه بذاته وبيئته، وهذا يمكنه من توسيع حدوده الاجتماعية عـلى نحو واثـق وتدريجي، بحيـث تزداد قدرته على مواجهة التحديات الاجتماعية التي تتسع باستمرار، وهذا يمكنه مـن الانتقـال إلى المرحلـة الثالثة وهي مرحلة الإحساس بالمبادأة.

تجدر الإشارة إلى أن فشل الطفل في تحقيق الاستقلال الذاتي (ينمو عند الطفل حالات من الشك الذاتي، والتي تنتج من عدم يقينه وعدم قدرته من التأكد مما يستطيع أو لا يستطيع القيام به)، يؤدي إلى شعوره بالخجل والعار.

٣. الإحساس بالمبادأة مقابل الإحساس بالذنب (A sense of initiative versus a sense of guilt): (٤-٦):

يطور الطفل في هذه المرحلة الإحساس والقدرة على المبادأة والشعور بالمسؤولية الذاتية، حيث تنمو القدرة لديه على عمل أنواع معينة من الأعمال التي تشعره بالسيطرة على البيئة المحيطة به، فالطفل في هذه المرحلة يشعر أنه يمتلك قوه ويمكنه من التأثير في الأشياء والحوادث من حوله، كما ويدرك أن للحياة هدفا بالنسبة له.

يبدأ الطفل بتكوين الضمير (أي تطوير الإحساس بالصح والخطأ)، من خلال المحاولة والخطأ.

إن غياب التشجيع والمبالغة في التأديب والردع والعقاب يولد الشعور بالذنب لدى الأطفال والخوف المستمر بأنا أعماله خاطئة (المليجي ورفيقه، ١٩٨٢).

٤. الإحساس بالجهد مقابل الإحساس بالنقص (A sense of industry versus a sense of inferiority): (٧-١٢):

يحتاج الطفل في هذه المرحلة إلى تكريس قواه من اجل تحسين قدراته الذاتية ومهاراته في التغلب على الصعوبات التي يوجهها، ففي هذه المرحلة يستطيع الطفل أن يكيف نفسه بطريقة تمكنه من أداء العديد من المهارات والمهام؛ وذلك بتطوير إحساسه بالعمل والكد والمثابرة ليصبح فردا منتجا قادرا على التحصيل والإنجاز (نشواتي: ١٨٠).

يحتاج الطفل تعلم المهارات اللازمة للمساهمة في الأنشطة الرسمية في البيئة وتنمية الشعور بالعطاء والإنتاج والتحصيل والنجاح.

إن عدم تمكن الفرد من تحقيق ذاته يؤدي إلى شعوره بالنقص والعجز.

إن الطفل أثناء محاولاته تحسين قدراته الذاتية ومهاراته، قد يتنازعه اتجاه نحو قدرته على الاستقلالية والإنتاج والنجاح بحجة صغر سنه الأمر الذي يعزز شعور النقص والضعف عنده.

والسؤال المهم هنا كيف يمكن للوالدين والمعلين مساعدة الطفل للتغلب على شعور النقص هذا أو التخفيف منه قدر المستطاع؟

يمكن للوالدين والمعلمين مساعدة الطفل للتغلب على هذا الاتجاه بـ:

- استغلالهم كافة فرص التعليم القائمة على العمل والفعل والتجريب من اجل اكتساب المهارات الأولية التي تتطلبها الثقافة المجتمعية.
- تشكيل نشاطات اللعب، لأن اللعب يمكنه من إتقان بعض المهارات النفسية الحركية والاجتماعية الضرورية لحياة رشد ناضجة.
- الاعتراف بجهود الطفل وقبوله كفرد منتج، وتشجيع جهوده، من خلال التركيز على عملية الإنتاج ذاتها أكثر من التركيز على مضمون الإنتاج، والميل إلى قبول الإنتاج واستحسانه أكثر من الميل إلى رفضه.
- توفير فرص النجاح للمتعلمين في الأسرة والمدرسة.

٥. الإحساس بالهوية مقابل الإحساس بغموض الهوية (A sense of identity versus a sense of identity confusion): (١٣-٢٠):

في هذه المرحلة تقترب مرحلة الطفولة من نهايتها وتبدأ المراهقة لذلك الفرد هنا بحاجة إلى:

- التخلي عن خصائص الطفولة بمراحلها المختلفة.
- تكوين هوية خاصة به، تحدد موقعه في المجتمع.
- تحديد أدواره وطاقته وإمكانياته.

تنشأ الأزمة بين حاجات ورغبات الأفراد ومطالب المجتمع، ويمر الفرد فيها بأنماط سلوكية تأخذ شكل التمرد والعصيان والخجل لتأكيد الهوية.

يحتاج الفرد في هذه المرحلة إلى الإشراف والتوجيه لتبني الاتجاهات والأدوار السليمة وتنظيم هويته لتجنيبه الشعور بغموض الهوية.

يرى أريكسون أن الخطر الرئيسي في هذه المرحلة يكمن فيما يسميه (غموض الدور (Role confusion)، أو تشتت الذات (Identity diffusion))، والذي ينجم عن عدم قدرة المراهق على إيجاد الحلول للأسئلة التي يطرحها حول ماهية هويته ودوره الجنسي.

تجدر الإشارة إلى أن دور المربين (الآباء والمعلمين)، في مساعدة المراهق على تكوين هويتهم، تتطلب منهم:

- أن يتصفوا بالحكمة في معاملة الفرد في هذه المرحلة المهمة في حياة الفرد، ويمهدون السبيل أمامه لنمو صحي وسليم، ويساعدونه على انجاز الاستقلال الذاتي النهائي.
- الثقافة الواسعة في معرفة المراهقة وطبيعتها وخصائصها والتغيرات الجسدية والانفعالية والعقلية والاجتماعية التي تتمخض عنها.

٦. الإحساس بالألفة مقابل الإحساس بالعزلة (A sense of intimacy versus a sense of isolation) (٢٠-٣٥):

يحتاج الفرد في هذه المرحلة إلى تحقيق الشعور بالاستقرار **العائلي والمهني**، ويسعى الفرد إلى إقامة العلاقات الاجتماعية وتكوين الصداقات المستديمة، وغيابه يؤدي إلى العزلة والوحدة.

٧. الإحساس بالإنتاجية مقابل الإحساس باستغراق الذات (A sense of generativity versus a sense of self absorption): (٣٥- إلى سن التقاعد):

يحتاج الفرد إلى الشعور بالقدرة عل الإنتاج والعطاء سواء على مستوى العمل أو المهنة أو إنجاب الأطفال، وغيابه يؤدي إلى انكباب الفرد على ذاته والاستغراق في أنانيته والانغماس في اللذات.

٨. الإحساس بالتكامل مقابل الإحساس باليأس (من بعد التقاعد) (A sense of integrity versus a sense of despair):

يتوقف الشعور بالتكامل والثقة بالنفس والاعتزاز بالإنجاز، على النجاح في تحقيق مطالب المراحل السابقة، فالنجاح في تلك المراحل يساعد الفرد في هذه المرحلة في التحرر من اليأس.

نظرية هافيجهرست (*Havighurst*, ١٩٧٢) للنمو النفسي (نظرية مطالب النمو):

يرى هافيجهرست أن النمو النفسي السوي عند الفرد يتطلب مجموعة من المطالب أو المهام التي يواجهها الفرد في مراحل مختلفة من حياته، وعليه تطوير القدرة على إنجازها ليضمن نموا سليما.

قسم هافيجهرست نموذجه إلى ستة مراحل، ترتبط كل منها بمطالب محددة، وتشكل تنظيما متسلسلا ومعقدا من المشكلات التي يواجهها الأفراد جميعهم عبر هذه

المراحل، وإذا لم يتمكن الفرد من مواجهة هذه المشكلات والتغلب عليها على نحو مناسب في كل مرحلة من مراحل النمو فسيواجه صعوبات تعوق نموه في المراحل التالية، وهذه المراحل ومطالب كل منها هي:

١. مرحلة الرضاعة والطفولة المبكرة: من الولادة وحتى سن الست سنوات:
هذه المرحلة تنطوي على المطالب الآتية:

- تعلم المشي.
- تعلم تناول الأطعمة الصلبة.
- تعلم الكلام.
- تعلم ضبط عمليات الإخراج (ضبط عمليتي التبرز والتبول).
- تعلم الفروق الجنسية.
- انجاز التوازن الفيزيولوجي.
- تكوين بعض المفاهيم البسيطة عن الواقع الفيزيائي (الطبيعي) والاجتماعي.
- انجاز عمليات التعلق الاجتماعي بالوالدين والأخوة والآخرين.
- تطوير الضمير وتعلم التمييز بين الصح والخطأ.

٢. مرحلة الطفولة المتوسطة: من ست سنوات إلى اثنتي عشر سنة:
هذه المرحلة تنطوي على المطالب الآتية:

- تعلم المهارات الجسدية الضرورية للألعاب العادية.
- بناء اتجاهات صحيحة مفيدة نحو الذات كعضوية نامية متطورة.
- تعلم إنشاء العلاقات مع الأفراد والانسجام معهم.
- تعلم الدور الاجتماعي الذكري أو الأنثوي المناسب.
- تطوير مهارات أساسية في القراءة والكتابة والحساب.
- تطوير مفاهيم ضرورية للحياة اليومية.
- تطوير الضمير والحس الأخلاقي ومقياس للقيم.

٣. مرحلة ما قبل المراهقة والمراهقة: من سن الثانية عشر إلى سن الثامنة عشر:
هذه المرحلة تنطوي على المطالب الآتية:

- إنجاز علاقات أكثر نضجا وجدة مع الزملاء والأقران.
- إنجاز الدور الاجتماعي الذكري أو الأنثوي.

- قبول الطبيعة الجسدية كما هي، واستخدام الجسد على نحو فعال.
- انجاز الاستقلال الانفعال (العاطفي) عن الوالدين والآخرين من الراشدين.
- انجاز التأكيد على الاستقلال الاقتصادي.
- اختيار المهنة والإعداد لها.
- الإعداد للزواج والحياة الأسرية.
- تطوير مهارات عقلية ومفاهيم ضرورية للكفاية المدنية.
- الرغبة في المسؤولية وانجاز سلوك اجتماعي مسؤول.
- اكتساب مجموعة من القيم وتكوين نظام أخلاقي لتوجيه السلوك.

٤. مرحلة الرشد المبكرة: من سن الثامنة عشر إلى سن الخامسة والثلاثون:

هذه المرحلة تنطوي على المطالب الآتية:

- اختيار شريك الحياة، الزوج أو الزوجة.
- تعلم الحياة الزوجية.
- البدء في تكوين الأسرة.
- تربية الأطفال.
- إدارة المنزل والحياة الأسرية.
- البدء في ممارسة المهنة.
- مباشرة المسؤولية المدنية.
- الانتماء إلى جماعة اجتماعية متجانسة من حيث الفكر أو المعتقد.

٥. مرحلة العمر المتوسط: من سن الخامسة والثلاثون إلى سن الستون:

هذه المرحلة تنطوي على المطالب الآتية:

- إنجاز المسؤولية الاجتماعية والمدنية.
- تأسيس معيار اقتصادي حياتي والحفاظ عليه.
- مساعدة الأطفال والمراهقين وتدريبهم على انجاز حياة راشدة مسئولة وسعيدة.
- تطوير نشاطات أوقات الفراغ.
- الارتباط بشريك الحياة (الزوج أو الزوجة) كشخص.
- تعلم التكيف مع المتغيرات الفيزيولوجية للعمر المتوسط وقبولها.
- التكيف مع الآباء المسنين.

٦. مرحلة الحياة المتأخرة: من سن الستون فما فوق:

هذه المرحلة تنطوي على المطالب الآتية:

- التكيف مع تناقص القوة الجسدية.

- التكيف مع التقاعد والانخفاض النسبي للدخل.

- التكيف مع موت الزوج أو الزوجة.

- الانتماء إلى مجموعة مناسبة من حيث العمر.

- مواجهة الالتزامات الاجتماعية والمدنية.

- إقامة ترتيبات حياتية مرضية (النشواتي، ٢٠٠٣).

التقمص (التوحد مع الوالدين) (Identification):

يقصد بالتقمص أو التوحد مع الوالدين: هو شعور الأطفال بأنهم وآباءهم يتشاركون معا في واحدة أو أكثر من أوجه التشابه، وان هذا الشعور بالتشابه يزود الأطفال بالشعور بالاطمئنان نظرا لأنهم يرون آباءهم أكثر فاعلية منهم هم أنفسهم. يظهر التوحد قبل نهاية السنة الخامسة من عمر الطفل.

من هنا نجد أن الأطفال يبدؤون بتقليد سلوك آباءهم وعن طريق هذا التقليد يتم تعلم العديد من القيم والمهارات والاتجاهات والمثل.

أظهرت عدد من الدراسات أن الأطفال الذين يرون آباءهم أقوياء وأذكياء، يدركون هم أنفسهم كذلك، والشيء نفسه صحيح للأطفال الذين يدركون آباءهم بصفات سلبية.

التنميط الجنسي (Sex Typing):

إن للتقمص دور هام في ظهور أحد مظاهر النمو المهمة وهي ظاهرة التنميط الجنسي- إن للرجل ادوار وواجبات واتجاهات معينة تختلف عن ادوار الإناث في المجتمع، وتختلف المجتمعات كذلك في هذه الأدوار التي تعطيها لكلا الجنسين.

إن تعلم الأدوار الجنسية المناسبة والتي تنسجم مع ثقافة المجتمع، يتم بشكل كبير عن طريق عملية التقمص للجنس المناسب من الأبوين وتقليد سلوكه او سلوكها، فالولد يتقمص شخصية الأب والفتاة تتقمص شخصية الأم.

النمو النفسي والعملية التعليمية التعلمية

لقد أكدت بعض الدراسات أن توفير بيئة أسرية ومدرسية واجتماعية مناسبة، لأي فرد سوي له قدرة على التعلم، كفيل بتحقيق نمو نفسي سوي له، وذلك من خلال مساعدته عن طريق الخبرة في الإحساس بالكفاية الشخصية وتحقيق الذات.

حيث أشارت الدراسات أن الإحساس بالكفاية الشخصية وتحقيق الـذات، والتوظيـف الكامـل لقدرات الفرد، هي أمور يمكن تعلمها واكتسابها عـن طريـق الخبـرة (هاماتشـيك، Hamachek, ١٩٧٩). وهذا يشير إلى دور العملية التعليمية التعلمية في تحقيق النمو النفسي السوي للمتعلم.

والسؤال المهم هنا، كيف يمكن لعملية التعليم أن توفر منـاخ مناسـب للمـتعلم تسـاعد المـتعلم على تحقيق النمو النفسي السوي؟

يمكن أن تحقق العملية التعليمية التعلمية هذا الدور الرائد من خلال:

١. إتاحة فرص التفاعل الصفي:

تكمن أهمية التفاعل الصفي في النمو النفسي، كونه يسهم في إشباع حاجة المسـاهمات المدرسية والإنجاز التي تساهم في تحقيق الذات للمتعلم.

من أجل تحقيق هذه الغاية، على المعلـم أن يـوفر منـاخ صـفي فعـال يحقـق التفاعـل الصفي ويضمن مشاركة جميع الطلبة في التفاعل الصفي، ومن الأمور التي يمكن أن تحقق هذا التفاعل:

- توفير مناخ ديمقراطي في الصف.
- تشجيع الحوار وتبادل الآراء.
- التنويع في النشاطات.
- القيام بنشاطات تتطلب أداء تعاونيا بين الطلبة.

٢. إتاحة فرص التعبير عن الانفعالات:

على المدرسة أن تهيئ مناخا مناسبا تمكن المتعلم مـن التعبيـر عـن أفكاره ومشاعره بشـكل تـام لمساعدته على تنمية إمكاناته العقلية الانفعاليـة، وعـلى المدرسة أن تركـز عـلى تنميـة الانفعـالات كعملية نفسية وليس مجرد عملية معرفية فقط.

٣. توفير مناخ تعليمي تقبلي:

على المعلم أن يوفر مناخا صفيا يمكن المتعلم إشباع حاجـه مهمـة عنده وهـي الإحسـاس بأنـه إنسان مقبول ومحبوب في الصف والمدرسة، والمجتمع.

يمكن للمعلم أن ينجح في إشباع هذه الحاجة عن المتعلم من خلال إقامة علاقة ودية بينه وبين المتعلم، وتقبله من حيث ما هو عليه فعلا وما سيكونون عليه مستقبلا. يمكن للمعلـم إنتـاج هـذا المناخ بإتباع أساليب عدة منها:

- الابتسامة الدالة على الرضى.
- التفاعل الودي مع المتعلم.
- تشجيع المتعلم على بذل الجهد.
- مخاطبة المتعلم باسمه.
- الاقتناع ببعض الأعذار التي يقدمها المتعلم

إن إشباع المتعلم لهذه الحاجة المهمة في نموه النفسي تعزز مفهوم الذات لديه، وتؤكد إحساسه بكفايته الشخصية.

تجدر الإشارة إلى أن المتعلم قد يصدر منه سلوك غير مرغوب فيه، وهنا على المعلم التمييز بين السلوك غير المرغوب فيه وبين صاحب هذا السلوك، فالمعلم يرفض السلوك غير المرغوب فيه، وأن يعلم صاحب هذا السلوك أن سلوكه هذا غير مقبول ويساعده على تغيير هذا السلوك؛ لأن السلوك هذا لا يصدر من طالب جيد، دون أن يشعر صاحب السلوك بالرفض كفرد لارتكابه هذا السلوك غير المرغوب فيه.

يمكن الإشارة إلى جانب هام في هذا الصدد وهو: أن السلوك غير المرغوب فيه قد يصدر عن المتعلم لـ:

- عدم وجود قواعد صفية واضحة تحدد أنماط السلوك المرغوب فيه والسلوك غير المرغوب فيه.
- عدم وضوح هذه القواعد الصفية للمتعلم على الرغم من وجودها.

من واجبات المعلم في موضوع القواعد الصفية أن:

- تزويد المتعلمين بقواعد صفية واضحة.
- التأكد من معرفة المتعلم لهذه القواعد ووضوحها

٤. إتاحة فرص النجاح

تشير دراسات عدة إلى أثر النجاح والفشل المدرسي في تكوين مفهوم الذات عند المتعلم وإحساسه بكفايته الشخصية، فالنجاح يؤدي إلى مزيد من النجاح والفشل يؤدي إلى مزيد من الفشل(هاماتشيك، Hamachek, ١٩٧٩).

إن شعور المتعلم بالنجاح، يرفع من مستوى طموحه، ويساعده على انجاز الأفضل على مستوى التحصيل النفسي. على المعلم أن يتيح للمتعلم فرص للشعور بالنجاح.

المبحث الحادي عشر

النمو اللغوي:

معنى اللغة:

اللغة: هي نظام يتألف مـن مجموعـة مـن الرمـوز المنطوقـة وغـير المنطوقـة وتمكـن الفـرد مـن التواصل مع الآخرين والتعبير عن الأفكار والآراء والاتجاهات لديهم.

على ماذا تشمل اللغة؟

تشتمل اللغة على الكلام المنطوق، والوسائل غير اللفظية: كالإيماءات وتعابير الوجه والكتابية.

دور اللغة:

تلعب اللغة دوراً في عملية التفكير والنمو المعرفي لدى الفرد، فهي تـزود النمـو المعـرفي بالرمـوز والمبادئ والقوانين التي تساعد في عملية التفكير والابتكار وحل المشكلات.

يرى بياجيه وبرونر أن اللغة مفتاح النمو المعرفي؛ لأن عملية اكتسابها من قبل الفرد تمكنـه مـن ترميز خبراته المتعددة، الأمر الذي يسهل لديهم عملية التعلم والتفاعل مع المشكلات المتعددة.

وظائف اللغة:

صنف هالیدای وظائف اللغة على النحو الآتي:

١. النفعية أو الوسيلية: استخدام اللغة في التعبير عن الحاجات والرغبات وتحقيق أهداف معينة.

٢. تنظيمية: استخدام اللغـة للسيطرة والتحكم في سلوك الآخـرين مـن خـلال الطلبـات والأوامـر والتعليمات.

٣. التفاعلية: اللغة أداة في التفاعل والتواصل مع الآخرين.

٤. الوظيفة الشخصية: اللغة أداة للتعبير عن المشاعر والاتجاهات والآراء نحو الموضوعات المختلفة، تمثل أداة إثبات الهوية والثبات الشخصي لدى الفرد.

٥. الاستكشافية: اللغـة أداة لاكتسـاب المعرفـة والخـبرات، تسـمى هـذه الوظيفـة أيضـا الوظيفـة الاستفهامية والتي تتمثل في طرح الأسئلة حول المواضيع المتعددة.

٦.التخيلية: اللغة أداة للهروب من الواقع من خلال كتابة الشعر والقصص للتنفيس عن الانفعالات الشخصية، وكذلك للترويح عن النفس.

٧. الإعلامية: اللغة أداء لنقل المعلومات والخبرات إلى الآخرين بهدف التأثير في سلوك الآخرين.

٨. الرمزية: استخدام اللغة للدلالة على الأشياء والموجودات المادية (المفاهيم المادية) أو الخبرات والمعاني المجردة (المفاهيم المجردة).

مراحل التطور اللغوي:

يمر النمو اللغوي عند الأفراد في مراحل متسلسلة، وذلك اعتماداً على عدد الكلمات التي يستطيع الطفل إنتاجها أثناء نموه اللغوي، وهذه المراحل على النحو الآتي:

١. مرحلة ما قبل الكلام:

يولد الطفل وهو مزود بالأجهزة الإدراكية والصوتية، ولكنه غير قادر على الكلام؛ لعدم اكتمال النضج عنده، وعند اكتمال النضج المناسب، وتوفير الخبرات البيئية المناسبة يتمكن من الكلام.

إن الطفل في هذه المرحلة يكون قادراً على إصدار بعض الأصوات التي تأخذ طابع الصراخ.

إن الطفل يستخدم خلال الأشهر الأولى من حياته، طرق المعرفة غير اللفظية في تفاعله مع العالم المحيط به،حيث ينهمك في معالجات حية عملية متنوعة، ويختبر المثيرات على نحو مباشر فيرى ويسمع ويلمس ويشم ويذوق (نشواتي: ١٧١).

٢. مرحلة إدراك الأصوات وإصدارها:

في الشهر الأول: يبدأ الطفل بتمييز الأصوات.

في الشهر الثاني: يبدأ الطفل بالاستجابة بشكل مختلف لصوت أمه عن الاستجابة للإناث غير المألوفة لديه، وفي منتصف هذا الشهر يبدأ بإصدار أصوات (الصياح والصراخ، المناغاة).

لا يصدر الطفل أصوات ذات المعنى إلا في نهاية السنة الأولى تقريباً.

٣. مرحلة الكلمة الواحدة:

يبدأ الطفل بنطق الكلمة الأولى بين الشهر العاشر والشهر الثالث عشر، وتسمى هذه الكلمة: بالجملة ذات الكلمة الواحدة.

ترتبط الكلمة التي ينطقها الطفل في هذه المرحلة، بالحاجات الأساسية لديه، وتتميز لغته فيها:

- بالتعميم: يستخدم الطفل الكلمة الواحدة للدلالة على أكثر من شيء كان يقول كلمة (عو) لجميع الحيوانات. تأخذ هذه الظاهرة بالزوال التدريجي مع تعلمه أن للأشياء المختلفة من نفس النوع أسماء مختلفة.

- التعقيد: أي يستخدم الطفل كلمة واحدة للتعبير عن أشياء يحتاج الراشد فيها إلى جملة أو أكثر للتعبير عنها. مثال: عندما يصرخ الطفل وهو يقول: ماء، فإنه يعبر عن عطشه وحاجته إلى الماء، وكأنه يقول: أنا عطشان وأريد أن أشرب.

تبلغ حصيلة الطفل اللغوية في الربع الأول من السنة الثانية حوالي خمسين كلمة، تتكون معظمها من:

- أسماء واقعية من البيئة التي يعيش فيها كالكلمات الدالة على الملابس والطعام والألعاب.

- أفعال تشير إلى العمل مثل راح، أكل...

٤. مرحلة الكلمتين:

تبدأ هذه المرحلة من منتصف السنة الثانية وحتى نهايتها، ويستطيع الطفل فيها من الوصل بين كلمتين مع بعضهما.

يستخدم الطفل اللغة في هذه المرحلة للتعبير عن:

- الملكية الخاصة به وبالآخرين، كأن يقول: (سيارة ضاعت) للتعبير عن ضياع سيارته، أو يقول: (بابا سيارة)، للتعبير عن سيارة أبيه. في هذه المرحلة قد يستخدم لفظ سيارة وقد يستخدم لفظ آخر يشير إلى كلمة سيارة كأن يقول: بابا بي، أو بيب.

- التعبير عن حاجاته، مثل أن يقول: (ماما ماء أو ماما مي)، للتعبير عن عطشه ومدى حاجته إلى الماء والشرب.

- التعبير عن التباينات النوعية أو الكمية للأشياء للتعبير عن حاجته للمزيد من هذه الأشياء، كأن يقول: (أكثر لعب)، للتعبير عن مزيد من اللعب.

- التعبير عن عدم وجود الأشياء بالسلب أو النفي، كأن يقول: (بابا بح)

تمتاز لغة الطفل في هذه المرحلة بـ:

- الإيجاز والاختصار.

- تعبر عن معنى كبير.

- ومن الأمثلة على كلامه: ماما مم، بابا بي.

إن للنمو اللغوي في هذه المرحلة فوائد كبيرة للطفل، حيث يشعر الطفل بالقوة والأهمية الاجتماعية، وتشعره بقدرته على التأثير بالبيئة.

٥. مرحلة شبه الجملة والجملة التامة (مرحلة الأكثر من كلمتين):

تبدأ هذه المرحلة من السنة الثالثة وتمتد إلى السنوات اللاحقة.

يصبح الطفل هنا قادراً على:

- تكوين أشباه الجمل، أو جمل مؤلفة من ثلاثة كلمات أو أكثر، للتعبير عن فكره ما.

- معرفة قواعد اللغة وتركيبها ودلالاتها، ويصبح قادراً على تصريف الكلام حسب جنس المتكلم أو المخاطب أو الغائب (ذكر أو أنثى)، وعدده (مفرد، مثنى، جمع)، وزمن الفعل (ماضي، حاضر، مستقبل).

- ويستطيع الطفل توليد عبارات غير مألوفة وهذا يكون فيما بين السنة الثالثة والخامسة من عمره.

نظريات النمو اللغوي:

اختلفت أفكار العلماء في تفسير عملية اكتساب اللغة، فأكد عدد منهم على دور البيئة في اكتساب اللغة أمثال (Skiner) و(Mowrer)، ومنهم من أكد على البنى الفطرية كأمثال (Lenneberg) و(Chamsky):

يرى البيئيون أن عملية اكتساب اللغة، نوع من التعلم، وتخضع للقوانين والمبادئ ذاتها، التي تخضع لها أنواع التعلم كافة، كالمحاكاة والثواب والعقاب والتعزيز، فعندما يصبح الطفل قادراً على إنتاج الأصوات الكلامية يقوم بتقليد الكلمات التي يسمعها من بيئته، ففي حال اتفاق هذه الكلمات أو اقترابها من النمط اللغوي السائد في بيئته يقوم الراشدين بتعزيزها، مما يزيد احتمال تكرار حدوثها في الأوضاع والسياقات المستقبلية المشابهة وتعلمها، أما إذا لم تتفق أو تقترب من هذا النمط فسيقوم الراشدين بتجاهلها وعدم تعزيزها مما يقلل احتمال حدوثها في المستقبل وعدم تعلمها. يتخذ الفطريون موقفا مضادا حيث يفترضون وجود بنى فطرية معينة تنشط في سن معينة من النمو وتمكن الطفل من اكتساب اللغة، في حين لا تلعب عمليات المحاكاة والتعزيز إلا دوراً ثانويا في هذا الصدد (النشواتي: ١٧٤).

وفيما يلي عرضا لأهم النظريات وتفسيرها في اكتساب اللغة:

النظرية السلوكية (سكنر):

١. تؤكد هذه النظرية على دور العوامل البيئية في اكتساب اللغة، فاللغة من وجهة نظرهم سلوك كأي سلوك آخر يكتسبه الفرد من خلال الممارسة والخبرة ويتم تدعيمها وفقا لمبدأ التعزيز والعقاب.

٢. يلعب التقليد والمحاكاة دوراً في تعلم اللغة، حيث يبدأ الطفل بالتقليد ويكرر استخدامها وفقا للتعزيز.

٣. يتعلم الطفل الضمائر وصيغ الجمع والتأنيث من خلال المحاولة والخطأ حيث يعدلون التراكيب اللغوية وفقا للتغذية الراجعة التي يأخذها من الآخرين.

٤. يتم بناء الجمل وفقا لمبدأ التشكيل المتسلسل البسيط، حيث أن كل كلمة تحدد الكلمة التالية وتعلم المعنى يتم من خلال الربط بين كلمة وشيء وبين كلمة وأخرى أو بين كلمة ومشاعر تثيرها، وذلك من خلال الممارسة والتفاعل المستمر مع الآخرين (انظر عريفج، ١٩٩٣).

نظرية النحو التوليدي (تشومسكي):

١. تؤكد على دور العوامل الفطرية الوراثية في اكتساب اللغة.

٢. يوجد استعداد فطري أو بنى فطرية لدى الطفل لاكتساب اللغة، (يولد الطفل ولديه أداة فطرية موروثة لاكتساب اللعة).

٣. البنى الفطرية تساعده على السيطرة على الإشارة الصوتية القادمة (التي يسمعها الطفل) وتخزينها ومعالجة وإعطائها المعاني الخاصة بها، ومن ثم توليد مجموعة من القواعد اللغوية شبه المتناسقة والثابتة، والتي ربما تختلف عن القواعد اللغوية التي يستخدمها الراشدون.

نظرية النمو المعرفي (بياجية):

١. تؤكد هذه النظرية على دور كل من العوامل الفطريه والبيئيه في عمليه اكتساب اللغة وتطورها.

٢. يرتبط التطور اللغوي بالجانب المعرفي (تطور العمليات المعرفية)، فالكلمة او الجملة لا تظهر لدى الطفل إلا بعد إدراكهم ووعيهم للمفاهيم التي تمثلها هذه الكلمات.

٣. الأفراد مزودون بنزعة فطرية تمكنهم من التعامل مع الرموز اللغوية وتنظيمها في البناء المعرفي لديهم.

٤. اللغة عملية وظيفية إبداعية تتوقف مع قدرة الفرد على التفاعل مع الخبرات البيئية المتعددة.

٥. يميز بياجيه بين الأداء اللغوي وبين الكفاءة اللغوية: الأداء اللغوي: التراكيب اللغوية التي لم تستقر بعد في حصيلة الطفل اللغوية وقد تكون استجابة محاكاة فورية يسمعها الطفل في بيئته. أما الكفاءة اللغوية : تمثل القدرة على إصدار الكلام وإنتاج التراكيب اللغوية التي تنشأ وفقا للتنظيمات الداخلية التي يجريها الفرد على هذه الأصوات.

٦. يسير النمو اللغوي عبر مراحل مرتبطة بالنمو المعرفي لدى الأفراد، حيث يبدأ الطفل باستخدام الكلام المتمركز حول الذات وينتقل تدريجيا إلى استخدام اللغة ذات الطابع الاجتماعي. وتكون اللغة في البداية بسيطة تعبر عن حاجاته الأساسية أو ترتبط بالأشياء المادية ثم تتحول لتصبح أكثر تعقيدا وتأخذ الطابع الرمزي والمعنوي.

من خلال ما قدمته النظريات السابقة من تفسيرات حول النمو اللغوي عند الأطفال، لابد من الإشارة إلى كلا العاملان (الفطري والبيئي) لهما دور كبير في النمو اللغوي، وأن البيئة والوراثة مسئولان معا في اكتساب اللغة.

وفي الختام لابد من الإشارة إلى دور النمو اللغوي في التعلم المدرسي، حيث يظهر هذا الدور الكبير باعتبار اللغة وسيلة الاتصال الرئيسية في التعلم المدرسي، ففشل الطفل في تعلم اللغة يؤدي إلى فشله في الأداء المدرسي.

لقد أظهرت عدد من الدراسات أن انخفاض المستوى التحصيلي عند العديد من الأطفال يرجع إلى صعوبات لغوية ناشئة عن عوامل شخصية واجتماعية معينة (عبد السلام، ١٩٩٩).

المبحث الثاني عشر

مشاكل النمو:

مفهوم مشكلة النمو:

المشكلة في النمو هي عدم وفاء إمكانات الفرد واستعداداته في مرحلة عمرية معينة بمطالب النمو في تلك المرحلة، فتكون استجابات الفرد أقل توافقا مع ظروف البيئة المادية وأضعف توحداً مع النمط الثقافي السائد (عريفج، ٢٠٠٢: ١٤١).

فلمشكلة هنا تكمن في تعثر عجلة النمو عند الفرد فلا يسير النمو بالسرعة المتوقعة ولا يصل إلى مستويات النضج الميسرة لتعلم الفرد الكفايات اللازمة لمواجهة تحديات البيئة المادية والثقافية بشكل اعتيادي.

أسباب مشكلة النمو:

قد ترجع مشكلة النمو إلى واحد أو أكثر من الأسباب الآتية:

- أسباب وراثية.
- طريقة الولادة وما يحدث فيها من أخطاء.
- المرض.
- سوء الرعاية وضعف فرص التعليم.

آثار مشكلة النمو على الطفل:

- للمشكلة في عمر معين مخاطر شديدة على نمو الفرد في المراحل اللاحقة؛ لأن حلقات النمو متتابعة يؤثر السابق منها في اللاحق، ويؤدي التعثر في جانب من جوانب النمو إلى إعاقة جوانب النمو الأخرى، وإلى تعطيل تسارع النمو، وتقليل فرض التعلم الذي يستند إلى مستويات النضج كشرط سابق للتعلم.
- تعيق المشكلة الفرد عن مجارات أقرانه مما يترك آثارا سلبية على صورته عن ذاته.
- في حالة معالجة المشكلة عند الفرد في فترة لاحقة يكون أقرانه قد قطعوا شوطا في النمو، وهذا يتطلب منه بذل جهودا مضاعفة حتى ينجز ما أنجزه أقرانه، وقد لا يتمكن من انجازها؛ لأنه ليس مؤهلا أفضل من غيره لذلك تبقى الفجوة بينه وبين الآخرين قائمة إن لم تتسع مع الوقت.

- استمرار المشكلة دون معالجة قد تولد عند الفرد نوعا من الاضطراب النفسي- لديه يقيد فعالياته حتى في الجوانب التي لم توجد فيها أية مشكلات فيها أصلا.
- لا تنعكس آثار مشكلات النمو على الطفل فحسب بل تمتد آثارها على مجرى حياة ذويه، فالطفل الذي يعاني من إفراط في ظاهرة التمركز حول الذات يرافق تمركزه حول ذاته مشكلات اجتماعية مختلفة كالأنانية والسرقة، تنعكس سلبا على ذوي الطفل (انظر أسعد، ١٩٨٢).

معايير السلوك المشكل والنمو الذي تعترضه المشكلات:

قد تكون المشكلة التي يعاني منها الطفل في نموه، مجرد عقبة عارضة اعترضت سبل نموه، فهذه العقبات العارضة قد تمر بكل طفل، فلا يمكن اعتبار طفل يعاني مشكلة في نموه لأنه تأخر شهرين او ثلاثة في التسنين (ظهور الأسنان البنية)، او لم يستطع المشي مع نهاية السنة الأولى، من هنا حدد علماء نفس النمو معايير نحكم من خلالها على وجود مشكلة في النمو منها:

- مطالب النمو في المراحل العمرية المختلفة: نقيم نمو الطفل في ضوء المطالب التي يفترض أن يتمكن الطفل من تغطيتها في كل مرحلة من المراحل، فإذا وصل الطفل إلى نهاية المرحلة دون أن يتمكن من تحقيق تلك المطالب كلها أو بعضها اعتبر ذلك مؤشرا على وجود مشكلات.
- المعيار الإحصائي: هناك منحنى اعتداليا لكل مظهر من مظاهر النمو يتوسطه الأسوياء، وتصل نسبة هؤلاء إلى ما يقارب ٦٨% من أفراد أي مجموعة كبيرة، وينحرف عنهم يمينا (نحو الأحسن)، ويسارا (نحو الأسوأ) ما يقرب من ٣٠% وهؤلاء لا نعتبرهم متطرفين، حيث تبقى نسبة ٢% من الأشخاص يفترض أن نصفهم أي ١% متميزين جدا والنصف الآخر يمكن اعتبار مستوى نموهم معوق بمشكاة ويحتاج إلى رعاية خاصة.
- المعيار الاجتماعي: إن ما تتقبله الجماعة ويقتنع به الأهل لعدم ابتعاده عن الصورة العامة السائدة في مجتمعهم يعتبر سويا، وما يعترض عليه الآخرون ويكررون انتقادهم له يعتبر مشكلة، كملاحظة عدم الصدق عند الطفل من الأهل والجيران والمدرسة، فمعنى ذلك أن الطفل يعاني من مشكلة الكذب.
- المعيار الذاتي: الحكم على وضع الطفل بالاستناد إلى استجاباته، فإذا وجدنا الطفل يميل إلى الإشارات أكثر من الكلمات في التعبير عن ذاته وكان يشد على أسنانه... فمعنى ذلك أنه يعاني صعوبات في الكلام.

- المعيار التكاملي: يرى أصحاب هـذا المعيار أن المشكلة لا تكون كـذلك إلا إذا بـدت معيقة للتكامل النفسي عند الفرد، واستمرت لفترة طويلة وأخذت تؤثر على الجوانـب الأخرى لشخصية الفرد، فالطفل الذي يستمر معه الخـوف حتى بعـد انتهاء أسبابه وأخذ يؤثر على سلوكه في كثير من المواقف عندها يمكن اعتبار أن الطفل يعـاني مـن مشكلة الخوف (انظر أسعد، ١٩٨٢).

أمثلة على مشكلات النمو:

أ. مشكلة التبول اللاإرادي:

معنى التبول اللاإرادي: هو عدم قدرة الطفل العادي على التحكم في عملية التبول في سـن ينتظر منه فيها أن يكون قد تمكن من ضبط التبول.

السن الذي يضبط فيه الطفل عملية التبول (عدم تبليل ملابسه وفراشه أثناء النوم): يبدأ الطفـل عملية ضبط تبوله في السنة الثانية مـن عمـره ويفـترض أن تكتمـل هـذه العمليـة في نهايـة السنة الثالثة، فإذا استمر الطفل في تبليل ملابسه او فراشه بعد ذلك واستمر إلى مـا بعـد الرابعـة اعتـبرت حالته مشكلة وتحتاج إلى دراسة ومعالجة.

تجدر الإشارة إلى أن هناك حالات من التبول العارض (غير المتكرر)، تحدث عند عدد من الأطفال في سن متقدمة، إما بسبب مرض او خوف او برد او كثرة تناول السوائل قبل النوم، ولكـن لا تعتـبر هذه الحالات مشكلة ولا يخشى منها على نفسية الطفل وغالبا مـا تـزول بـزوال أسـبابها (معـوض، ١٩٧٩).

مظاهر التبول اللاإرادي عند الطفل:

- تبليل ملابسة وفراشه.

- أعراض نفسية تتمثل بالشعور بالنقص عند الطفل وفقدانه الشعور بالأمن والشعور بالذلة والخجـل، والميـل إلى الانـزواء، والتأتـأة والنوبـات العصـبية، وقـد تظهـر بعـض الأعـراض التعويضية كالعناد والتخريب وكثرة النقد وسرعة الغضب.

- النوم المضطرب والأحلام المزعجة وتدهور الحال.

عوامل التبول اللاإرادي:

- عوامل جسمية: يقصد بالعوامل الجسمية عدد من الأمراض التي يصاب بهـا الطفـل مثـل: الاضطرابات العصبية، والتهابات في مجرى البول والأمعـاء، أو وجـود حصـوة في الكـلى أو المثانة او الحالب او فقر الدم وكالسكري.

- عوامل نفسية: وهي العوامل التي تؤثر على نفسية الطفل مثل: الخوف، الغيرة الشديدة، العلاقات العائلية المضطربة التي تهدد امن الطفل، وأسباب نفسية عند الوالدين تدفعهم إلى إهمال تدريب الطفل على التبول بالطرق المختلفة وهو في السنة الأولى من عمره كالحنان الزائد.

- شعور الطفل بنقص حنان والديه فيعبر عن هذا بالنكوص (أي الرغبة اللاشعورية بالرجوع إلى حالة الطفولة التي يتمتع فيها الطفل برعاية أمه) (انظر فهمي، د.ت).

علاج التبول اللاإرادي:

- العلاج العضوي: العلاج العضوي يعد الخطوة الأولى في القضاء على مشكلة التبول اللاإرادي، لذلك يجب مراجعة الطبيب وإجراء الفحوصات المخبرية للتأكد من سلامة الطفل من أي مرض عضوي يسبب له التبول اللاإرادي. إذا أثبتت الفحوصات المخبرية سلامة الطفل من أي مرض عضوي يسبب له التبول اللاإرادي، يكون سبب المشكلة هنا نفسي.

- العلاج النفسي: يكون ذلك بـ:

١. علاج الأسباب النفسية التي كانت سببا في هذا التبول اللاإرادي، منها تحسين البيئة التي يعيش فيها الطفل ليصبح أكثر اطمئنانا كتحسين معاملة الطفل وعدم إظهار الخلافات والنزاعات الزوجية أمام الطفل، وعدم الاهتمام الزائد بالطفل الصغير على حساب باقي الصغار...

٢. استخدام الوالدين أسلوب الإيحاء: أظهرت عدد من الدراسات أن استخدام الوالدين أسلوب الإيحاء يساعد الطفل على التخلص من مشكلة التبول اللاإرادي، ويتلخص هذا الأسلوب بجلوس الوالدين بجوار الطفل المصاب بهذه المشكلة عند ذهابه للنوم وجعله يكرر قبل النوم مباشرة جملا إيحائية بعدم التبول مثل (سيكون سريري نظيفا في الصباح، أنا لا أبول على فراشي).

٣. إشعار الوالدين الطفل بقدرته على النجاح في التخلص من البول.

٤. عدم لوم الطفل وتعنيفه أو إحراجه أمام إخوانه والآخرين؛ لما لهذا من آثار سلبية على نفسية الطفل وسلوكه.

٥. تقديم حوافز للطفل حتى يشجع على عدم التبول أثناء النوم وذلك بعمل سجل يدون فيه مدى التقدم الذي حققه الطفل في التغلب على هذه المشكلة، وفي حال نجاحه يكافأ.

سبل الوقاية من التبول اللاإرادي:

● تقديم السوائل للطفل قبل النوم بوقت طويل ومنع الطفل من تناول السوائل بعد ذلك.

● طلب الوالدين من الطفل الذهاب إلى الحمام قبل النوم، وإيقاظه ليلا للذهاب إليه للتبول.

● عدم وضع التوابل والمواد الحارة في طعام الطفل؛ لأن ذلك يجعل الطفل يشرب الكثير من الماء.

● تشجيع الطفل على النوم في النهار؛ حتى لا يكون نومه عميقاً بالليل مما يجعله يستيقظ على حاجته إلى التبول أثناء نومه.

● عدم استخدام العقاب والاستهزاء به؛ لأن هذا يفقده القدرة على ضبط مثانته.

● استشارة الطبيب النفسي والمواظبة في تنفيذ النظام الذي وضعه لتخليص الطفل من هذه المشكلة.

ب. صعوبات النطق:

يعبر الطفل عن حاجاته من خلال الكلام؛ لذلك أي عطل في جهاز النطق يعوق الفرد عن القيام بواجباته في الحياة، كما يعوق نموه الفردي والاجتماعي.

مفهوم صعوبات النطق:

ينمو النطق عند الطفل بتدرج فيبدأ الطفل بالتعبير عن حاجاته الأولية بالصراخ ثم الضحك ثم المناغاة ثم ينجح في إخراج الأصوات المفهومة وفي ممارسة النطق السليم، غير أن بعض العوامل العضوية والنفسية تحول دون التقدم الكلامي للطفل، وتسبب اختلالا في التوافق الحركي بين أعضاء النطق، وهذا الاختلال يسمى بصعوبات النطق أو صعوبات الكلام.

ومن هنا يمكن القول أن صعوبات النطق هي: اختلال في التوافق الحركي بين أعضاء النطق ناتج عن بعض العوامل العضوية والنفسية في جسم الإنسان

تجدر الإشارة إلى أن هذه المشكلة لا تصيب الأطفال فحسب بل ممكن أن يعاني منها الكبار.

مظاهر صعوبات النطق:

- العيوب الإبدالية الجزئية (اللثغ): وهو استبدال لفظ حرف بحرف آخر، كاستبدال حرف (ر) بحرف (غ)، مثال كلمة (تمرين) يلفظها الطفل (تمغين)، أو استبدال حرف (س) بحرف (ث) مثل كلمة (سيارة) يلفظها الطفل (ثيارة).
- العيوب الإبدالية الكلية: وهو استبدال كلمة بكلمة أخرى بدلا منها، مثل كلمة (بيحة) بدلا من كلمة (بطيخة).
- عسر الكلام: وهو السكوت فترة من الزمن عند بدء الكلام رغم ظهور محاولات للنطق، ثم يتبع ذلك الانفجار السريع في الكلام ثم السكوت مرة أخرى.
- اللجلجة في الكلام (التلعثم): وهو تكرار حرف واحد عدة مرات دون مبرر لذلك، مثل عند النطق بكلمة (مدرسة) يقول (مممممدرسة).
- الخمخمة في الكلام: وهو إخراج الكلام من الأنف حين النطق به.
- السرعة الزائدة في الكلام: وهو النطق بالكلام بسرعة زائدة عن الزمن الطبيعي الذي ينطق به الأسوياء، مصحوبا بالاضطراب في التنفس وخلط وحذف للحروف.

الأعراض الجسمية (الحركية) والنفسية للفرد الذي يعاني من صعوبات في النطق:

أ. الأعراض الجسمية (الحركية): وهذه الأعراض هي:

- تحريك الكتفين أو اليدين.
- الضغط بالقدمين على الأرض.
- ارتعاش رموش العين والجفون.
- إخراج اللسان أو الميل بالرأس في جميع الجهات.

ب. الأعراض النفسية: وهذه الأعراض هي:

- القلق، وعدم الثقة بالنفس.
- الخجل، الانطواء وعدم المشاركة، والانسحاب من المواقف.
- العصبية.
- سوء التوافق في الدراسة والعمل (انظر كونجر ورفاقه، ١٩٨٥).

عوامل أمراض صعوبات النطق:

أ. عوامل جسمية وعصبية: منها:

- الضعف الجسمي العام.

- ضعف التحكم بالأعصاب في أجهزة الجسم.
- تشوه الأسنان.
- تضخم اللوزتين او الزوائد الأنفية وانشقاق الشفة العليا.

ب. عوامل نفسية: ومنها:

- شعور الطفل بالقلق أو الخوف او المعاناة من صراع لاشعوري ناتج عن التربية الخاطئة.
- فقدان الطفل بالثقة أو الشعور بالأمن.
- استخدام الطفل عيوب النطق كحيلة نفسية لا شعورية لجذب انتباه والديه الذين أهملاه، أو لطلب مساعدتهما أو لاستدرار عطفهما وحبهما له.
- الصدمات الانفعالية الشديدة: مثل موت شخص عزيز على الطفل.

ج. عوامل وراثية: أظهرت عدد من الدراسات أن الوراثة ذات أثر في صعوبة النطق، فقد تبين أن ٦٥% من أفراد عينة كبيرة من المصابين بعيوب النطق كان أحد والديهم أو أقاربهم مصابا بهذا المشكلة.

د. تلف أجزاء المخ خاصة منطقة الكلام بسبب الولادة العسرة، أو مرض.

آثار عيوب النطق على الطفل:

- تعرض الطفل للسخرية من الآخرين، وظهور السلوك العصبي والعدواني كرد فعل.
- شعور الطفل بالخجل والنقص واحتقار الذات.
- حرمان الفرد من عدد من الفرص المهنية المرغوبة باعتبار اللغة أمرا هاما فيهان مما ينعكس سلبا على حالته النفسية.
- قد يؤدي إلى حرمان الفرد المصاب بعيوب النطق من الزواج لنفور بعض الإناث منه.

علاج عيوب النطق:

أ. العلاج النفسي:

يهدف هذا العلاج إلى أساسا إلى إزالة الأسباب النفسية التي تتسبب في مشكلة عيوب النطق، كإزالة أسباب التردد والخوف وإحلال الثقة والجرأة والأمن والشعور بالاستقرار مكانهما في نفس الطفل، ومن وسائل العلاج النفسي:

- طريقة اللعب: تهدف هذه الطريقة إلى كشف أسباب الاضطراب عند الأطفال، وتفهم دوافعه، كما تهدف إلى وضع الأطفال في جو حر يشجعهم على الانطلاق والكشف عن رغباتهم دون خوف أو تصنع، كما أنها تتيح للأطفال فرص التعويض والتنفيس عن مشاعرهم المكبوتة من مخاوف او غضب او شعور بالنقص في جو من العطف والفهم من قبل المعالج النفسي.

- طريقة الإيحاء والإقناع: تعتبر هذه الطريقة من أهم وسائل معالجة مشكلة اللجلجة، وتهدف هذه الطريقة إلى استئصال إحساس المصاب بالقصور والشعور بالنقص وبناء الثقة في نفس مريضه (انظر حمدان، ١٩٨٢).

ب. العلاج التقويمي أو العلاج الكلامي:
يهدف هذا النوع من العلاج تدريب الطفل على النطق السليم للحروف او الكلمات بواسطة تمارين خاصة تستخدم فيها آلات توضع تحت اللسان او في الفم أثناء الكلام.

ج. العلاج الجسمي والعصبي:
يهدف هذا النوع إلى معالجة العيوب الجسمية التي تسبب عيبا في النطق كالشفاه المشقوقة أو تشويه الأسنان، أو خلل الأحبال الصوتية او علاج أعصاب النطق المرتبطة بمركز الكلام في المخ أو ترقيع وسد فجوة الحلق.

د. العلاج الاجتماعي:
يقوم بهذا النوع من العلاج الأخصائي الاجتماعي ويهدف إلى معالجة المصاب من ناحيتين هما:

- علاج شخص المريض ويسمى العلاج الشخصي: ويهدف إلى تغيير اتجاهات المصاب الخاطئة التي لها علاقة بالمشكلة كاتجاهه نحو والديه أو أصدقائه أو مدرسته.

- علاج البيئة المحاطة بالطفل ويسمى العلاج البيئي: يهدف إلى تغيير البيئة الفاسدة التي تؤثر على مشكلة المصاب، ويتم ذلك من خلال تغيير سلوك الوالدين أو المدرسة او الأصدقاء نحو الطفل الذي يعاني من عيوب النطق، بحيث يتم تغيير معاملتهم للطفل لتصبح معاملة أفضل من ذي قبل، أو دفع هذه البيئة إلى تلبية مطالب الطفل المادية لتخليصه من الشعور بالحرمان المادي ... وغيرها من الأسباب البيئية التي تؤثر على الطفل في هذا الجانب.

ج. مشكلة الكذب عند الأطفال:

مفهوم الكذب:

الكذب: اتجاه غير سوي يكتسبه الطفل من البيئة التي يعيش فيها، وهو عكس الصدق الذي يعني مطابقة الواقع في القول والعمل (عريفج، ٢٠٠٢).

متى ينتشر الكذب بين الأطفال؟

ينتشر الكذب بين الأطفال في الغالب دون سن الخامسة؛ وذلك يعود إلى ما يتميز به الطفل في هذه المرحلة من سعة خيال وبعد عن الواقع.

مظاهر الكذب وأنواعه:

١. **الكذب الخيالي او الإيهامي:** يمارس الطفل هذا النوع من الكذب للتسلية، ويكثر هذا النوع في سن ٤-٥ سنوات، ويرجع ذلك إلى سعة خيال الطفل وبعده عن الواقع، يطلق على هذا النوع من الكذب، الكذب البريء ويزول هذا النوع بعد أن يكبر الطفل ويصل إلى مستوى من العمر العقلي الذي يمكنه التمييز بين الحقيقة والخيال.
٢. الكذب الالتباسي: يرجع سبب ممارسة الطفل لهذا النوع من الكذب إلى عدم قدرة الطفل على التمييز بين ما نراه نحن الكبار واقع وحقيقة وما يدركه هو في مخيلته، كأن يذكر قصة خيالية ظانا أنها حدثت فعلا، يطلق على هذا النوع من الكذب، الكذب البريء ويزول هذا النوع بعد أن يكبر الطفل ويصل إلى مستوى من العمر العقلي الذي يمكنه التمييز بين الحقيقة والخيال.
٣. الكذب الدفاعي: هذا النوع من أكثر أنواع الكذب شيوعا بين الأطفال؛ لأنهم يلجأون إليه خوفا من التعرض للعقاب.
٤. الكذب الانتقامي: يلجأ الطفل إليه لينتقم من طفل فيتهمه باتهامات كاذبة يترتب عليه عقاب من الكبار، ويكون الدافع لهذا السلوك الكراهية أو الغيرة.
٥. الكب بالعدوى: يمارس الطفل هذا النوع من الكذب تقليدا لمن حوله من الأفراد الذين يتخذون من الكذب أسلوبا لهم في حياتهم.
٦. الكذب الإدعائي: يلجأ الطفل إليه بهدف إبعاد الشعور بالنقص أو الضعف عن نفسه أو المفاخرة أمام الآخرين، كأن يدعي أنه من أسرة غنية ...
٧. كذب طارئ (شعوري): يمارس الطفل هذا النوع من الكذب لإحساسه باللذة في مقاومة السلطة الصارمة سواء أكانت مدرسية أم منزلية.

٨. كذب العقد النفسية أو الكذب المزمن أو اللاشعوري: يعود هـذا النـوع مـن الكـذب إلى دوافع معادية للآخرين كبتها الطفل في اللاشعور عنـده، مثـل الطفل الـذي يكـذب علـى معلمه لا لشيء إلا لأنه مصاب بعقدة كراهية سلطة والديه، مما يجعله يعمـم لا شـعوريا كراهيته للسلطة المدرسية من خلال الكذب (معوض، ١٩٧٩).

عوامل الكذب:

١. وجود الطفل في بيئة يمارس فيها الكبار الكذب (كذب العدوى).

٢. سعة خيال الطفل وعدم قدرتـه علـى التمييـز بين الحقيقـة والخيال قبـل سـن الخامسـة (الكذب الخيالي أو الالتباسي).

٣. التفرقة في المعاملة بين الأبناء، مما يثير الغيرة والكراهية بينهم، مما يدفعه للكذب وإلصاق التهم بالآخرين (كذب انتقامي).

٤. قسوة سلطة الأسرة في معاقبة الأبناء، مـما يـدفع الطفل للكـذب تجنبا للعقاب (كـذب دفاعي).

٥. شعور الطفل بالنقص، الجسمي، أو العقلي، أو الاجتماعـي، مـما يـدفع الطفل إلى الكـذب لتعويض هذا النقص (كذب ادعائي).

٦. إصابة الطفل بعقد نفسية تدفعه لاشعوريا إلى الكذب (كذب العقد النفسية).

٧. عدم شعور الطفل بالأمن في الأسرة نتيجة تهديده بفقد السند العاطفي او المـادي الممثـل في والديه بسبب سوء العلاقة المستمرة بينهما، مما يدفع الطفل إلى الكذب للحصول علـى الأشياء التي ترمز إلى الأمن بالنسبة له كالنقود واللعب.

علاج الكذب:

لا يعد الكذب مشكلة عند الطفل إلا إذا تكرر عنده وأصبح عادة، عندها يمكن علاجه من خلال الاسترشاد بالنقاط الآتية:

● التأكد من نوع الدافع للكذب.

● التقليل ما أمكن من الميل إلى علاج الكـذب بالضرب او السخرية والتعنيـف، حيـث يـتم استخدام أسلوب يتصف باللين من غير ضعف وبالحزم من غير عنف.

● تجنيب الطفل الظروف التي تشجعه على الكذب.

● تهيئة الجو الذي يشبع حاجات الطفـل الضرورية مثـل الأمـن والاطمئنـان، والثقـة فيمـن حوله.

- توفير أوجه النشاط والهوايات للأطفال، مما يعطيهم فرصة للتعبير عن ميولهم ومواهبهم الحقيقية.

- إشباع خيال الأطفال عن طريق الاستماع للقصص والشعر، أو مشاهدة أفلام الكرتون...

- حرص الآباء على عدم إعطاء وعودا لأطفالهم إذا كانوا غير قادرين على تنفيذها والوفاء بها.

- اتصاف الآباء والكبار المحيطين بالطفل بالصدق، وإظهار احترامهم وإعجابهم بالصادقين في أقوالهم وأعمالهم، مما يجعل الأطفال يتشربون القيم الحقيقية لفضيلة الصدق، وينمي فيهم كراهية الكذب، وتجدر الإشارة إلى أن أكثر ما يدفع الطفل إلى الاستمرار في الكذب شعوره بنفعه.

د. مشكلة السرقة:

تعريف السرقة:

تعرف السرقة من الناحية الاجتماعية: بأنها عملية ترمي إلى الحصول على ما يملكه الآخرون. أما من الناحية النفسية فإنها تعرف بأنها: سلوك صادر عن حاجة أو رغبة وتؤدي إلى وظيفة معينة.

لا يكون الطفل في مستهل حياته قادرا على التمييز بين ما يمتلكه هو وبين ما يملكه الآخرون، ولكنه باتساع مدركاته وتقدمه في السن ولاسيما بعد السادسة من العمر يكون مدركا لما يملكه الآخرون.

مظاهر السرقة:

يمكن النظر إلى السرقة من جوانب ومظاهر عديدة هي:

- العدوان: السرقة عدوان من طرف السارق على ما يملكه الآخرون.

- الخيانة: السرقة نقيض للأمانة.

- سوء التكيف: السرقة مؤشر على سوء تكيف الفرد السارق مع الآخرين نتيجة لما يعانيه من علل نفسية كالحرمان والإحباط وعدم إشباع الحاجات.

- سوء التوافق الاجتماعي: السرقة تحمل الفرد على الانسحاب من المجتمع لشعوره بالذنب وهذا يؤدي إلى عدم توافق السارق اجتماعيا مع الآخرين.

عوامل السرقة:

يوجد العديد من العوامل التي تكمن وراء سلوك السرقة، ويصعب تحديد هذه العوامل لتعدد الحاجات التي تدفع الأطفال إلى القيام بهذا السلوك، ومن أهم هذه العوامل:

١. سد حاجات ضرورية او إشباع ميل أو هواية من المتعذر تحقيقها لمن لا يملك نفقاتها إلا بالسرقة.

٢. إثبات الذات أمام الزملاء من خلال إشعارهم بأنه قادر على مجاراتهم في النفقات أو المكانة الاجتماعية.

٣. السرقة بدافع الانتقام من الآخرين.

٤. فقدان الشعور بالأمن والرعاية والاستقرار نتيجة التفكك والاضطراب في الأسرة، فيقوم الطفل بالسرقة ليلفت انتباه الوالدين إليه كأسلوب لاشعوري في إشباع حاجاته إلى الأمن، الذي يشعر أنه مهدد، أو كأسلوب للحصول على بديل مادي عن حنان الوالدين المفقود.

٥. تقصير الآباء وسكوتهم عن بوادر هذا السلوك، وتبريرهم الخاطئ لسلوك السرقة، دون توعية وجزر ومعاقبته بالأسلوب المناسب، مما يشجعه على الاستمرار في هذا الاتجاه.

٦. تأثر الطفل بنماذج سلوك السرقة سواء كان في واقع بيئته أو من خلال ما يشاهده من أفلام ومسلسلات تلفزيونية.

٧. سوء التربية الأسرية التي لم تعود الطفل على احترام ملكية الآخرين ، أو تخليصه من الأنانية الزائدة التي تدفعه إلى محاولة الاستحواذ على كل الأشياء لنفسه حتى ولو كانت مملوكة لغيره.

علاج مشكلة السرقة عند الطفل:

● الوقوف على الغاية التي تحققها السرقة في حياة الطفل الانفعالية وبذل الجهد لمساعدته على إشباع هذه الرغبة الانفعالية بطريقة ترضيه وترضي المجتمع.

● العمل على منع الطفل من جني ثمار السرقة، وعدم التأخر في معاقبة الطفل على هذا السلوك؛ لأن السرقة تعطي الطفل إحساسا فوريا في المتعة والرضا، وإعطاء الطفل مهلة لجني ثمار السرقة وتأخر العقاب، يكون بمثابة تعزيز للطفل على هذا السلوك القبيح.

- احترام ما يملكه الطفل حتى يتعلم احترام ملكية الآخرين، فمن الآباء من يطلب من الطفل التنازل عن شيء من أدواته أو ألعابه لشقيقه الصغير أو لأحد الأطفال الزائرين، مما يجعل الطفل مشوشا فيما يختص باحترام ممتلكات الآخرين.
- تعزيز القيم والمعايير الدينية والاجتماعية والأخلاقية عند الطفل، ولا يتحقق ذلك إلا من خلال إعطاء القدوة في السلوك من قبل الآباء والمدرسين.
- توجيه الأبناء إلى البرامج والأفلام التي يشاهدونها والقصص والروايات التي يقرؤونها.
- تجنب إشعار الطفل بالإذلال والمهانة والمبادرة إلى تشجيعه على مواجهة المشكلة بصراحة وموضوعية وتفهم حتى يتغلب عليها (عريفح، ٢٠٠٢).

هـ. مشكلة الخوف:

تعريف الخوف:

الخوف حالة انفعالية تثيرها المواقف الخطرة أو المنذرة بالخطر، والتي يصعب على الفرد مواجهتها؛ لذلك يعتبر الخوف استجابة للتهديد بالأذى، ورد فعل لخطر وشيك الوقوع في موقف لا يسمح للفرد بالتكيف معه أو التغلب عليه.

مظاهر الخوف: الخوف نمط من السلوك الانفعالي الذي يتميز بمشاعر قوية ذات طبيعة غير سارة عند الفرد، مصحوبة ببعض الاستجابات أو المظاهر الفسيولوجية (الداخلية)، والحركية (السلوكية). من هنا يمكن القول أن للخوف مظهران هما:

١. مظهر فسيولوجي: تتمثل في تغيرات فسيولوجية تنشأ عنها إحساسات ومشاعر مختلفة يشعر بها الإنسان أو تظهر على ملامحه حين إحساسه بالخوف، ومن هذه الأعراض: سرعة خفقان القلب، الإحساس بالهبوط في المعدة، الإحساس بوجع المعدة، الرعشة، تصبب العرق البارد، الإحساس بتقلص المعدة، الشعور بالضغط والإغماء، القيء، التبول غير الإرادي.

٢. مظهر سلوكي: يتمثل في اضطراب شخصية الفرد الذي يبدو في ظهور بعض المشكلات كالتهتهة في الحديث، التبول اللاإرادي، الحركات العصبية، النوم المضطرب، الانكماش والخجل وعدم الجرأة، توقع الشر، شدة الحرص، التهاون والاستهتار، عدم القدرة على التفكير المستقل، إضاعة الوقت بسبب التردد وعدم الإقدام على عمل من الأعمال.

أنواع الخوف:

١. الخوف الطبيعي: الخوف ظاهرة طبيعية في الإنسان تؤدي وظيفة بيولوجية مهمة في حياته، فالخوف يدفع الإنسان إلى الهرب من الخطر وإلى الحذر منه فيعينه ذلك على حفظ حياته. وهذا الخوف الطبيعي لا يسبب أية مشكلة لأنه يرتبط بأسباب يزول الخوف بزوالها، مثل مشاهدة مثل مشاهدة طفل ثعبان بالقرب منه أو كلب.... عندها يشعر بالخوف ولكن هذا الخوف يزول بابتعاد الثعبان والكلب عنه.

٢. الخوف غير الطبيعي: وهو الخوف الزائد المتكرر الوقوع من الأشياء الضارة أو الغريبة إلى الحد الذي يجعله مشكلة تحتاج إلى تأمل وعلاج، مثال: إذا وجد طفل في الثالثة من عمره يخاف من الظلام، فإن هذا الخوف يعد أمرا عاديا بالنسبة لطفل هذا العمر، غير أن خوف الطفل في العاشرة من عمره من الظلام يعد أمرا غير عادي وغير معقول، وهذا النوع من الخوف يضر بشخصية الطفل وسلوكه ويصبح مصدر قلق في حياته مما يستدعي العلاج.

أسباب الخوف:

يرتبط الخوف بعاملين، الأول عامل البيئة: فالخوف انفعال يكتسبه الفرد من بيئته التي يعيش فيها، والعامل الثاني العوامل النفسية الداخلية والدوافع.

لقد صنف فرويد أسباب الخوف إلى قسمين هما:

١. مخاوف موضوعية او حقيقية ويسميها البعض بالمخاوف الحسية أو الواقعية، وفيها يرتبط الخوف بموضوع معين محدد مثل الخوف من الحيوانات او الظلام، وقد يرجع هذا الخوف إلى خبرات سابقة وإما نتيجة لما يقوم به الكبار.

٢. مخاوف عامة غير محددة ويسميها البعض بالمخاوف غير الحسية، وهي التي لا يرتبط فيها الخوف بموضوع محدد وإنما يكون الخوف فيها عائما غير مستقر على موضوع معين، أو يكون موضوعها مجهولا ليس له وجود محسوس مثل الخوف من المارد او الموت. وهذه المخاوف لها آثار عميقة في حياة الطفل وخطرها عادة يكون أكبر من خطر الخوف من الأسباب المحسوسة، لذلك سماها فرويد بالقلق العصبي (فهمي، د.ت).

صنف أيزنك أسباب الخوف على النحو الآتي:

- مخاوف من الحيوانات.

- مخاوف من مشاعر العدوان لدى الآخرين، كالخوف من الشجار والناس الغاضبين.

- مخاوف من الموت أو الأذى.

- مخاوف من النقد الاجتماعي، كالخوف من نقد الناس أو الفشل، أو تحمل المسؤولية.

- مخاوف من الظلام وما يرتبط به كالوحشة أو العزلة.

- مخاوف من الأماكن الخطرة، كالخوف من المياه العميقة.

علاج الخوف:

- تحديد سبب الخوف ومنشئه؛ لأن الخوف يزول بزوال أسبابه.

- البعد عن إظهار المربين الخوف أمام الأطفال، أو تخويفهم من أجل تسكيتهم، أو إجبارهم على النوم ...

- إذا كان الخوف ناشئا من أسباب حسية فلا بد من ربط مصادر الخوف هنا بأمور سارة ومحببة لدى الطفل، وبشكل تدريجي.

- إذا كان الخوف ناشئا عن مخاوف لا تدرك إدراكا حسيا من قبل الطفل كالخوف من الغول مثلا فإن الأمر هنا يتطلب عدم إثارة هذه الموضوعات التي تسبب هذه المخاوف أمام الطفل. أما إذا كان الموضوع الذي تسبب بخوف الطفل موجودا كالموت مثلا فإنه يتوجب على الآباء شرح حقيقة الموت للطفل بالشكل الذي يناسب عقل الطفل وخبراتهن والسماح له بالحديث عن هذا الموضوع بحرية دون كبت حتى لا يبقى الطفل في حيرة فيما يتعلق بحقيقة الموت.

و. مشكلة الغيرة:
معنى الغيرة:

الغيرة: انفعال مركب يظهر في الحالات التي يجد فيها الطفل من ينافسه على اجتذاب اهتمام من يتعلق بهم (الآباء أو المربين)، عندها يبدي الطفل الغيران الآتي:

- انزعاجه من الطفل المنافس له.

- انزعاجه ممن يتعلق بهم.

- شعوره بالعجز عن المحافظة على استمرارية تملك من يتعلق به.

- شعوره بالقلق والخوف.

- رغبته بالتقليل من شأن الطرف المنافس، وقد تصل الأمور إلى حد العدوان.

مظاهر الغيرة عند الطفل:

- الميل للصمت والانزواء.

- فرط الحساسية للمثيرات.

- الغضب معبرا عنه بالنقد والثورة والعصيان أو التخريب والعدوان على الآخرين.

- إذا توالت دوافع الغيرة واستمرت وتكررت مسبباتها، تأخذ صورة فقدان الشهية للطعام والانكماش على الذات وحتى النكوص والعودة إلى سلوكات الأطفال الأصغر سنا مثل التوقف عن ضبط عملية التبول.

أسباب الغيرة:

- تنشأ الغيرة عند الطفل في الأساس من الشك وعدم الثقة.

- تنشأ الغيرة عند الطفل حين لا ينتبه الوالدان أن اهتمامهم الزائد بأحد الأطفال الآخرين يشعر كفلهما بان مكانته قد أصبحت مهددة.

- تنشأ الغيرة عند الطفل عندما يشعر الطفل بان الوقت الذي كان مخصصا له قد تضاءل بسبب المولود الجديد الذي يحتاج إلى خدمات مكثفة من الأهل.

- قد يغار الصغار من الأخوة الأكبر، حين يشعرون بأن الكبار يحصلون على امتيازات أكثر.

- تزداد الغيرة بين أطفال الأسرة كلما تقاربت أعمارهم.

- تزداد الغيرة عند البنت في الأسرة التي تهتم أكثر بالذكور.

- تزداد الغيرة إذا جرت مقارنات بين الطفل وغيره من الأطفال خصوصا عندما يكون الأطفال الآخرين متميزين ويتم امتداح التميز وينقد التقصير.

ومن الصفات التي تلاحظ على الطفل الواقع تحت تأثير الغيرة الآتي:

- زيادة التمركز حول الذات وظهور السلوك الأناني.

- الحيل الدفاعية مثل التبرير والنكوص والرجوع على الوراء في الاستجابات السلوكية.

- الشعور بالعداء للمجتمع الذي يعيش فيه والميل إلى التحطيم والتخريب (عريفج، ٢٠٠٢).

علاج الغيرة:

١. علاج الغيرة عند الطفل تكون بالابتعاد عن مسبباتها، فينصح الوالدين الابتعاد ما أمكن عن إظهار اهتمامهم بطفلك أكثر من الآخر، وابتعادهم عن إجراء مقارنات بين الأطفال.

٢. تعزيز ثقة الطفل بنفسه عن طريق تقبله كما هو وتدعيم الجوانب الإيجابية عنده بدل التركيز على جوانب الضعف.

٣. البعد عن مواجهة الطفل الواقع تحت تأثير الغيرة بالعقاب البدني أو التحقير، حتى لا يتعاظم شعوره بالغيرة ويؤدي إلى عدوان الطفل على الأطفال الذين يغار منهم.

٤. زيادة الاهتمام بالطفل الواقع تحت تأثير الغيرة.

دور المدرسة في النمو اللغوي:

تلعب المدرسة دوراً هاما في تعزيز النمو اللغوي للأطفال وبخاصة في المرحلتين الابتدائية وما قبل المدرسة، ويحتل المعلم مركزا يمكنه من تحسين أداء تلاميذه اللغوية، وبخاصة إذا آمن أن الفروقات الفردية في مجال هذا الأداء تعود إلى عوامل بيئية وليست عوامل وراثية، واتبع بعض القواعد اللغوية المحددة، وتعزيز سمة التأني، وتزويد تلاميذه ببعض القرائن التي تساعدهم على التذكر وإزالة مصادر القلق والتوتر التي تصاحب عادة عمليات التواصل لتشجيع الأطفال على التعبير عن أنفسهم بحرية وطلاقة (النشواتي: ١٧٦).

ز. مشكلة التوحد:

ما هو التوحد:

التوحد: هو إعاقة متعلقة بالنمو عادة ما تظهر خلال السنوات الثلاث الأولى من عمر الطفل، وهي تنتج عن اضطراب في الجهاز العصبي مما يؤثر على وظائف المخ.

التوحد عند الطفل هو اضطراب يصيب طريقة الطفل في التصرف، والتفكير والاتصال والتفاعل مع الآخرين، والأطفال المتوحدين يتأثرون بطرق مختلفة بعضهم عن بعض، فالبعض لديهم أعراض خفيفة فقط ويستطيعوا العيش بشكل مستقل، في حين يكون شديد عن البعض الآخر، ويحتاج الطفل في حال التوحد الشديد للدعم المستمر طيلة حياته من أجل العيش والعمل.

ويقدر انتشار هذا الاضطراب مع الأعراض السلوكية المصاحبة له بنسبة ١ من بين ٥٠٠ شخص، وتزداد نسبة الإصابة بين الأولاد عن البنات بنسبة ١ : ٤ ، ولا

يرتبط هذا الاضطراب بأية عوامل عرقية، أو اجتماعية، حيث لم يثبت أن لعرق الشخص أو للطبقة الاجتماعية أو الحالة التعليمية أو المالية للعائلة أية علاقة بالإصابة بالتوحد.

ويؤثر التوحد على: النمو الطبيعي للمخ في مجال الحياة الاجتماعية ومهارات التواصل communication skills. حيث عادة ما يواجه الأطفال والأشخاص المصابون بالتوحد صعوبات في مجال التواصل غير اللفظي، والتفاعل الاجتماعي وكذلك صعوبات في الأنشطة الترفيهية.

تؤدي الإصابة بالتوحد إلى صعوبة في التواصل مع الآخرين وفي الارتباط بالعالم الخارجي.

يمكن أن يظهر المصابون بهذا الاضطراب سلوكاً متكرراً بصورة غير طبيعية، كأن يرفرفوا بأيديهم بشكل متكرر، أو أن يهزوا جسمهم بشكل متكرر، كما يمكن أن يظهروا ردوداً غير معتادة عند تعاملهم مع الناس، أو أن يرتبطوا ببعض الأشياء بصورة غير طبيعية، كأن يلعب الطفل بسيارة معينة بشكل متكرر وبصورة غير طبيعية، دون محاولة التغيير إلى سيارة أو لعبة أخرى مثلاً، مع وجود مقاومة لمحاولة التغيير.

وفي بعض الحالات قد يظهر الطفل سلوكاً عدوانياً تجاه الغير، أو تجاه الذات.

أشكال التوحد:

عادة ما يتم تشخيص التوحد بناء على سلوك الشخص، ولذلك فإن هناك عدة أعراض للتوحد، ويختلف ظهور هذه الأعراض من شخص لآخر، فقد تظهر بعض الأعراض عند طفل، بينما لا تظهر هذه الأعراض عند طفل آخر، رغم أنه تم تشخيص كليهما على أنهما مصابان بالتوحد.

كما تختلف حدة التوحد من شخص لآخر. هذا ويستخدم المتخصصون مرجعاً يسمى بالـ DSM-IV Diagnostic and Statistical Manual الذي يصدره اتحاد علماء النفس الأمريكيين، للوصول إلى تشخيص علمي للتوحد، وفي هذا المرجع يتم تشخيص الاضطرابات المتعلقة بالتوحد تحت العناوين الآتية:

- اضطرابات النمو الدائمة ervasive Developmental Disorder (PDD).
- التوحد autism

- اضطرابات النمو الدائمة غير المحددة تحت مسمى آخر PDD-NOS (not otherwise specified).
- متلازمة أسبرجر Asperger's syndrome ،
- ومتلازمة رَت Rett's syndrome ،
- واضطراب الطفولة التراجعيChildhood Disintegrative Disorder

ويتم استخدام هذه المصطلحات بشكل مختلف أحياناً من قبل بعض المتخصصين للإشارة إلى بعض الأشخاص الذين يظهرون بعض، وليس كل علامات التوحد، فمثلاً يتم تشخيص الشخص على أنه مصاب بالتوحد، حينما يظهر عدداً معينا من أعراض التوحد المذكورة فيDSM-IV ، بينما يتم مثلاً تشخيصه على أنه مصاب باضطراب النمو غير المحدد تحت مسمى آخر PDD-NOS حينما يظهر الشخص أعراضاً يقل عددها عن تلك الموجودة في "التوحد"، على الرغم من الأعراض الموجودة مطابقة لتلك الموجودة في التوحد، بينما يظهر الأطفال المصابون بمتلازمتي أسبرجر ورت أعراضاً تختلف بشكل أوضح عن أعراض التوحد، لكن ذلك لا يعني وجود إجماع بين الاختصاصيين حول هذه المسميات، حيث يفضل البعض استخدام بعض المسميات بطريقة تختلف عن الآخر.

كيف يتظاهر التوحد عند الطفل؟

يعتبر التوحد مرض ذو طيف من الإعراض، أي أن أعراض التوحد تختلف ما بين الأطفال المصابين، ما بين الخفيفة والشديدة، فيما يتعلق بقدرتهم على التواصل وعملية التفكير والتواصل الاجتماعي. يكون من الصعب تشخيص المرض في كثير من الحالات بسبب كون المظهر الجسدي الفيزيائي للطفل المصاب بالتوحد طبيعيا وبسبب اختلاف تطور الأطفال الطبيعيين فيما بينهم.

وتكون أبرز أعراض التوحد الآتي:

١. خلل في تواصل الطفل مع من حوله، وتتضمن تأخر تطور الكلام، وميل الطفل لتكرار نفس الكلمات وتكلمه بوتيرة متكررة تفتقد لتغيير الإيقاع والنغمات.
٢. ضعف تفاعل الطفل الاجتماعي.
٣. ميل الطفل لتكرار نفي التصرفات، ونفس الدائرة الضيقة من الاهتمامات.

٤. تصرفات وحركات شاذة مثل إجراء حركة هز متكررة في اليدين تشبه حركات غزل النسيج.

يكون لدى حوالي ثلث الأطفال المصابين بالتوحد تطور اقرب إلى التطور الطبيعي خلال السنة الأولى أو السنتين الأولى والثانية من العمر، ثم يبدأ لديهم التدهور الاجتماعي والكلامي الخاص بالتوحد فيميلون عندها لإظهار الآتي:

١. حب اللعب على انفراد.

٢. عدم الاكتراث بالأطفال ممن يلعبون حوله.

٣. حب ترتيب الأشياء وفرزها حسب الألوان.

٤. صعوبة التواصل البصري بالعينين مع الآخرين.

فإذا أبدى الطفل أي من الأعراض الثمانية السابقة بشكل ثابت، فمن المرجح أن يكون لديه حالة توحد، وعادة يظهر على الطفل أكثر من عرض من هذه الأعراض.

على الرغم من اختلاف شدة المرض بين الأطفال فإن الشيء الثابت بينهم جميعا كمصابين هو نقص القدرة على التواصل والتفاعل مع الآخرين.

ومن التصرفات الأخرى عند مرضى التوحد:

١. تحديد كلام الطفل بعدة كلمات أو بعبارات مكررة.

٢. التوقف الفجائي عن التكلم بشكل كامل لفترات.

٣. عدم قدرته على تلبية حاجات التواصل مع المحيط.

٤. تجنب الاحتكاك الجسدي مع من حوله.

٥. الميل للبقاء وحيدا.

٦. نادرا ما يلعب الطفل التوحدي الألعاب المثيرة والتخيلية.

٧. الميل للقيام بحركات مكررة مثل تكرار رمي الأشياء وتكرار حركات الهز والخفقان في اليدين أو حركات النسج.

٨. نوبات من الغضب الشديد نتيجة أسباب بسيطة.

٩. الضحك أو البكاء دون سبب أو مبرر.

١٠. لا تبدو عليه بوادر التأثر بالعاطفة أو إظهارها.

١١. يجد صعوبة في تغيير عاداته اليومية.

١٢. عدم الخوف من المخاطر.

١٣. قد يكون كثير الحركة او العكس قليل الحركة.

١٤. عدم الاكتراث للمناشدة الصوتية عند طلبة باسمه أو توجيهه سؤال خاص.

١٥. إظهاره لردود فعل غريبة للمؤثرات الحسية خاصة للأصوات العالية المفاجئة.

١٦. يسيطر على الطفل طقس أو تصرف معين كأن يلعب بجزء واحد من اللعبة وليس كلها.

تجدر الإشارة إلى أن الطفل المصاب بالتوحد ليس شرطا أن يظهر كل هذه التصرفات مجتمعة، وإنما قد يكون لديه جزء منها.

أسباب التوحد:

حتى الآن لا يعرف سبب واضح محدد لهذا المرض، فلم تتوصل البحوث العلمية التي أجريت حول التوحد إلى نتيجة قطعية حول السبب المباشر للتوحد، رغم أن عدد من البحوث تشير إلى وجود عامل جيني ذو تأثير مباشر في الإصابة بهذا الاضطراب. يجري البحث الآن في محاولة التعرف على الجينات الوراثية المسببة بهذا المرض.

في حين تركز أبحاث أخرى على احتمال مسؤولية الخلل الكيماوي في الجسم على مستوى الدماغ أو الموروثات أو الجهاز المناعي، فكلها قد تتدخل في آلية حدوث المرض.

ومن الأسباب الأخرى التي لم يثبت دورها بشكل علمي على هذا المرض: الحساسية الغذائية، التعرض لسموم البيئة، بعض اللقاحات وخاصة لقاحات الحصبة والنكاف والحصبة الألمانية.

ولكن من المؤكد أن هناك الكثير من النظريات التي أثبتت البحوث العلمية أنها ليست هي سبب التوحد، كقول بعض علماء التحليل النفسي- وخاصة في الستينيات أن التوحد سببه سوء معاملة الوالدين للطفل، وخاصة الأم، حيث إن ذلك عار عن الصحة تماماً وليست له علاقة بالتوحد، كما أن التوحد ليس مرضاً عقلياً، وليست هناك عوامل مادية في البيئة المحيطة بالطفل يمكن أن تكون هي التي تؤدي إلى إصابته بالتوحد.

كيف يتم تشخيص التوحد:

لعل هذا الأمر يعد من أصعب الأمور وأكثرها تعقيداً، وخاصة في الدول العربية، حيث يقل عدد الأشخاص المهيئين بطريقة علمية لتشخيص التوحد، مما يؤدي إلى وجود خطأ في التشخيص، أو إلى تجاهل التوحد في المراحل المبكرة من حياة الطفل، مما يؤدي إلى

صعوبة التدخل في أوقات لاحقة، حيث لا يمكن تشخيص الطفل دون وجود ملاحظة دقيقة لسلوك الطفل، ولمهارات التواصل لديه، ومقارنة ذلك بالمستويات المعتادة من النمو والتطور.

ولكن مما يزيد من صعوبة التشخيص أن كثيراً من السلوك التوحدي يوجد كذلك في اضطرابات أخرى، ولذلك فإنه في الظروف المثالية يجب أن يتم تقييم حالة الطفل من قبل فريق كامل من تخصصات مختلفة، حيث يمكن أن يضم هذا الفريق:

- أخصائي أعصاب neurologist .
- أخصائي نفسي أو طبيب نفسي.
- طبيب أطفال متخصص في النمو.
- أخصائي علاج لغة وأمراض نطق speech-language pathologist .
- أخصائي علاج مهني occupational therapist .
- وأخصائي تعليمي.
- والمختصين الآخرين ممن لديهم معرفة جيدة بالتوحد.

هذا وقد تم تطوير بعض الاختبارات التي يمكن استخدامها للوصول إلى تشخيص صحيح للتوحد، ولعل من أشهر هذه الاختبارات:CHAT (Checklist for Autism in Toddlers:) ، Chilhood Autism Rating Scale- CARS وغيرهما، وهي للاستخدام من قبل المتخصصين فقط.

ما هي العلامات المبكرة التي تشير للتوحد عند الطفل الصغير (وفق برنامج الأكاديمية الأمريكية لطب الأطفال للتحري المبكر عن التوحد لعام ٢٠٠٧):

إن وجد واحدة من العلامات الآتية يجب أن تثير انتباه الأهل، ويتطلب طلب المشورة المتخصصة وهي:

- لا يقوم الطفل الدارج (أول المشي) بالالتفات إلى مصدر لفظ أسمه.
- لا يقوم الطفل الصغير بالنظر إلى ما يشير إليه أحد الوالدين بالقول: انظر إلى ....
- لا يقوم الطفل بتقديم نفسه للأهل عند قيامه بعمل ما أو حمل شيء ما.
- تأخر اكتساب الطفل الصغير لمهارة الابتسام.
- فشل الطفل في التواصل البصري بالعينين مع الأهل.

مقاييس كشف التوحد عند الأطفال الكبار:

تتألف هذه المقاييس من خمسة جداول، وهي محصلة العديد من الدراسات، بحيث يمكن من خلال حساب مجموعة من النقاط بعد الإجابة عن مجموعة من الأسئلة التي تخص الطفل، وهذه العلامة يمكن من خلالها الحكم على الطفل بالتوحد.

تجدر الإشارة إلى أن كل جدول من هذه الجداول يتناول موضوع محدد وهذه الجداول على النحو الآتي:

١. الجدول الأول: يشمل أسئلة حول مهارة الطفل في إقامة العلاقات الاجتماعية مع الناس.

٢. الجدول الثاني: يشمل مجموعة من المعلومات التي تدل على كيفية تعامل الطفل مع جسده.

٣. الجدول الثالث: يشمل معلومات حول قدرة الطفل على التكيف مع التغيرات.

٤. الجدول الرابع: حول مهارة الطفل في الإجابة عن الأسئلة الموجهة له.

٥. الجدول الخامس: حول قدرة الطفل على استخدام العبارات اللفظية.

تجدر الإشارة إلى أن هذه الجداول يمكن أن تستخدم للأطفال فوق السنتين من العمر وحتى المراهقة.

في كل جدول هناك سبع اسئلة ويعطى كل طفل ما بين ١ – ٤ والطفل الذي تكون علامة السؤال هي (١) تدل على أن السلوك هو في المجال العادي أو الطبيعي، بينما العلامة (٤) فتشير إلى أن السلوك الملاحظ غير عادي بدرجة كبيرة ويرجع أن يكون سلوك توحدي.

بعد الانتهاء من استجواب الطفل والأهل للجداول الخمسة تجمع العلامات المأخوذة من الجداول الخمسة وتكون النتائج كما يلي:

- إذا حصل الطفل على علامة ما دون (٣٠)، فهو طفل طبيعي غير مصاب بالتوحد.

- إذا حصل الطفل على علامة ما بين (٣٠ – ٣٧) فهو طفل مصاب بالتوحد من درجة خفيفة إلى متوسطة.

- إذا حصل الطفل على علامة ما بين (٣٨ - ٦٠) فهو طفل مصاب بالتوحد الشديد.

ما هي أعراض التوحد ، وكيف يبدو الأشخاص المصابين بالتوحد؟.

عادة لا يمكن ملاحظة التوحد بشكل واضح حتى سن ٢٤-٣٠ شهراً، حينما يلاحظ الوالدان تأخراً في اللغة أو اللعب أو التفاعل الاجتماعي، وعادة ما تكون الأعراض واضحة في الجوانب الآتية:

١. التواصل: يكون تطور اللغة بطيئاً، وقد لا تتطور اللغة بتاتاً، يتم استخدام الكلمات بشكل مختلف عن الأطفال الآخرين، حيث ترتبط الكلمات بمعانٍ غير معتادة لهذه الكلمات، يكون التواصل عن طريق الإشارات بدلاً من الكلمات، يكون الانتباه والتركيز لمدة قصيرة.

٢. التفاعل الاجتماعي: يقضي وقتاً أقل مع الآخرين، يبدي اهتماماً أقل بتكوين صداقات مع الآخرين، تكون استجابته أقل للإشارات الاجتماعية مثل الابتسامة أو النظر للعيون.

٣. المشكلات الحسية: استجابة غير معتادة للأحاسيس الجسدية، مثل أن يكون حساساً أكثر من المعتاد للمس، أو أن يكون أقل حساسية من المعتاد للألم، أو النظر، أو السمع، أو الشم.

٤. اللعب: هناك نقص في اللعب التلقائي أو الابتكاري، كما أنه لا يقلد حركات الآخرين، ولا يحاول أن يبدأ في عمل ألعاب خيالية أو مبتكرة.

٥. السلوك: قد يكون نشطاً أو متحركاً أكثر من المعتاد، أو تكون حركته أقل من المعتاد، مع وجود نوبات من السلوك غير السوي (كأن يضرب رأسه بالحائط، أو يعظ)، دون سبب واضح، قد يصر على الاحتفاظ بشيء ما، أو التفكير في فكرة بعينها، أو الارتباط بشخص واحد بعينه، هناك نقص واضح في تقدير الأمور المعتادة، وقد يظهر سلوكاً عنيفاً أو عدوانيا، أو مؤذياً للذات، وقد تختلف هذه الأعراض من شخص لآخر، وبدرجات متفاوتة.

طريقة علاجه:

أساس علاج مرض التوحد هو وضع برنامج علاجي مبكر وخاص طويل الأمد من قبل فريق متخصص.

تقسم طرق العلاج إلى قسمين هما:

القسم الأول: طرق العلاج القائمة على أسس علمية:

وهي تشمل طرق العلاج التي قام بابتكارها علماء متخصصون في العلوم المتعلقة بالتوحد: كعلم النفس، والطب النفسي، وأمراض اللغة، والتعليم.

لقد أتت طرق العلاج هذه بعد جهود طويلة في البحث العلمي، ولذا فإنها تملك بعض المصداقية، على الرغم من الانتقادات التي وجهت لكل من هذه الطرق.

١. طريقة لوفاس (Lovaas) : وتسمى كذلك بطريقة العلاج السلوكي Behaviour Therapy، أو علاج التحليل السلوكي Behaviour Analysis Therapy. ونعتبر واحدة من طرق العلاج السلوكي، ولعلها تكون الأشهر، حيث تقوم النظرية السلوكية على أساس أنه يمكن التحكم بالسلوك بدراسة البيئة التي يحدث بها والتحكم في العوامل المثيرة لهذا السلوك، حيث يعتبر كل سلوك عبارة عن استجابة لمؤثر ما. ومبتكر هذه الطريقة هو **Ivor Lovaas** أستاذ الطب النفسي في جامعة لوس أنجلوس كاليفورنيا UCLA . **والعلاج السلوكي قائم على نظرية السلوكية والاستجابة الشرطية في علم النفس**، حيث يتم مكافئة الطفل على كل سلوك جيد، أو على عدم ارتكاب السلوك السيئ، كما يتم عقابه (كقول قف، أو عدم إعطائه شيئاً يحبه) على كل سلوك سيئ. وطريقة لوفاس هذه تعتمد على استخدام الاستجابة الشرطية بشكل مكثف، حيث يجب أن لا تقل مدة العلاج السلوكي عن ٤٠ ساعة في الأسبوع، ولمدة غير محددة، وفي التجارب التي قام بها لوفاس وزملاؤه كان سن الأطفال صغيراً، وقد تم انتقاؤهم بطريقة معينة وغير عشوائية، وقد كانت النتائج إيجابية، حيث استمر العلاج المكثف لمدة سنتين، هذا وتقوم العديد من المراكز بإتباع أجزاء من هذه الطريقة، وتعتبر هذه الطريقة مكلفة جداً نظراً لارتفاع تكاليف العلاج، خاصة مع هذا العدد الكبير من الساعات المخصصة للعلاج، كما أن كثيراً من الأطفال الذين يؤدون بشكل جيد في العيادة قد لا يستخدمون المهارات التي اكتسبوها في حياتهم العادية.

٢. طريقة تيتش (TEACCH) : أي علاج وتعليم الأطفال المصابين بالتوحد وإعاقات التواصل المشابهة له. وتمتاز طريقة تيتش بأنها طريقة تعليمية شاملة لا تتعامل مع جانب واحد كاللغة أو السلوك، بل تقدم تأهيلاً متكاملاً للطفل ، كما أنها تمتاز بأن طريقة العلاج مصممة بشكل فردي على حسب احتياجات كل طفل ٠ حيث لا يتجاوز

عدد الأطفال في الفصل الواحد ٥ – ٧ أطفال مقابل مدرسة ومساعدة مدرسة ، ويتم تصميم برنامج تعليمي منفصل لكل طفل بحيث يلبي احتياجات هذا الطفل.

٣. فاست فورورد (FastForWord) : وهو عبارة عن برنامج إلكتروني يعمل بالحاسوب ويعمل على تحسين المستوى اللغوي للطفل المصاب بالتوحد. ٠ وتقوم فكرة هذا البرنامج على وضع سماعات على أذني الطفل ، بينما هو يجلس أمام شاشة الحاسوب ويلعب ويستمع للأصوات الصادرة من هذه اللعب ٠ وهذا البرنامج يركز على جانب واحد هو جانب اللغة والاستماع والانتباه ، وبالتالي يفترض أن الطفل قادر على الجلوس مقابل الحاسوب دون وجود عوائق سلوكية.

القسم الثاني: طرق العلاج الأخرى (غير المبنية على أسس علمية واضحة)

أولاً: التدريب على التكامل السمعي:

وتقوم آراء المؤيدين لهذه الطريقة بأن الأشخاص المصابين للتوحد مصابين بحساسية في السمع فهم إما مفرطين في الحساسية أو عندهم نقص في الحساسية السمعية ولذلك فإن طرق العلاج تقوم على تحسين قدرة السمع لدى هؤلاء عن طريق عمل فحص سمع أولاً ثم يتم وضع سماعات إلى آذان الأشخاص التوحديين بحيث يستمعون لموسيقى تم تركيبها بشكل رقمي (ديجيتال (بحيث تؤدي إلى تقليل الحساسية المفرطة، أو زيادة الحساسية في حالة نقصها ٠ وفي البحوث التي أجريت حول التكامل أو التدريب السمعي ، كانت هناك بعض النتائج الإيجابية حينما يقوم بتلك البحوث أشخاص مؤيدون لهذه الطريقة أو ممارسون لها، بينما لا توجد نتائج إيجابية في البحوث التي يقوم بها أطراف معارضون أو محايدون، خاصة مع وجود صرامة أكثر في تطبيق المنهج العلمي، ولذلك يبقى الجدل مستمراً حول جدوى هذه الطريقة.

ثانياً: التواصل الميَّسر (Facilitated Communication) :

وقد حظيت هذه الطريقة على اهتمام إعلامي مباشر، وتناولتها كثير من وسائل الإعلام الأمريكية، وتقوم على أساس استخدام لوحة مفاتيح ثم يقوم الطفل باختيار الأحرف المناسبة لتكوين جمل تعبر عن عواطفه وشعوره بمساعدة شخص آخر، وقد أثبتت معظم التجارب أن معظم الكلام أو المشاعر الناتجة إنما كانت صادرة من هذا الشخص الآخر، وليس من قبل الشخص التوحدي، ولذا فإنها تعتبر من الطرق المنبوذة، على الرغم من وجود مؤسسات لنشر هذه الطريقة.

ثالثاً: العلاج بالتكامل الحسي (Sensory Integration Therapy) :

وهو مأخوذ من علم آخر هو العلاج المهني، ويقوم على أساس أن الجهاز العصبي يقوم بربط وتكامل جميع الأحاسيس الصادرة من الجسم، وبالتالي فإن خللاً في ربط أو تجانس هذه الأحاسيس (مثل حواس الشم، السمع، البصر، اللمس، التوازن، التذوق) قد يؤدي إلى أعراض توحدية.

ويقوم العلاج على تحليل هذه الأحاسيس ومن ثم العمل على توازنها، ولكن في الحقيقة ليس كل الأطفال التوحديين يظهرون أعراضاً تدل على خلل في التوازن الحسي، كما أنه ليس هناك علاقة واضحة ومثبتة بين نظرية التكامل الحسي ومشكلات اللغة عند الأطفال التوحديين، ولكن ذلك لا يعني تجاهل المشكلات الحسية التي يعاني منها بعض الأطفال التوحديين، حيث يجب مراعاة ذلك أثناء وضع برنامج العلاج الخاص بكل طفل.

رابعاً: العلاج بهرمون السكرتين Secretin :

هو هرمون يفرزه الجهاز الهضمي للمساعدة في عملية هضم الطعام، وقد بدأ البحث بحقن جرعات من هذا الهرمون للمساعدة في علاج الأطفال المصابين بالتوحد.

هل ينصح باستخدام السكرتين؟

في الحقيقة ليس هناك إجابة قاطعة بنعم أو لا، لأنه في النهاية لا أحد يشعر بمعاناة آباء الأطفال التوحديين مثلما يشعرون هم بها، وهناك رأيان حول استخدام السكرتين لعلاج التوحد، هناك الرأي المبني على أساس أقوال بعض (في بعض الأحيان مئات ؟) الآباء الأمريكان الذين استخدموه ووجدوا تحسناً ملحوظاً في سلوك أطفالهم، ويشجع عدد قليل من الباحثين في مجال التوحد على استخدام مثل هذا العلاج ، ولعل أشهرهم هو (ريملاند) وفي المقابل هناك آراء بعض العلماء الذين يشككون في فاعلية هذا الهرمون، ولعل أخر دراسة حول هذا كانت تلك التي نشرت في مجلة نيو انجلند الطبية ١٩٩٩م (إحدى أشهر المجلات الطبية الأكاديمية في العالم) في ٩ ديسمبر والتي لم تجد أثراً ايجابياً للسكرتين، بل إن هناك بعض العلماء ممن يحذرون من استخدامه نظراً لأنه لم يتم تجريب هذا الهرمون على الحيوانات، ويحذرون من احتمال وجود آثار جانبية سلبية قد لا نعرف ماهيتها.

وفي الحقيقة فإن الجدل ما زال مستمراً خاصة مع وجود روايات من قبل بعض الآباء حول تحسن سلوك أطفالهم بالإضافة إلى وجود بضعة دراسات تؤيد استخدام

السكرتين، لكنهـا لم تنشـر في مجـلات معروفة، مـما يثير بعض الشبهات حول أسـلوب البحـث والمنهجية في هذه الدراسات.

إذن ما هي أفضل طريقة للعلاج :

لقد أظهرت البحوث والدراسات أن معظم الأشخاص المصابين بالتوحد يستجيبون بشكل جيد للبرامج القائمة على البُنى الثابتة والمُتوقعة (مثل الأعمال اليومية المتكررة والتي تعـود عليها الطفل)، والتعليم المصمم بناء على الاحتياجات الفردية لكل طفل، وبرامج العلاج السلوكي، والبرامج التي تشمل علاج اللغة، وتنمية المهارات الاجتماعية، والتغلب على أية مشكلات حسية، كما يجب أن تكون الخدمة مرنة تتغير بتغير حالة الطفل، وأن تعتمد على تشجيع الطفل وتحفيزه، كما يجب تقييمها بشكل منتظم من أجل محاولة الانتقال بها مـن البيت إلى المدرسة إلى المجتمع، كما لا يجب إغفـال دور الوالـدين وضرورة تـدريبهما للمساعدة في البرنامج، وتـوفير الـدعم النفسي- والاجتماعي لهما.

ما فوائد البرامج العلاجية للطفل المتوحد؟

- تعليم الطفل المتوحد كيفية التواصل مع الآخرين عن طريق الكلام وبطرق أخرى مثل لغة الإشارة والرسوم، سعيا لإخراج الطفل من دائرة اهتماماته الضيقة وشده نحو أشياء جديدة بطريقة التشجيع الإيجابي ومن خلال وضع الطفل في أجواء اجتماعية.

- تقديم مضادات الاكتئاب التي تخفف مـن الحركات المكررة، وآخرين قـد يحتاجون للمنبهات لتخفيف فرط النشاط أو مضادات الاختلاج.

نصائح لآباء ومعلمي الأشخاص المصابين بالتوحد:

١. يفكر كثير من الأشخاص المصابين بالتوحد باستخدام التفكير المرئي، حيـث أفكر باستخدام الصور، بدلاً من اللغة أو الكلمات، حيث تبدو أفكاري كشريـط فيديو أراه في مخيلتي، فالصور هي لغتي الأولى، والكلمات لغتي الثانية، كما أن تعلـم الأسماء أكثر سـهولة مـن تعلم الأفعال، حيث يمكنني أن أكون صورة في مخيلتي للاسم، بينما من الصعب عمل ذلك بالنسبة لغير الأسماء، كما أنصح المعلمة أو المعلم بعرض الكلمات بصورة واضحة للطفل، وذلك باستخدام الألعاب مثلاً.

٢. حاول تجنب استخدام كلمات كثيرة وأوامـر أو تعليمات طويلـة، حيـث يواجـه الأشخاص المصابين بالتوحد مشكلات في تذكر تسلسل الكلمات، وذلك يمكن كتابـة التعليمات على الورق إذا كان الطفل أو الشخص يستطيع القراءة.

٣. لدى كثير من الأطفال المصابين بالتوحد موهبة في الرسم، والفن، أو الكمبيوتر، حاول تشجيع هذه المواهب وتطويرها.
٤. قد يركز الأطفال المصابين بالتوحد على شيء ما يرفضون التخلي عنه، كلعب القطارات أو الخرائط، وأفضل طريقة للتعامل مع ذلك هي استغلال ذلك من أجل الدراسة، حيث يمكن استخدام القطارات، مثلاً لتعليم القراءة والحساب، أو يمكن قراءة كتاب عن القطارات والقيام بحل بعض المسائل الحسابية استخدام القطارات، كعد مثلاً كم كيلومتر يفصل بين محطة وأخرى.
٥. استخدم طرق مرئية واضحة لتعليم مفهوم الأرقام.
٦. يواجه كثير من الأطفال المصابين بالتوحد صعوبات في الكتابة، بسبب صعوبات في التحكم بحركة اليد، للتغلب على شعور الطفل بالإحباط بسبب سوء خطه، شجعه على الاستمتاع بالكتابة، واستخدم الكمبيوتر في الطباعة إذا أمكن ذلك.
٧. بعض الأطفال المصابين بالتوحد يتعلمون القراءة بسهولة أكبر إذا استخدموا طريقة تعلم الحروف أولاً، بينما يتعلم البعض الآخر باستخدام الكلمات دون تعلم الحروف أولاً.
٨. بعض الأطفال لديهم حساسية ضد الأصوات المرتفعة، ولذلك يجب حمايتهم من الأصوات المرتفعة (كصوت جرس المدرسة مثلاً)، أو صوت تحريك الكراسي بحكها في الأرضية، ويمكن التقليل من صوت تحريك الكراسي بوضع سجادة فوق أرضية الفصل.
٩. تسبب الأضواء العاكسة (الوهاجة fluorescent lights) بعض الإزعاج لبعض الأطفال المصابين بالتوحد، ولتجنب هذه المشكلة يمكن وضع طاولة الطفل قرب النافذة، أو تجنب استخدام الأضواء العاكسة.
١٠. بعض الأطفال المصابين بالتوحد يعانون من فرط الحركة أيضاً (hyperactivity) ، حيث يتحركون كثيراً، ويمكن التغلب على ذلك إذا تم إلباسهم صدرية أو معطف ثقيل يقلل من حركتهم. كما أن الضغط الناتج عن الوزن قد يساعد على تهدئة الطفل، ولأفضل النتائج يجب أن يرتدي الطفل الصدرية لمدة عشرين دقيقة، ثم يتم خلعها لبضع دقائق.
١١. يستجيب بعض الأطفال المصابين بالتوحد بشكل أفضل ويتحسن الكلام عندهم إذا تواصل المعلم معهم بينما هم يلعبون على أرجوحة أو كانوا ملفوفين في

سجادة فالإحساس الناجم عن التأرجح أو الضغط الصادر من السجادة قد يساعد على تحسين الحديث، لكن يجب أن لا يُجبر الطفل على اللعب بالأرجوحة إلا إذا كان راغباً بذلك.

١٢. بعض الأطفال والكبار المصابين بالتوحد، ممن يستخدمون التواصل غير اللفظي، لا يستطيعون معالجة المعلومات الداخلة عن طريق الرؤية والسمع في نفس الوقت، وذلك لا يستطيعون الرؤية والسمع في نفس الوقت، ولذلك يجب ألا يطلب منهم أن ينظروا وينصتوا في نفس الوقت.

١٣. تعتبر حاسة اللمس عند كثير من الأشخاص المصابين بالتوحد ممن يستخدمون التواصل غير اللفظي أكثر الحواس فاعلية، ولذلك يمكن تعليمهم الحروف بتعويدهم على لمس الأحرف المصنوعة من البلاستيك، كما يمكن أن يتعلموا جدولهم اليومي بلمس الأشياء الموجودة على الجدول قبل بضع دقائق من موعد النشاط، فمثلاً قبل ١٥ دقيقة من موعد الغداء قدم للشخص ملعقة ليمسكها.

١٤. في حال استخدام الحاسوب في التعليم حاول وضع لوحة المفاتيح في أقرب مكان إلى الشاشة، حيث إن بعضهم قد لا يدرك أن عليه أن ينظر إلى الشاشة بعد الضغط على أحد المفاتيح.

١٥. من السهل بالنسبة لبعض الأشخاص ممن يستخدمون التواصل غير اللفظي الربط بين الكلمات والصور إذا رأوا الكلمة مطبوعة تحت الصورة التي تمثلها. وقد يجد بعض الأشخاص صعوبة في فهم الرسومات، حيث يفضلون استخدام الأشياء الحقيقية والصور في البداية.

١٦. قد لا يدرك بعض الأشخاص المصابين بالتوحد أن الكلام يستخدم كوسيلة للتواصل، وذلك فإن تعلم اللغة يجب أن يركز على تعزيز التواصل، فإذا طلب الطفل كوباً فأعطه كوباً، وإذا طلب طبقاً بينما هو يريد كوباً، أعطه طبقاً، حيث يحتاج الطفل أن يتعلم أنه حينما ينطق بكلام ما، فإن ذلك يؤدي إلى حدوث شيء ما.

١٧. قد يجد كثير من الأشخاص المصابين بالتوحد صعوبة في استخدام فأرة الحاسوب، ولذا حاول استخدام أداة أخرى لها زر منفصل للضغط، كالكرة الدائرية، حيث يجد بعض الأطفال المصابين بالتوحد، ممن يواجهون مشاكل في التحكم العضلي،

صعوبة في الضغط على الفأرة أثناء مسكها، (قدمت هذه النصائح تمبل جراندين (Temple Grandin

التفكير الإدراكي والتواصل الاجتماعي:

تقدم كتابات تمبل جراندن، ودونا ويليامس وغيرها، وسيلة لفهم كيف يفكر الأشخاص المصابون بالتوحد، حيث يظهر من خلال هذه الكتابات اعتماد الأشخاص المصابين بالتوحد على طريقة من التفكير تتميز بالآتي (في معظم الأحيان):

١. التفكير بالصور، وليس الكلمات ٠
٢. عرض الأفكار على شكل شريط فيديو في مخيلتهم، الأمر الذي يحتاج إلى بعض الوقت لاستعادة الأفكار ٠
٣. صعوبة في معالجة سلسلة طويلة من المعلومات الشفهية ٠
٤. صعوبة الاحتفاظ بمعلومة واحدة في تفكيرهم، أثناء محاولة معالجة معلومة أخرى ٠
٥. يتميزوا باستخدام قناة واحدة فقط من قنوات الإحساس في الوقت الواحد٠
٦. لديهم صعوبة في تعميم الأشياء التي يدرسونها أو يعرفونها ٠
٧. لديهم صعوبات في عدم اتساق أو انتظام إدراكهم لبعض الأحاسيس ٠

وتبين المعلومات المتوفرة حول التواصل الاجتماعي لدى هؤلاء الأفراد أنه من المحتمل أن:

أ- تكون لديهم صعوبات في فهم دوافع الآخرين وتصوراتهم حول المواقف الاجتماعية ٠
ب يواجهوا صعوبة في معالجة المعلومات الحسية التي تصل لديهم، مما يؤدي إلى وجود عبء حسي sensory overload
ت- يستخدموا العقل بدلاً من المشاعر في عمليات التفاعل الاجتماعي، ولذلك وبناء على افتراض أن التلاميذ التوحديين يكتسبوا المعلومات بطريقة مختلفة، فإنه يجب أن يكون هنالك توافق بين أساليب التعلم عند هؤلاء التلاميذ، وطرق عرض المواد لهم، حيث يجب أن يبدأ المعلمون بالعمل على الاستفادة من نقاط القوة عند التلاميذ التوحديين، وقد أكدت الدكتورة كيل على أنه من أجل خلق بيئة تعليمية مساعدة، يجب على المعلمين أن يقوموا بوضع بنية ثابتة structure أثناء التدريس.

البنية الثابتة: (Structure) :

تعتبر البنية الثابتة من الأمور الحيوية عند تدريس الأطفال المصابين بالتوحد، ويمكن تعزيز الأنشطة ببنية ثابتة تعتمد على:

١. تنظيم المواد المطلوبة للدرس ٠
٢. وجود تعليمات واضحة ٠
٣. وجود نظام هيكلي لتقديم التلميحات المساعدة للطفل، بحيث لا يتم تقديم الإجابة أو الاستجابة المطلوبة مباشرة، بل يتم مساعدة الطفل على الوصول إلى الاستجابة المناسبة بتقديم تلميحات تنتقل بالطفل من درجة إلى أخرى (من السهولة) حتى يصل إلى الاستجابة المطلوبة.

كما يتم تعزيز البنية الثابتة باستخدام أعمال روتينية وأدوات مرئية مساعدة لا تعتمد على اللغة، فالروتينات المتكررة تسمح له بتوقع الأحداث، مما يساعد على زيادة التحكم في النفس والاعتماد عليها، فالتسلسل المعتاد للأحداث: يوفر الانتظام وسهولة التوقع بالأحداث، يساعد على إنشاء نسق ثابت لكثير من الأمور، كما يوفر الاستقرار والبساطة، ويجعل الفرد ينتظر الأمور ويتوقعها، الأمر الذي يساعد على زيادة الاستقلالية.

وهناك ثلاثة أنواع للروتينات :

١. الروتينات المكانية: التي تعمل على ربط مواقع معينة بأنشطة معينة، والتي يمكن أن تكون على شكل جدول مرئي تُستخدم كجدول يومي للأنشطة.
٢. الروتينات الزمانية: التي تربط الوقت بالنشاط وتحدد بداية ونهاية النشاط بشكل مرئي وواضح.
٣. الروتينات الإرشادية: التي توضح بعض السلوكات الاجتماعية والتواصلية المطلوبة.

تعمل الأدوات المرئية المساعدة على إضافة بنية ثابتة للتدريس، حيث إنها ثابتة زمنياً ومكانياً ويمكنها أن تعبر عن أنواع متعددة من المواد، كالمواد المطبوعة، والأشياء الحسية الملموسة، والصور، وعادة ما نفترض أن الكلمات المطبوعة تعتبر أصعب، ولكن توضح الدكتورة كيل على أن هذا افتراض غير صحيح، فالأدوات المرئية المساعدة:

١. تساعد الطفل على التركيز على المعلومات ٠

٢. تعمل على تسهيل التنظيم والبنية الثابتة ٠
٣. توضح المعلومات وتبين الأمور المطلوبة ٠
٤. تساعد الطفل في عملية التفضيل بين أكثر من خيار ٠
٥. تقلل من الاعتماد على الكبار ٠
٦. تساعد على الاستقلال والاعتماد على النفس ٠
٧. كما أن الأنشطة المرئية مثل تجميع قطع الألغاز puzzles ، وحروف الهجاء ، والطباعة ، والكتابة ، وقراءة الكتب ، واستخدام الكمبيوتر كلها تتميز بوجود بداية ونهاية واضحتين مما يساعد على وضوح تلك المهام ٠

مبادى التفاعل الاجتماعي:

عند تدريس التفاعل الاجتماعي للطلاب المتوحدين قم باستخدام:

١. سلسلة متوقعة من المواقف الاجتماعية ٠
٢. مجموعة معدة مسبقاً من المحادثات الشفهية المنتظمة ٠
٣. رسائل شفهية تتمشى مع النشاط الحالي ٠
٤. الاستخدام الآني للكلام والأدوات المرئية المساعدة ٠
٥. الوقفة كاستراتيجية من استراتيجيات التعلم ، أي توقف بين فترة وأخرى.
٦. المبالغة (في إظهار العواطف مثلاً).

وباختصار فقد بينت الدكتورة كيل أنه من الضروري جداً تطابق طرق التدريس مع طرق التعلم الإدراكي (الذهني) والاجتماعي للشخص المصاب بالتوحد، كما أن استخدام البنية الثابتة على شكل روتينات وأدوات مرئية مساعدة يعمل على تعزيز التعلم عند هؤلاء الأطفال.

(للمزيد أنظر وينج، لورنا. د.ت، سليمان، عبد الرحيم سيد. ٢٠٠٠، جوهر، أحمد. د.ت، الراوي، فضيلة، وحماد، آمال صالح. ١٩٩٩، السعد، سميرة. ١٩٩٧)

ومما لا شك فيه أنه لا يمكن بأي حال من الأحوال تنحية الجانب الديني عن العلاج والاستشفاء في الجوانب العضوية والنفسية، فالقرآن الكريم خير وشفاء لكافة الأمراض العضوية والنفسية والروحية، وكذلك لا يمنع مطلقاً الاستفادة من الدراسات الغربية المتعلقة بعلاج كثير من الأمراض العضوية والنفسية شريطة أن تتوافق الممارسات

المتبعة في العلاج والاستشفاء مع أحكام الشريعة السمحة، سائلاً المولى عز وجل أن يحفظنا بحفظه وأن يشفي مرضى المسلمين إنه على كل شيء قدير.

المبحث الثالث عشر

الخصائص النمائية للطفل:

النمو في المرحلة الجنينية:

تبدأ هذه المرحلة منذ اختراق أحد الحيوانات المنوية الذكرية جدار البويضة، واتحاد نواة هذا الحيوان المنوي مع نواة البويضة، وهنا يبدأ النشاط النمائي عن طريق الانقسام المتوالي (المتسلسل)، فتتكون خلايا جديدة فأخرى وأخرى ومن هذه البداية يتكون الجنين.

تنتقل هذه البداية الحيوية (الخلية الجرثومية) من قناة فالوب إلى الرحم خلال أسبوع على أكثر تقدير وما أسرع ما تتعلق بجدار الرحم محاطة بالمشيمة التي ترتبط بالخلية الجرثومية بواسطة الحبل السري ناقل الغذاء وهذه المرحلة تسمى مرحلة العلقة لتعلق هذه الخلية بالرحم.

يتميز النمو في مرحلة العلقة هذه بالسرعة فتتكاثر خلاياها كما تأخذ هذه الخلايا في التمايز إلى ثلاث طبقات:

- الطبقة الخارجية: ومنها تتكون البشرة والشعر والأظافر والأسنان والأعصاب.

- الطبقة الوسطى: ومنا تتكون العظام والعضلات والجهاز البولي والجهاز الدوري.

- الطبقة الداخلية: ومنها يتكون جهاز الغدد والقناة الهضمية وجهاز التنفس.

إن أول شهرين من عمر الجنين هي فترة تكوين وبناء، تأتي بعد ذلك فترة نمو سريع يقود على ظهور وتمايز أجزاء الجسم المختلفة – الشهرين الثالث والرابع – كما تقود إلى تغيرات تهيئ أجزاء الجسم للقيام بوظائفها.

تتكامل معالم الإنسان خلال الشهرين اللاحقين - الخامس والسادس -ينتهي بعد الشهر السادس أية تغيرات نوعية، وما يحدث خلال الأشهر الثلاثة الأخيرة هو مجرد تغيرات كمية لا أكثر.

أهم المشكلات النمائية التي تواجه الجنين في هذه المرحلة:

أ. مشكلات تأتي من أسباب وراثية: قد يتعرض الجنين إلى مخاطر تأتي من عوامل وراثية أهمها:

- تأثير العامل الريزيسي على الجنين: لا تحدث مشكلة في حالة توافق الأب والأم في الزمرة الدموية (RH) سلبا أو إيجابا، وهذا التوافق يحصل بصورة طبيعية في أكثر من ٨٥% من الحالات، تحدث المشكلة حين يختلف الأبوان في الزمرة الدموية، وتكون الأم هي التي تحمل الرمز (RH) سلبي وتنجب مولود يحمل الرمز (RH) إيجابي، إذ تتكون أجسام مضادة في دم الأم تدمر كرات الدم الحمراء عند الجنين اللاحق وتتلف المخ مما يؤدي إلى الضعف العقلي او الوفاة (الريحاني، كتاب التخلف العقلي) (الكند، ١٩٩٦).

- مشكلة المنغولية: تكثر هذه المشكلة عند الأمهات اللواتي يحملن في سن متأخرة (بحدود الأربعين)، ويغلب أن يكون السبب هو زيادة كروموسوم في الخلية المكونة للإنسان المنغولي عنه في الخلية المكونة للإنسان العادي[٥]. سمي الضعف العقلي هذا بالمنغولية بسبب شبه المولود بأبناء الجنس المنغولي، أي رأس عريض وشعر خشن ويون صغيرة.

- العديد من الأمراض الوراثية: ومن هذه الأمراض **مرض الهيموفيليا** (وهو مرض لا تظهر أعراضه إلا على الذكور، ويعاني المصاب من استمرار نزيف الدم وعدم تخثره في حالة الجروح، وقد يعاني المريض من صداع ونوبات واضطراب البصر-)، **مرض تاي ساك** (تبدأ أعراض هذا المرض من السنة الأولى على شكل ضعف عام في العضلات وخمول وعدم القدرة على القيام بالنشاطات الحركية من وقوف و جلوس وتناول الأشياء، يرافق ذلك حساسية مفرطة وضعف البصر، ويتخلف المولود عقليا وقد يموت مبكرا)، **مرض فقر الدم المنجلي** (ها المرض يحدث خلل في تركيبات الدم والبروتين الموجود في خلايا الدم، وغالبا ما تتحول الخلية من الصورة الكروية إلى الهلالية أو على شكل منجل

---

[٥]. إن عدد الكروموسومات في الخلية الملقحة (الزيجوت) عند الإنسان هو ٤٦ كروموسوم، ولكن يحدث أحيانا أن يكون عدد الكروموسومات أكثر او أقل في الزيجوت من ٤٦ كروموسوما، وها يترتب عليه مشكلات لدى المولود

الحصاد لذلك جاءت تسمية هذا المرض بفقر الدم المنجلي)، **مرض الجلاكتوسيميا** (هذا المرض يؤثر على النمو بجميع جوانبه الجسمية والعقلية؛ لأنه ينتج عن اضطراب في عمليات الهدم والبناء)، أمراض الأيض أو الأنزيمات (أخطر هذه الأمراض ما يسمى بالفينيل كيتون يوريا، وينتج هذا المرض عند عدم قدرة الجسم المصاب على إنتاج الأنزيمات اللازمة لتحويل حامض الفينيل الأنين بسبب خلل احد الجينات الوراثية مما يتسبب بتراكم الحامض بالجسم مسببا رائحة كريهة في البول والعرق وتشنجات، ونفرزة وعدوانية وقد يتكور الجسم نحو البطن ومشاكل في لدماغ وما يتبعه من ضعف عقلي) (عريفج، ٢٠٠٢).

ب. مشكلات تأتي من أسباب بيئية:

- نقص الغذاء الذي تتناوله الأم الحامل وآثاره على النمو الجسمي والعقلي للجنين.

- إصابة الأم ببعض الأمراض ينعكس هذا على النمو العقلي للطفل مثل إصابة الأم بمرض الزهري أو بالحصبة الألمانية.

- التعرض للأشعة خلال الشهر الأول للحمل بشكل خاص.

- التدخين والمخدرات والمشروبات الروحية.

- الحالة النفسية للأم.

- مشكلا ناتجة عن خطأ في أثناء عملية الولادة.

- موقف الوالدين أو أحدهما من الحمل أو جنس المولود أو مدى تحمله لمسؤولية تربية المولود (حسان، ١٩٨٩).

الخصائص النمائية للطفل الوليد من عمر يوم حتى أسبوعين:

يولد الطفل وهو بالأجهزة والاستعدادات التي تساعده على استمرار النمو، ولكن هذه الأجهزة تحتاج على بعض الوقت والرعاية لتقوم بوظائفها، فهو يملك الحواس التي وصلت على درجة مهمة من النضج كما يمتلك ردود أفعال أو استجابات بسيطة نحو مؤثرات البيئة، واهم الخصائص النمائية للطفل في هذه المرحلة الآتي:

- النمو الجسمي: يبلغ وزن الطفل حوالي ٣ كغم تقريبا وطوله ٥٠ سم مع مراعاة بعض الفروق بين الذكور والإناث، حيث يكون الذكور أكثر وزنا وطولا وحكما،

وكذلك يلاحظ فروقا بين الأطفال المولودين من أسرة ميسورة وتلك التي تعاني من الفقر، وفي هذه الفترة يعادل حجم الرأس ربع حجم الجسم كله.

- النمو الفزيولوجي: يولد الطفل وهو قادر على التنفس وامتصاص الحليب وبلعهن كما يتمكن من ممارسة وظائف التبرز والتبول والنوم، ويتميز الطفل في هذه المرحلة بزيادة نبضات القلب وسرعة التنفس تعادل ضعف ما هو عليه عند الرشد، ويلاحظ كثرت المرات التي يطلب فيها الطفل الطعام وعدد المرات التي يخرج فيها الطفل حيث يمكن أن تزيد عن عشر مرات بالإضافة إلى عدد ساعات النمو التي قد تصل إلى أكثر عشرين ساعة في اليوم.

- النمو الحركي: يغلب على الطفل الوليد السلوك العشوائي التلقائي الذي لا يبدو أن هناك مثيرات تستجره، فمن تنفس منتظم إلى غير منتظم ومن عيون منغلقة إلى مفتوحة وهكذا. وإلى جانب هذه السلوكات العشوائية يظهر الأطفال بعض الأفعال المنعكسة كأن يدير الطفل وجهه باتجاه ثدي أمه عند ملامسة الثدي لوجنته أو رمش العين عند نفخ الهواء في وجهه، وهذه الاستجابات تكون غير إرادية ولكنها تأتي بالفطرة ردا على المثيرات التي تساعد الطفل على الاستمرار في الحياة.

- النمو الحسي: يستقبل الوليد التأثيرات الخارجية من خلال حواسه الخمسة، حيث تكون حاسة اللمس قوية وخاصة عند منطقة الشفتين، أما حواس البصر والشم والذوق، فما زالت ضعيفة بعكس حاسة السمع التي تكون ناضجة ومستعدة للعمل بعد أن تزول المواد السائلة من الأذن.

- النمو اللغوي: يصدر الوليد بعض الأصوات العشوائية والصراخ.

- النمو الانفعالي والاجتماعي: تبدو حياة الطفل في هذه المرحلة بيولوجية بالدرجة الأولى إلا أنه يمكن أن نتحدث عن بعض المظاهر الانفعالية التي ترتبط بالبكاء والألم أو الاسترخاء كدلالة الرضا (عريفج، ٢٠٠٢).

الخصائص النمائية للطفل في مرحلة الرضاعة:

تتراوح مدة هذه الفترة بين العامين الأول والثاني للطفل، وتعد هذه الفترة من المراحل المهمة في نمو الطفل، فهي من أكثر مراحل النمو سرعة حيث يزداد النمو الجسمي والحركي واللغوي والانفعالي والعقلي بشكل كبير حتى يمكن تسميتها بمرحلة الانجازات الكبيرة في النمو، ومن أبرز مظاهر النمو في هذه المرحلة:

- النمو الجسمي: يزداد النمو الجسمي بشكل سريع جدا حيث يصل وزن الطفل إلى حوالي ٩كغم في نهاية السنة الأولى، كما يزداد طول الطفل إلى ٧٥ سم في نهاية العام الأول، تقل نسبة الرأس إلى الجسم عن الربع؛ وذلك بسبب تزايد نمو الجسم، وفي هذه المرحلة يبدأ ظهور الأسنان اللبنية منذ الشهر السادس حتى يصبح عددها ستة عشر سنا في نهاية السنتين، كما تنمو عضلات الطفل وعظامه في الحجم لا في العدد، وتزداد طولا وحجما وقوة.

- النمو الفزيولوجي: تنمو قدرة أجهزة الجسم على أداء وظائفها فينمو المخ ويصل وزنه إلى ١كغم. تزداد قدرة الأجهزة العصبية والهضمية وجهاز التنفس على العمل، ويتمكن الطفل من عملية الإخراج، كما تتناقص ساعات نوم الطفل حتى تصل إلى ثلاث عشرة ساعة يوميا.

- النمو الحركي: تتطور حركات الجسم بشكل أساسي في هذه المرحلة فالطفل يتمكن من الجلوس والحبو الوقوف والمشي، وتزداد قدرته تدريجيا على السيطرة على حركاته وفقا لزيادة التآزر الحسي والحركي.

- النمو الحسي: تنمو الوظائف الحسية بشكل سريع في هذه المرحلة، فتتطور حاسة البصر ويصبح الطفل قادرا على رؤية الأجسام المتحركة والساكنة، كما يزداد التآزر الحركي البصري عنده فيتمكن من التقاط الأشياء، إلا أن بصر الطفل في هذه المرحلة يبقى متأثرا بطول النظر حيث يدرك الأشياء البعيدة والكبيرة بسهولة. تتطور في هذه المرحلة حاسة السمع وإدراك الأصوات الهادفة والاستجابة لها بارتياح. تتطور كذلك حاستا الشم والذوق حيث يستطيع الرضيع أن يميز بين الروائح المختلفة والأطعمة المختلفة. تبقى حاسة اللمس هي الحاسة الأكثر نضجا في هذه المرحلة حيث تكون من وسائل الرضيع الأساسية في التعرف إلى الأشياء.

- النمو العقلي: النشاط العقلي للرضيع نشاط حسي حركي، حيث يكون قادر في نهاية العام الأول على حل المشكلات البسيطة، واستخدام المحاولة والخطأ، وتجريب بعض الاستجابات والوسائل الجديدة لحل مشكلاته، كما يكون قادرا على ابتكار وسائل جديدة عن طريق التأليف والمزج، حيث تظهر البوادر الأولى للتفكير العملي، وتزداد قدرته على التمييز بين المثيرات وتعميم الاستجابات والقدرة على التذكر خاصة فيما يتعلق بالخبرات السارة.

- النمو اللغوي: تزداد قدرة الطفل على إصدار الأصوات حيث يبدأ بالحروف الحلقية (أ)، ثم الشفوية (ب)، ثم السنية (س)، ثم الأنفية (ن)، ثم تزداد قدرته على نطق الكلمات فيلفظ الكلمة الأولى في الشهر التاسع، ثم يلفظ جملته الأولى في السنة الثانية، حيث يكون قادرا على التعبير عن نفسه بجمل قصيرة في نهاية السنة الثانية. يتطور النمو اللغوي من لفظ الأسماء إلى الأفعال إلى الحروف.
- النمو الانفعالي: تتميز انفعالاته بالحدة والعنف والتغير، حيث يغضب بحدة ثم سرعان ما يعود للهدوء، وتتمايز في هذه المرحلة انفعالات الطفل حيث يشعر بالخوف والفرح والغضب، ويكون بعض العواطف نحو الآخرين فيحب والديه ومن حوله ثم تتسع دائرة انفعالاته نحو الآخرين وفقا لتزايد قدرته على الحركة والاتصال.
- النمو الاجتماعي: يتمكن الطفل من تطوير اتصالاته وفقا لتزايد حركته ونمو انفعالاته وادركاته الحسية، فيستجيب لمداعبة الآخرين في سن ٦ شهور ويميز بين الكبار في نهاية السنة الأولى، ثم يبدأ مرحلة إقامة علاقات اجتماعية محددة مع الأطفال فيلعب إلى جانبهم دون أن يلعب معهم لأنه في هذه المرحلة متمركزا حول ذاته.
- النمو الجنسي: يزداد اهتمام الطفل الرضيع بجسمه ويكتشف أعضاءه التناسلية ويشعر ببعض المتعة من خلال لمس هذه الأعضاء (انظر فهمي، د.ت).

يوضح الجدول الآتي النمو الحركي والأعمار التي يصل فيها الطفل المتوسط لأنواع الأداء المختلفة التي يقوم بها الطفل في هذه المرحلة:

الشهر	الأداء
في الشهر الأول	يتمكن من رفع الذقن إلى أعلى عندما يكون مستلقي على بطنه.
في الثاني	يتمكن من رفع الصدر إلى أعلى عندما يكون مستلقيا على بطنه
في الثالث	يحاول الوصول إلى الأشياء ولا يستطيع (مد اليدين لمسك شيء)
في الرابع	يجلس بمساعدة الآخرين
في الخامس	يتمكن من الجلوس في حجر أمه ويقبض بيديه على شيء
في السادس	يجلس على كرسي ويقبض على شيء يهتز
في السابع	يجلس بمفرده

في الثامن	يقف بمساعدة الآخرين
في التاسع	يقف ممسكا بأثاث المنزل
في العاشر	يحبو
في الحادي عشر	يسير عندما يقاد بيده
في الثاني عشر	يقف مستندا على الأثاث
في الثالث عشر	يتسلق درجات السلم
في الرابع عشر	يقف بمفرده
في الخامس عشر	يسير بمفرده

يوضح الجدول الآتي مظاهر النمو اللغوي   لأنواع للطفل في هذه المرحلة:

العمر	مظاهر نمو الكلام
عند الميلاد	الصرخة الأولى (فعل منعكس آلي)
من الميلاد حتى الشهر الرابع	صرخات واستجابات لمتاعب وحاجات جسمية صرفة وارتباطها بالمعنى غير ملحوظ
الشهر الرابع والخامس	أصوات متمايزة تنتج عن نضج معين يطرأ على الأعصاب في المراكز العليا والتوافق بينهما وبين عضلات الفم والحنجرة والحلق.
الشهر السادس	بدء الحروف اللفظية
الشهر الثاني عشر	ست مفردات
الشهر الخامس عشر	عشر مفردات
الشهر الثامن عشر	من عشرين إلى خمسين كلمة
نهاية السنة الثانية	يكتشف الطفل أن للأشياء أسماء فيزداد تقدمه اللغوي ازديادا سريعا، ويبدأ باستعمال الضمائر ومعنى لك قدرته على التمييز بين الناس وبين نفسه

متطلبات النمو في هذه المرحلة:

تتميز هذه المرحلة بسرعة النمو وتطوره بشكل كبير، وهـذا يتطلـب مـن الوالـدين مسـاعدة الطفل على النمو ولك من خلال مراعاة الأمور الآتية:

- يحتـاج الطفل إلى الغـذاء المركـز المتكامـل، كـما يحتـاج إلى عنايـة صـحية فائقـة وتقـديم التطاعيم الضرورية في مواعيدها.

- تدريب الطفل على ضبط عمليتي التبول والتبرز والتبول ومسـاعدتهم عـلى القيـام بهـذه الوظيفة يمكن أن يبدأ هذا التدريب على التبرز من سن ٦-٩ شهور، وعلى التبول مع بداية العام الثاني.

- تدريب الطفل على الوقوف والمشي في السن المناسب لان تدريب على ذلـك قبـل أن يصـل إلى النضج الجسمي الكافي يكون معيقا ومضرا.

- مراعاة النمو الحسي للطفل عن طريق قدراتـه الحسـية وعـدم إجبـاره عـلى رؤيـة الأشـياء الصغيرة والقريبة مثلا، وعلى الأهل التركيز على حاسة اللمـس لأنها الحاسـة الأكثـر ملائمـة لعملية التعلم في هذه المرحلة.

- إشباع حاجات الطفل إلى التعرف والاستطلاع وإغناء بيئته بالأدوات المختلفـة لمسـاعدته في اكتشاف العلاقات وبناء الأشياء أو المزج بينهما.

- تشجيع الطفل على التعبير عن نفسه بحرية مع مراعاة عـدم الضـغط عليـه للتكلم أمـام الآخرين أو أن ينطق جملة معينة صعبة، كما يفترض بالأهل إغناء بيئة الطفل اللغوية عن طريق استخدام العاب، تصدر أصواتا مختلة.

- إشعار الطفل بالحب والحنان والعطف ليتمكن من إقامـة العلاقـات مـع الآخرين والثقـة بهـم. عـلى الأم مراعـاة فطـام الطفـل بهـدوء ودون أن يشـعر الطفـل بمشاعر الحرمـان والإهمال.

- عدم الاهتمام الزائد ببعض مظاهر السلوك الجنسي للأطفال وعدم تعنيف الطفل وعقابه وتحذيره من اللعب بأعضائه التناسلية، بل يُشغل الطفل بالألعـاب واللعـب لإشغاله عـن هذا السلوك كلما قام به.

- تعويد الطفل على تناول طعامه بنفسه ليتمكن مـن الاعتماد عـلى نفسـه وإثبـات قدرتـه وتنمية شخصيته.

- الاستحمام المستمر والنظافة الدائمة لجميع الجسم والأعضاء خاصة مخارج البراز والبول.

- حماية الطفل من المخاطر المختلفة في البيت كالأدوات الحادة والكهرباء والنوافذ العالية وغيرها.

خصائص النمو لطفل ما قبل المدرسة (مرحلة الطفولة المبكرة) من ٣-٦ سنوات:

النمو الجسمي والحركي للطفل في هذه المرحلة:

- يتعلم الطفل في هذه المرحلة من خلال الحركة والنشاط واللعب.

- الطفل في هذه المرحلة يكون قد نما جسميا إلى نصف ما يمكن أن يكون عليه في سن الرشد تقريبا، ولكن أجزاء الجسم المختلفة لا تنمو بالسرعة نفسها.

- يتباطأ نمو الطول والوزن في هذه المرحلة.

- تتحول غضاريف الطفل إلى عظام مترابطة بمفاصل وتنمو العضلات خصوصا الكبرى منها (عضلات اليدين والساقين)، مما يدعم ضبط الحركة عند الطفل ويهذب الهيئة العامة لمنظره.

- لا يظهر أي تحول يذكر على الأسنان في هذه المرحلة.

- يعتمد على نفسه بالطعام والشراب ولبس ملابسه وخلعها ودخول الحمام.

- يستطيع اللعب بالمكعبات ويمكنه ممارسة الرسم.

- تزداد مهاراته في الجري والقفز والتسلق وصعود الدرج ونزوله لأنه هنا يتمكن من تحقيق نوع من التآزر بين حركاته.

- يتوقع من الطفل هنا القدرة على رجل واحدة، صعود الدرج ونزوله، استخدام القلم في الرسم والكتابة، طي قطعة ورق بانتظام، الجري بتوازن، الاستدارة، تتبع الخطوط المرسومة على أطراف الأشكال الدائرية والمربعة والمثلثة، تناول طعامهن فك أزرته، ركوب الدراجة.

النمو الحسي لطفل هذه المرحلة:

- يزداد الطفل قدرة على التمييز السمعي، أما البصر فلا يزال يعاني من مشكلات طول النظر وهذا يجعله غير قادر على تتبع الكلمات الصغيرة، تجذب الألوان الطفل في هذه المرحلة.

- يزداد دور حاستا الشم والذوق في هذه المرحلة.

- الإدراك الحسي عند الطفل في هذه المرحلة هو إحساس له دلالة بمعنى أن الاستجابة للمثيرات الحسية في حال توفر الإدراك الحسي- لا تكون مجرد انعكاسات أو ردود أفعال عمياء وإنما تمثل تفاعلا بين الطفل وبيئته.

- يدرك الطفل الاختلافات بين الأشكال قبل إدراك التشابه.

- يعتمد طفل الثالثة على أشكال الأشياء أكثر من اعتماده على ألوانها، ولكن الألوان تصبح مثار اهتمامه بصورة أكبر من سن السادسة.

- يعتمد الطفل في حكمه على الأشياء بالنظر إليها ككل أكثر من النظر إلى الأجزاء المؤلفة لها.

- يدرك الأطفال الاختلافات في الحجوم قبل إدراك الاختلافات في الأوزان.

- يبدأ الطفل في سن الخامسة إظهار قدرة على إدراك التساوي والتناظر والتماثل بين الأشياء.

- يدرك الطفل في هذه المرحلة المكان قبل الزمان، وغالبا ما يرتبط إدراكه للزمان بالبعد المكاني مثلا الغد مرتبط عنده بالحديقة.

- إدراك الطفل للمسافات يأتي متأخرا جدا عن إدراكه للأشكال والحجوم والأوزان.

- يميل الطفل إلى الألوان البراقة واللاسعة ويميز بين الألوان في سن الثالثة.

- يستطيع الطفل في عمر سنتين العد حتى رقم عشرة وفي الثالثة قد يعد حتى عشرين، وفي الخامسة قد يقوم بعمليات جمع بسيطة ولكن ذلك لا يعني إدراكه لمفهوم العد ودلالاته.

- يدرك الطفل الحاضر قبل الماضي ويتأخر إدراكه للمستقبل

النمو الفسيولوجي والأنسجة اللمفاوية

- يستمر الجهاز العصبي بالنمو، كما تزداد عمليات التنفس عمقا وتقل عددا.

- يندمج الطفل في اللهو واللعب وتقل ساعات نومه إلى ما دون اثنا عشر ساعة.

- اكتمال سيطرته على عمليات التبول والإخراج.

النمو الانفعالي لطفل في هذه المرحلة:

- النشاط الحركي للطفل في هذه المرحلة يساعده على التحول من كائن بيولوجي إلى كائن اجتماعي، فيسعى نحو رفاق اللعب يلعب معهم.

النمو اللغوي لطفل في هذه المرحلة:

- تعد هذه المرحلة مرحلة نشاط لغوي متميزة، حيث يلاحظ في هذه المرحلة نمو القاموس اللغوي للطفل، فالزيادة في عدد المفردات متلاحق يوميا.

العمر	عدد المفردات التقريبي
في السنة الأولى	٣
في السنة الثانية	٣٠٠
في السنة الثالثة	١٠٠٠
في السنة الرابعة	١٥٠٠
في السنة الخامسة	٢٥٠٠

- لا يظهر التطور في عدد الكلمات فحسب وإنما في سلامة النطق إلى حد ما.
- زيادة عدد الكلمات المكونة للجملة، حيث تزداد من ثلاث كلمات مع بداية السنة الثالثة، إلى أربع كلمات في السنة الرابعة إلى خمس كلمات في السنة السادسة.
- يطلق الطفل أوصاف متعددة للأشياء ويتحدث مع الكبار ويكثر من الأسئلة.
- الإناث يتقدمن على الذكور في النمو اللغوي سواء في عدد المفردات أو طريقة النطق أو وضوح التعبير.

النمو العقلي والمعرفي لطفل هذه المرحلة:

أ. الانتباه والاستكشاف:

- انتباه الطفل للمثيرات والأشياء الموجودة في بيئته ومحاولة استكشاف الأمور، لذلك ينهمك في تقليب وتفكيك وإعادة تركيب كل ما يقع بيده، وهذا الاستكشاف يمثل تفاعلا حقيقيا في هذه المرحلة بين الطفل وبيئته.
- يستكشف الطفل ويتعلم عن طريق اللعب بالأشياء والكلمات لذلك يمكن تسمية هذا التفكير تفكيرا حسيا حركياً.
- هناك العديد من العوامل التي تؤثر في انتباه الطفل ودوافعه للاستكشاف وهي:

١. الجدة: كلما كان المثير جديدا ويظهر لأول مرة للطفل يشد اهتمامه ويستجر استجابات استكشافية من جانبه، فتراه يمعن النظر إليه او يمد يده محاولا لمسه أو يصغي إليه بكل حواسه إذا كان المثير ذو طبيعة كلامية، من هنا تقع على مسؤولية المربي أن يوفر بيئة مثيرة باستمرار للطفل.

٢. الصعوبة والتعقيد: يميل الطفل في هذه المرحلة إلى الألعاب التي تتضمن بعض الغموض أو التعقيد. إن الألعاب التي تقدم للطفل يجل أن لا تصل درجة التعقيد إلى حد الذي يتجاوز إمكانية الطفل، لأنها عند ذلك تفقد إثارتها ويفقد الطفل الدافع للاستمرار في محاولة استكشافها.

- يجب التنويه إلى أن انتباه الطفل في هذه المرحلة سريعا ما يتشتت، فمدى الانتباه عنده محدود والفترة الزمنية التي يدومها قصيرة (عريفج، ١٩٩٣).

ب. التذكر والنسيان:

- يرتبط تذكر الطفل لما مر به من خبرات في هذه المرحلة يرتبط بالشحنة العاطفية المرافقة للخبرة كأن تكون خبرة سارة أو مزعجة.
- تزداد قدرة الطفل في هذه المرحلة على التذكر إذا كانت الخبرات التي يحاول استرجاعها مقرونة بالصوت والصورة وليست سمعية فحسب.
- أظهرت عدد من الدراسات أن قدرة الطفل على حفظ واسترجاع والمدى الزمني للاحتفاظ بالخبرة يزداد إذا كان ما يراد استرجاعه محملا بالمعنى وقائما على نوع من الفهم (كونجر، ١٩٨٥).

ج. التخيل:

- يعد التخيل مكون هام لحياة الطفل العقلية، حيث يستمد الطفل عناصر خياله من بيئته التي يعيش فيها، فيعبر عن انفعالاته وتصوراته رغبتا منه في إشباع حاجاته.
- من هنا نجد أن مدرسة التحليل النفسي- يشجعون على اللعب الإيهامي التخيلي؛ لأن الطفل من خلال هذا اللعب التخيلي كثيرا ما ينفس عن انفعالاته المكبوتة فيما يتصل بمشكلاته والصعوبات التي يواجهها في إشباع حاجاته، ويعوض عن النقص والعجز.
- ومن صور الخيال الوافر في لعب الطفل: فهو يتخيل العصا حصانا، والدمى والجمادات تتكلم معه ويتكلم معها، ويتخلي نفسه طبيب ومعلم ...

خصائص النمو لمرحلة الطفولة المتوسطة والمتأخرة من ٧-١٢ سنوات:

خصائص النمو لمرحلة المراهقة من ٧-١٢ سنوات (*Adolescence*):

- تبدأ المراهقة كظاهرة بيولوجية، بالتغيرات الجنسية الأولية والثانوية التي تظهر في كل من الذكور والإناث، حيث تنضج الأعضاء التناسلية عند الذكر ليصبح قادراً على

إنتاج الحيوانات المنوية، وعند الأنثى لتصبح قادرة على إنتاج البويضات، وبالتالي تصبح لدى الجنسين القدرة على الإنجاب.

- يصل الإناث إلى البلوغ بسنة أو سنتين قبل الذكور، مما يؤثر على طبيعة العلاقة بين الجنسين بحيث تبدأ المراهقة بالتحول إلى ظاهرة سيكواجتماعية فيما بعد (عدس، وقطامي،٢٠٠٦).

- يتميز النمو الجسدي بالسرعة، حيث لا يوازيها في السرعة إلا فترة المرحلة الرحمية، حيث تبدأ الزيادة في الطول والحجم حيث يأخذ الجسم شكل الرجل الناضج والأنثى تأخذ شكل المرأة الناضجة.

- ترافق هذه المرحلة بعض المتاعب الانفعالية والاجتماعية نتيجة الانتقال المفاجئ والسريع لكلي الجنسين من الطفولة إلى الرجولة أو الأنوثة، وهنا يلعب الأبوان والمربون دوراً كبير في مساعدة المراهق على اجتياز هذه المرحلة بسلام.

- يحتاج المراهق في هذه الفترة معرفة تدبر الدافع الجنسي الجديد وآليات إشباعه بشكل مناسب لا ينعكس سلبا على حياته، وقد توقع هذه الدوافع الجنسية العديد من المراهقين بمشكلات مع سلطة الأبوين والمربين والمجتمع، مما يحدث عند المراهق مزيد من المتاعب النفسية والاجتماعية.

- في هذه المرحلة يبدأ المراهق (من كلا الجنسين) بتشكيل هوية خاصة به، بالإضافة إلى شعوره بالنضج والرجولة (والمراهقة بالأنوثة) فيبدأ المراهق بتجريب نفسه واختبارها ضمن الحدود الجديدة التي انطلق إليها، حيث يريد المراهق ممارسة استقلاليته، حيث يمكن أن يوقع ذلك المراهقين بمشكلات مع سلطة الأبوين والمربين والمجتمع، مما يحدث عند المراهق مزيد من المتاعب النفسية والاجتماعية.

الفصل الثاني
ذكـاء الطفل

المبحث الأول
مفهـــوم الذكــــاء:

ربما كان الذكاء من أكثر مفاهيم علم النفس شيوعاً، فمن خلال سلوك الأفراد في المجتمع، نبدأ بتكوين آراء عنهم وإصدار أحكام عن مستوى ذكائهم، فكثير ما نسمع أحكاما أن فلان ذكي وأخر غير ذلك، وكل هذه الأحكام تصدر بناء على قدرات ومواهب تظهر عند الأفراد، فإن ظهرت عند فرد أي قدرة تعجبنا نعتنا صاحبها بالفرد الذكي او طفل ذكي، وكثيرا ما يرتبط مفهوم الذكاء بالتحصيل الدراسي.

ينظر للذكاء كقدرة كامنة تعتمد على الوراثة، وعلى النمو والتطور السليمين، وعليه فإنه يمكن تعديلها عن طريق الإثارة، شأنها شأن أي صفة فيزيقية أخرى من صفات الفرد، وقد عمل علم النفس على بيان مفهوم الذكاء وطبيعته وطرق قياسه والعوامل المؤثرة فيه وعلاقته بعدد من المفاهيم، وكل ذلك من اجل مساعدة المعلم على فهم هذا المفهوم الذي يرتبط بتعلم الأفراد.

تعريف الذكاء:

عرف الذكاء بطرق عديدة من حيث:

أ. وظائف الذكاء.
ب. الطريقة التي يعمل بها الذكاء.
ت. من خلال القدرة على التفكير
ث. من خلال القدرة على التعلم.
ج. ومن خلال التكيف للبيئة او التكيف للمواقف الجديدة.
ح. من خلال العلاقات التي يحصل عليها الأفراد من الاختبارات التي تقيس الذكاء (التعريف الإجرائي للذكاء).

اختلف العلماء في تعريف الذكاء، ومن أهم هذه التعريفات:

١. يعرفه بينيه بأنه: القدرة على الابتكار والفهم والحكم الصحيح والتوجه الهادف للسلوك.

٢. عرفه كالفن: هو القدرة علي التعلم او القدرة علي التحصيل وهذا التعريف أكثر شيوعا وأكثر استخدام.

٣. ويرى تيرمان الذكاء بأنه القدرة على التفكير المجرد.

٤. ويعرفه وكسلر: بأنه القدرة الكلية للفرد على العمل الهادف والتفكير المنطقي والتفاعل الناجح مع البيئة.

٥. يعرفه شترن: بأنه القدرة على التكيف العقلي مع الحياة وظروفها الجديدة .

٦. تعريف جودرد: بأنه القدرة على الاستفادة من الخبرة السابقة في حل المشكلات الجديدة (انظر نجاتي، ١٩٨٧، ونشواتي، ٢٠٠٣).

يعود الغموض في مفهوم الذكاء وصعوبة تحديده على نحو دقيق إلى عوامل متعددة منها الآتية:

١. **كون الذكاء صفة وليس كينونة** (ساتلر (Sattler, ١٩٨٢)): أي لا وجود له في حد ذاته، وإنما هو نوع من الوسم أو الصفة، ننعت بها فردا معينا، عندما يسلك طريقة معينة، في وضع معين. (نستنتج الذكاء من السلوك، والسلوك متنوع لدرجة صعوبة ضبطه وحصره لذلك يصعب تحديده في ضوء مفهوم واحد للذكاء).

٢. **الذكاء نتيجة أو حصيلة الخبرات التعليمية للفرد خلال مراحل نموه المختلفة على نحو منظم متتابع متسلسل:** النمو الناجح لكل وظيفة جديدة يعتمد على دمج عدد من الوظائف الأبسط التي نضجت مسبقا. مثال (رسم طالب شكل مثلث: ليتمكن من ذلك يجب أن يكون ممتلك خبرات **تعليمية سابقة**، كالإمساك بالقلم بطريقه مناسبة، والتناسق اليدوي العيني لرسم الشكل). والخبرات التعليمية متنوعة لدرجة صعوبة دمجها في تعريف واحد للذكاء.

٣. **تعدد المعاني المرتبطة به:** يذكر فرنون (Vernon, ١٩٦٤) ثلاث معان مرتبطة بالذكاء هي:

- الطاقة الفطرية في الفرد(النمو الوراثي للذكاء).

- سلوك الفرد : تعلم التفكير وحل المشكلات (النمط البيئي للذكاء).

- النتائج التي يمكن الحصول عليها من خلال اختبارات الذكاء والتي تتكون من بعض القدرات المحددة كالقدرات اللفظية أو غير اللفظية أو الميكانيكية. (التعريف الإجرائي للذكاء وهو ما تقيسه مقاييس الذكاء).

بعض القدرات التي تسود معظم تعريفات الذكاء:

١. القدرة على التفكير المجرد: قدرة الفرد على معالجة المجردات كالأفكار والرموز والعلاقات والمفاهيم، ومبادئ عمل الأشياء، (القدرة على فهم مفهوم ما، ومبادئ عمل الأشياء).
٢. القدرة على التعلم: الاستفادة من الخبرات التي يواجهها المتعلم والمتعلقة بالمجردات.
٣. القدرة على حل المشكلات: معالجة الأوضاع الجديدة وغير المألوفة.
٤. القدرة على التكيف والارتباط بالبيئة: التكيف مع الأوضاع والشروط البيئية المحيطة به، والاستجابة بشكل عام للمثيرات التي تنطوي عليها البيئة، او إنشاء علاقات مميزة مع العالم الخارجي ككل (النشواتي، ٢٠٠٣: ١٠٣).

هذه القدرات متشابهه متماسكة: فالقدرة على التفكير المجرد تعزز القدرة على التعلم، والقدرة على حل المشكلات تمكن من القدرة على التكيف مع البيئة.

حاول ستودارد (Stoddard, ١٩٤٢) حسم الخلافات بتعريف الذكاء، فعمل على تعريفه تعريفا إجرائيا، جمع فيه قدرات متعددة للذكاء فكان الذكاء عنده هو: **نشاط عقلي يتميز بالصعوبة والتعقيد والتجريد والاقتصاد والتكيف الهادف والقيمة الاجتماعية والابتكار والحفاظ على هذا النشاط في ظروف تستلزم تركيز الطاقة ومقاومة القوى الانفعالية.**

شرح التعريف:

الصعوبة: نسبة سهولة أو صعوبة الأسئلة المختلفة التي يراد قياس الذكاء بها، أي ترتبط الصعوبة بمستوى النشاط العقلي اللازم للإجابة عن تلك الأسئلة، فمستويات النشاط العقلي ترتبط بمراحل النمو المعرفي، لذلك يجب أن تختلف هذه الصعوبة باختلاف النمو.

التعقيد: عدد الاستجابات الصحيحة التي يؤديها الفرد بنجاح في المستويات المتدرجة في الصعوبة، بحيث تقل هذه الاستجابات كلما زاد المستوى.

التجرد: القدرة على التقييم والتميز، يستبعد الفرد الصفات العرضية ويستبقي الصفات أو العلاقات الأساسية للشيء الذي يراد تكوين مفهوم عنه، (تعتمد على فهم الرموز واستخدامها).

الاقتصاد: سرعة الفرد في الأداء الصحيح، وكلما كانت الفترة في الإجابة أقصر كلما كان الذكاء أكثر، وكذلك القدرة على اختيار الطرق الأكثر مباشرة لتحقيق الهدف.

التكيف الهادف: قدرة الفرد على إدراك الهدف وقدرته على توجيه سلوكه لتحقيق الهدف، فهو سلوكا هادفا وموجها لتحقيق غاية معينة أو إيجاد حل لمشكلة ما.

القيمة الاجتماعية (المظهر الاجتماعي للذكاء): السلوك ذو القيمة الاجتماعية المنسوب إلى المعيار الاجتماعي (مقارنة أداء الفرد بمتوسط أداء الجماعة التي ينتمي إليها.

الابتكار: استنباط حلول جديدة في مواقف غير مألوفة للفرد.

تركز القيمة: أهمية تركيز الانتباه كعامل من عوامل تحديد الذكاء؛ لان الذكاء يتطلب تركيز الطاقة المعرفية على مثيرات معينة وإهمال المثيرات الأخرى المشتتة للانتباه.

مقاومة القوى الانفعالية: مقاومة الانفعالات والاتزان الانفعالي للنشاط المعرفي؛ لان الغضب أو الهيجان او العواطف الجياشة تحول في كثير من الأحيان دون التفكير الصحيح (انظر النشواتي، ٢٠٠٣).

المبحث الثاني

طبيعة الذكاء وتنظيمه:

اختلف في تنظيم الذكاء ومكوناته فيما إذا كان مكونا من قدرة عقلية واحدة عامة أم قدرات عقلية متعددة ومستقلة (قدرات خاصة). (له آثار تربوية إذا كان طالب متفوق في جانب معرفي فهل بالضرورة تفوقه في كافة المجالات؟)

القدرة العامة: هي الذكاء وهو القدرة الكامنة وراء جميع أساليب النشاط.

القدرات الخاصة: هي القدرات الكامنة وراء أساليب معينة من النشاط.

إن ارتفاع درجة القدرة العامة يصحبه القدرة على القيام بقدرات عقلية خاصة متعددة، كما هو الحال عند الموهوبين، وكذلك انخفاض القدرة العامة يصحبه انخفاض أو تعطل القدرات الخاصة كما يظهر عند ضعاف العقول. وتختلف القدرات الخاصة في تشبعها بالعامل العام

وقد بينت عدد من النظريات مكونات الذكاء، ومن هذه النظريات التي تبين مكونات الذكاء الآتي:

أ. نظرية العاملين (نظرية الذكاء العام والخاص) (Two - Factor Theory) سبيرمان (Spearman, ١٩٠٤-١٩٢٧):

١. عمل سبيرمان على تطبيق مجموعة كبيرة من الاختبارات العقلية التحصيلية على عدد كبير من الطلبة، ثم حلل النتائج بتقنيات التحليل العاملي لتفسير النتائج، فوجد أن أي نشاط أو أداء عقلي يتكون من عاملين: الأول العامل العام (General Factor) وأسماه بالعامل (G) والثاني العامل الخاص (Specific factor) واسماه بالعامل(S).

٢. يرى أن العامل العام: هو عبارة طاقة عقلية عامة موجودة في كافة النشاطات العقلية للفرد وتظهر على نحو خاص في القدرة على إدراك العلاقات بين الأشياء.

٣. أما العامل الخاص: فهو يظهر في مهارات ومهام خاصة محددة بقدرات معينة مثل القدرة على الاستدلال والابتكار والقدرات اللفظية أو العددية.

٤. ويرى أن العمليات العقلية العليا كالتفكير الاستدلالي والابتكاري أكثر تشعبا بالعامل العام من القدرات الخاصة الأخرى كالقدرات الميكانيكية أو الحسية الحركية أو القدرة على التذكر (مرتبطة ومتصلة بها أكثر).

٥. الذكاء في رأيه ليس عملية عقلية معينة كالتذكر والتعلم والاستدلال بل هو قدرات عامة تؤثر في العمليات والنشاطات المعرفية جميعها، ويختلف هذا التفكير باختلاف نوعية النشاط المعرفي (يمتلق فرد مستوى مرتفع من الذكاء العام، ولكن قد يكون أقل قدرة في مجال معين من فرد آخر يمتلك مستوى مرتفعا من الذكاء الخاص).

٦. يقاس العامل العام بمقاييس الذكاء العامة، من خلال قياس عدد كبير من الاداءات باستخدام مقاييس مختلفة (معاني الكلمات، أكمل الجمل، العددية رؤية العلاقات بين الأشكال الهندسية)، وهي مرتبطة إيجابيا مع بعضها وفسر هذا الترابط بين الأداءات المختلفة بافتراض أن العامل العام هو مشترط بين كل النشاطات العقلية، ومدى الارتباط يحدد عن طريق كمية العامل العام المطلوب للأداء الناتج في هذه المجالات المختلفة. والارتباط بين فحوص الذكاء لم يكن تام وذلك يعود لتأثير عوامل أخرى محددة (العامل الخاص) .

ب. نظرية العوامل المتعددة (Multiple Factor Theory) ثورندايك (Thorndike, ١٩٢٧):

١. رفض وجود الذكاء العام أو القدرات العقلية العامة.

٢. الذكاء يتكون من عمليات محددة ومتنوعة، وأي نشاط عقلي يتألف من عدد من هذه العوامل الصغيرة التي تعمل معا، فإذا كان هناك نوعان من النشاط العقلي مرتبطان معا فإن درجة العلاقة بينهما تتناسب طرديا مع عدد العوامل المشتركة الموجودة فيهما معا. وأي فحص جيد للذكاء يجب أن يشتمل على عينات من هذه العمليات (عدس وقطامي: ٦٣).

٣. بنى فحصة (يعرف GAVD) لقياس القدرة على التعامل مع الأشياء المجردة وفيه فحص لإكمال الجمل (G)، المحاكمة الحسابية (A)، المفردات (V)، إتباع التعليمات (D)، وهذه لا تقيس كل العوامل ولكن عن طريقها يمكن تقدير الجوانب الأخرى للذكاء المجرد.

٤. يتوقف الذكاء على عدد ونوعية الارتباطات أو الوصلات العصبية التي يملكها الفرد والتي تصل بين المثيرات والاستجابة، وإن الفروق الفردية في الذكاء تعود إلى

الفروق من حيث الوصلات العصبية الملائمة التي يمتلكها الأفراد وهي فروق فطرية (نشواتي: ١٠٦).

٥. يوجد عناصر مشتركة بين النشاطات العقلية المختلفة تبرر القول بوجود ثلاث أنواع للذكاء هي:

١. الذكاء المادي أو الميكانيكي (المهارات اليدوية والحسية والحركية).

٢. الذكاء المجرد (فهم ومعالجة الأفكار والمعاني والرموز والمجردات).

٣. الذكاء الاجتماعي: القدرة على فهم الآخرين والتعاون معهم.

ج. نظرية العوامل الجماعية (القدرات العقلية الأولية) (Group Factor Thoery)، ثورستون (Thurstone, ١٩٣٨):

أ. قام ثورستون بتحليل أداء مجموعة كبيرة من الأشخاص، على مجموعة من اختبارات الذكاء مستخدما أسلوب التحليل العاملي، فاستنتج وجود سبع قدرات عقلية أولية مختلفة هي:

١. القدرة الميكانيكية (Space ability): إدراك العلاقات المكانية المختلفة وتصور الأشياء في المكان، (تحديد موقع اتجاه أو أشكال).

٢. القدرة العددية (Number ability): معالجة الأرقام والقيام بالعمليات الحسابية الأربعة البسيطة: الجمع والطرح والضرب والقسمة على نحو سريع وصحيح.

٣. القدرة اللفظية (Verbal ability): القدرة على فهم معاني الكلمات، والألفاظ واستيعابها.

٤. الطلاقة اللفظية (Word fluency ability): وهي القدرة على استخدام الكلمات والألفاظ، مثل إنتاج عدد كبير من الكلمات التي تبدأ بحرف معين أو تنتمي بحرف معين في زمن محدد، واستخدام الكلمات ذات المعنى باستخدام حرف معين.

٥. القدرة على التذكر (ability to memorize): وهي القدرة على استعادة ما تعلمه الفرد من كلمات وأشكال وأرقام.

٦. القدرة على الاستدلال الاستقرائي (Inductive reasoning): هي القدرة على اكتشاف القاعدة أو المبدأ الذي يبطن المادة موضوع البحث، والوصول إلى تعميمات صحيحة، اعتمادا على معلومات محددة وجزئية، والقدرة على استنباط المتعلقات والأحكام المنطقية.

٧. القدرات الإدراكية (perceptual ability): وهي القدرة على تمييز الأشياء بالوقوف على أوجه التشابه والاختلاف بينها.

ب. هذه القدرات تشكل جوانب الذكاء العامة وهي مستقلة نسبيا أي أن الفرد الذي يتفوق في واحدة لا يعني حتما أن يتفوق في غيرها.

ج. العلاقة بين هذا القدرات إيجابية دائما، لذلك ينزع الفرد المتفوق مثلا في هذه القدرات إلى أن يكون متفوق في القدرات الأخرى، وينزع الفرد العادي مثلا في هذه القدرات إلى أن يكون عاديا من حيث القدرات الأخرى، وهذا دليل على اشتراك بعض أنماط النشاط العقلي في عامل عام.

الاستعداد الخاص والقدرة الخاصة:

الاستعداد: هو إمكانية نمط معين من أنماط السلوك عند الإنسان.

القدرة: هي تنفيذ هذا الاستعداد في مجال النشاط الخارجي

الاستعداد يسبق القدرة، والقدرة تنشأ عن تفاعل الاستعداد مع النضج والبيئة، وغالبا ما تكون القدرة مركبة من عدة استعدادات.

المبحث الثالث
قياس الذكاء:

١. أول محاولة لقياس الذكاء كانت محاولات العالم الفرنسي ستانفورد بينيه (Stanford Benit) عام ١٩٠٤ بهدف اكتشاف الأطفال الذين لا يستطيعون الاستفادة من التعليم الرسمي العام لوضعهم في مدارس خاصة، وكان ذلك بمساعدة زميله سيمون.

جمع معلومات عن الأطفال الأسوياء وقد استطاع أن يحدد مستوى أداء الطالب من خلال عدد الفحوص التي نجح فيها الطالب إذا ما قورن بمستوى الأطفال الآخرين، مثل طفل عمره (٩) سنوات وكان أداءه في حدود (٧) سنوات قيل أنه متخلف في حدود العامين.

ثم جمع الأسئلة في مجموعات محددة لكل عمر، فإذا نجح في سؤال معظم الأطفال في عمر (٩) سنوات وفشل فيه معظم الأطفال في عمر (٨) سنوات ونجح فيه معظم الأطفال في سن (١٠) سنوات فإنه يكون في مجموعة التسع سنوات.

تطور عند بينيه مفهوم **العمر العقلي**: هو قدرة الطفل على الإجابة عن أسئلة يجيب عنها متوسطوا الذكاء في سن معينة

مثال: إذا كان طفل عمرة (١٠) سنوات (عمر زمني) ونجح فقط في الأسئلة المخصصة لمستوى (٨) سنوات فإن عمره العقلي يكون (٨) سنوات.

ومثال آخر: طفل عمره سابع سنوات (عمر زمني)، يستطيع الإجابة عن أسئلة الأطفال في سن ثمانية سنوات، فعمره العقلي هو ثمانية سنوات.

العمر العقلي أعطى معنى مفهوم مستوى الذكاء لكنه لم يحدد مستوى ذكاء الطلبة ومستوى غبائهم.

لم يكن العمر العقلي كافيا لقياس الذكاء؛ لأن الطفل الذي كان متأخرا عاما واحدا في سن خمس سنوات – مثلا - كان يتأخر عامين عند العاشرة – لذلك كان لا بد من جعل الفرق النسبي ثابتا.

● لذلك وضع شترن النسبة العقلية وهي = $\dfrac{\text{عمر عقلي}}{\text{عمر زمني}}$

- قام تيرمان بتعديل ما قام به شترن فوضع نسبة الذكاء ،وهي المستخدمة في قياس الذكاء حتى اليوم . نسبة الذكاء = $\frac{\text{عمر عقلي}}{\text{عمر زمني}} \times ١٠٠$

٢. يقاس الذكاء باختبارات خاصة لهذا الغرض وتتعدد وتتنوع حسب طرق استخدامها وهي:

أ. اختبارات فردية: تطبق على شخص واحد وتستلزم مهارات خاصة ووقت طويل، إلا أنها تزودنا بمعلومات صحيحة حول قدرات الشخص.

ب. اختبارات جماعية: تطبق على مجموعة من الأشخاص في وقت واحد، ولا تستلزم مهارات خاصة ووقتا طويلا. وعيوبها: وجود عوامل قد تؤدي إلى أخطاء في النتائج مثل سوء فهم التعليمات وعدم قدرة المستجيب على بذل الجهد الكامل أثناء الاختبار.

ج. تتنوع طبقا للأشخاص: اختبارات للأطفال والمراهقين والراشدين.

٣. تطبيق اختبار الذكاء ليس بالأمر السهل وذلك لأنها تتطلب:

- القدرة على تطبيقها.
- القدرة على تفسير نتائجها.
- معرفة بعض المتغيرات الهامة المترابطة بفلسفة القياس وتغيرات الذكاء ومكوناته.

٤. ومن أكثر الاختبارات شيوعاً اختبار ستانفورد بينيه وهو:

- يتضمن عشرين مجموعة من الاختبارات.
- يتناول الأفراد الذين تتراوح أعمارهم بين عامين إلى سن الرشد.
- مقسم حسب فواصل زمنية معينه، ومكون من أسئلة لفظية تتعلق بالحصيلة اللغوية والفهم والمعلومات العامة، ويتطلب استجابة لفظية، ومن الأمثلة على الأسئلة التي يتناولها لاختبار في سن ست سنوات:

١. العصفور يطير، والسمك....

٢. رأس العصا مثلم ورأس السكين....

٥. ومن الاختبارات الشائعة أيضا اختبار وكسلر للأطفال والراشدين، وهو اختبار: أ. لفظي: يشمل المعلومات العامة والفهم والاستدلال الرياضي والتذكر والمتشابهات والحصيلة اللغوية.

ب. أدائي: تتناول إكمال الصور وتنظيم الأشكال والمكعبات وتجميع الأشياء ومعالجة الرموز الرقمية.

٦. توزيع درجات الذكاء: إذا طبق اختبار الذكاء على عينة عشوائية وممثلة لمجتمع إحصائي معين، وتم تحويل الدرجات الخام إلى درجات معيارية ذات متوسط (١٠٠) وانحراف معياري (١٦) فستوزع العلامات توزيعا طبيعيا (تتجمع العلامات حول الوسط مع انخفاض تدريجي نحو النهائيتين المتطرفتين للمنحنى).

والشكل التالي يوضح هذا التوزيع[٦]:

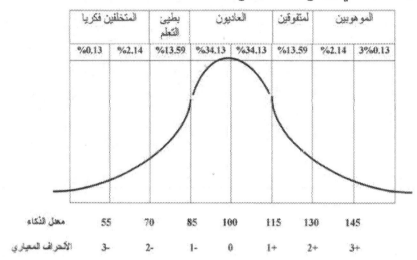

	المتخلفين فكريا	بطيئي التعلم	العاديون		المتفوقين	الموهوبين	
0.13%	2.14%	13.59%	34.13%	34.13%	13.59%	2.14%	0.13%3

| معدل الذكاء | 55 | 70 | 85 | 100 | 115 | 130 | 145 |
| الانحراف المعياري | -3 | -2 | -1 | 0 | +1 | +2 | +3 |

التوزيع الطبيعي للقدرات الفكرية

الدرجة المعيارية	الفئة
أقل من ٨٩-٦٩ درجه معياري.	فئة ما دون الوسط
٩٠-١٠٠ درجه معيارية	فئة المتوسطة
١١٠-١٢٠	ما فوق المتوسط
١٢١-١٣٠	المتفوقين
١٣١ فما فوق	المتفوقين جدا

٧. ملاحظات على اختبارات الذكاء

. اخذ هذا الرسم من موقع:اطفال الخليج ذوي الاحتياجات الخاصة

أ. لا يوجد اختبار يعطي صورة كلية للمستوى الوظيفي العقلي للفرد .

ب. لا يمكن التسليم بأنها تقيس الذكاء فعلا فهي متحيزة ثقافيا ولا تفرق بين الثقافات المختلفة.

ومن المفيد أن نسوق مثالاً لا يقل أهمية من حيث قيمته التعبيرية وقدرته على إبراز التحيز في نتائج هذه الاختبارات. فقد كرس أصحاب "الأنتروبولوجيا السيكولوجية" أو "علم النفس الأنتروبولوجي" نشاطهم لخدمة النظرية العرقية النازية. فوجد الألماني آرنولد في كتابه "البنى السيكوفيزيائية عند الدجاج" أن سلوك الدجاج الذي ينتمي إلى المناطق الجنوبية من الكرة الأرضية يغلب عليه الخضوع السريع للدجاج الشمالي الذي يظهر على سلوكه الميل إلى التفوق وحب السيطرة والرغبة في إخضاع الأنواع الأخرى من الدجاج لسلطته. ويقول زميله ومواطنه ينيش بوجود خصائص عرقية موروثة عند الكائنات الحية تجعل من تفوّق بعضها على البعض الآخر أمراً حتمياً وطبيعياً.(منصور ف، ١١٤-١١٦).

ثقافات المختلفة.

المبحث الرابع

ثبات الذكاء عبر الزمن:

الذكاء مبني على القدرة على التحصيل، فإذا كان ثابتا فلا جدوى من تحسين ظروف التعلم، وإذا كانت متغيرة فما العوامل التي تساهم في تغييره؟.

أجرى العلماء مجموعة من الدراسات منها: دراسة هونزيك (Honzik, ١٩٧٣): حيث تابع التغير على درجات الذكاء لمجموعة من الأطفال (٢٥٢) فيما بين سن (٢) و سن (٨) وقد وجد اختلاف يرجع إلى عوامل كثيرة ترجع إلى ثقافة الوالدين.

وقد نتج عن الدراسات الطولية عموما أن:

١. درجات الذكاء في سن معين من الطفولة ودرجات الذكاء من سن الرشد يزداد مع تقدم الأطفال في السن (انظر Bloom, ١٩٧١).

٢. درجات الذكاء تأخذ بالاستقرار النسبي فيما بين الخامسة والسابعة من العمر في حين تأخذ بالثبات شبه الكلي في السنة العاشرة، لهذا ينزع علماء النفس إلى اعتبار السنوات الخمس الأولى من حياة الطفل مرحلة حرجه بالنسبة إلى نموه العقلي حيث يكون الذكاء سريع التأثير بالعوامل البيئية التي تعمل على تعزيزه أو تعويقه (Goodwin and Klousmeir, ١٩٧٥).

الذكاء من أكثر سمات الشخصية المقاسة ثباتاً، إلا أن نتائج الدراسات تؤكد أنه عرضة للتغيير سلبا أم إيجابا عبر الزمن الطويل وفي فترات عمرية محددة وهو مرتبط بعوامل شخصية واقتصادية وثقافية واجتماعية متعددة.

وهذه النتائج لها فوائد تربوية مهمة هي:

١. يمكن التنبؤ بمستوى الذكاء المستقبلي من خلال معرفة درجات الذكاء الحالية.
٢. تدعو إلى تحسين أساليب التعليم والمناخ المدرسي عموماً.

المبحث الخامس

أنواع الذكاء:

فشل عدد من الموهوبين في امتحانات الذكاء، وبعد ذلك برزوا في كثير من مجالات الحياة سواء أكان ذلك قبل الجامعة أو أثنائها أو بعدها، وهذا ما دفع عدد من علماء النفس إلى توسيع مفهوم الذكاء، بحيث يشمل قدرات ومواهب للفرد غير القدرات الحسابية أو المنطقية.

بين عالم النفس هاوارد جاردنر في كتابه (أنطر العقل، ١٩٨٧) سبعة أنواع من الذكاء، تاركاً الباب مفتوحاً للزيادة عليها. وأضاف إليها في عام ١٩٩٧ الذكاء الثامن، وفي عام ١٩٩٩ أضاف الذكاء الثامن.

من هنا كان تعريفة للذكاء منسجما مع هذه الأفكار حول الذكاء المتعدد (Intelligence Multiple): فالذكاء عنده هو: مجموعة من القدرات المستقلة الواحدة عن الأخرى, التي يمتلكها الأشخاص، في مجالات كثيرة.

وهذه الأنواع هي كالآتي:

١. الذكاء اللغوي (Linguistic intelligence):

وهو القدرة على استخدام الكلمات بفاعلية سواء شفاهه أو كتابة، والبراعة في تركيب الجمل، ونطق الأصوات، وتعريف معاني ودلالات الألفاظ والاستخدام النفعي للغة.

ويشمل هذا الذكاء جميع القدرات اللغوية: الكتابة والقراءة والمحادثة والاستماع.

ويتضح بصورة جلية لدى الشعراء والكتاب والمحامين والممثلين...

في الآونة الأخيرة اكتشفت العلاقة الوثيقة بين اللغة والعقل، ذلك أنه لو أصاب منطقة في المخ تدعى منطقة (بروكا) أي ضرر مادي, فان هذا سيؤثر على قدرة الشخص على الكلام. وعلى الرغم من أن المصاب يظل يفهم معنى الكلمات التي يستعملها, إلا أنه يصبح عاجزا عن التركيب القواعدي للجملة.

وقد لاحظ جاردنر أن الأطفال الصغار والصم, يطوّرون لغتهم الخاصة بهم, عندما لا يملكون خيارا آخر للغة عامة يستعملونها. أن القدرة على فهم اللغة وبنائها قد تختلف من شخص إلى آخر, ولكن اللغة كسمة معرفية هي ظاهرة عالمية.

٢. الذكاء المنطقي الرياضي (Logical-mathematical intelligence):

وهو الذكاء الذي يمكّن الفرد على استخدام الأعداد والاستدلال بفاعلية، ويتضمن الحساسية للأنماط والقضايا المنطقية والمجردة.

أما العمليات المستخدمة في هذا الذكاء فإنها: التصنيف والاستدلال، الاستنتاج والتعميم واختيار الفرضيات، وغيرها من العمليات المنطقية.

ويتضح هذا الذكاء لدى علماء الرياضيات والإحصاء ومبرمجي الحاسوب والمهندسين. ...

وهذه القدرة الرياضية لا تحتاج إلى التعبير اللفظي عادة، ذلك أن المرء يستطيع أن يعالج مسألة رياضية في عقله دون أن يعبر عما يفعل لغويا.

٣. الذكاء الفراغي (الفضائي) (المكاني البصري) (Spatial intelligence):

وهو القدرة على إدراك المعلومات البصرية والمكانية وتحويلها وتعديلها ووصف التغيرات التي تطرأ عليها نتيجة الانتقال والدوران،

ويتضمن هذا الذكاء الحساسية للألوان والخطوط والأشكال والفراغات والعلاقات بين هذه العناصر. تصور الأشكال وصور الأشياء في الفراغ (الفضاء), أي المكان ذي الثلاثة أبعاد.

ويتضح هذا الذكاء لدى مهندسي الديكور والمعماريين وصانعي التماثيل والتحف والرسامين والجغرافيين والملاحين. ...

يستعين الفرد بهذه المهارة كلما رغب في صنع تمثال أو استكشاف نجم في الفضاء على سبيل المثال.

ترتبط هذه القدرة بما يسمى إدراك التواجد في المكان. وبعض الناس تختلط عليهم الأمكنة (عند السفر مثلا), ولا يعرفون المكان الذي يتواجدون فيه. ويستطيع آخرون العودة إلى المكان الذي كانوا فيه قبل سنوات، بينما لا يستطيع غيرهم أن يحدد الجهات حتى في مكان سكناه.

من المهم أن نميز بين الذكاء الفراغي وبين ملكة الرؤية بالعين. وعادة ما يخلط الناس بين الاثنين، ما داموا يعتمدون في تمييزهم للأجسام وإدراكها على حاسة النظر. فالأعمى يستطيع أن يدرك الأشياء بأن يتحسسها وبدون أن يراها. وهو ما يؤكد استقلال الذكاء الفراغي عن حاسة البصر وتشكيله جزءا من الذكاء البشري عموما.

٤. الذكاء الجسدي والحركي (Bodily – kinesthetic intelligence):

وهو البراعة في استخدام الجسم أو بعض أجزائه للتعبير عن الأفكار والمشاعر وإنتاج وتشكيل الأشياء والتعامل معها. التحكم بنشاط الجسم وحركاته بشكل بديع.

وهي مهارة لا شك يملكها الرياضيون والراقصون، ومتسلقوا الجبال والجراحين والحرفيين وغيرهم من المتأنقين بأجسامهم والمعتزين بها.

ولكل فرد نصيبه من هذه المهارة.

٥. الذكاء الموسيقي (Musical intelligence):

بعض الناس موسيقيون أكثر من غيرهم، وحب الموسيقى والإحساس بالإيقاع والتفاعل معه, تظهر عند هؤلاء "الموسيقيين", سواء تعلموا الموسيقى أم لا، والمران قد يطور القدرة الموسيقية، ولكنه لا يوجدها من فراغ.

كان (موتسارت) مثلا, قد بدأ يعزف الموسيقى ويؤلف الألحان, وهو لا يزال طفلا صغيرا. بينما يبدو بعض الناس غير موسيقيين البتة، دون أن يؤثر ذلك على مجرى حياتهم الطبيعية.

٦. الذكاء الشخصي الاجتماعي (Interpersonal intelligence):

ويتمثل في معرفة الذات والقدرات الشخصية معرفة حقيقية والوعي بالمشاعر الداخلية والنوايا والمزاجات والرغبات والقيم والمعتقدات والتصرف بناء على ذلك.

ويتضمن فهم الذات والتحكم فيها واحترامها وتوظيف ذلك في اتخاذ القرارات. التواصل مع الآخرين. والأشخاص الذين يتميزون بجاذبية خاصة (الصفة الكارازماتية), من القياديين، يمتلكون هذه القدرة.

يقول جاردنر: (إن الذكاء في العلاقات المتبادلة بين الناس هو القدرة على فهم الآخرين، وما الذي يحركهم، وكيف يمارسون عملهم، وكيف نتعاون معهم). أما فيما يتعلق بذكاء الشخصية الاجتماعية وتميزها، فقد حدد أربع مواصفات: هي القيادة والمقدرة على تنمية العلاقات، والمحافظة على الأصدقاء، والقدرة على حل الصراعات، والمهارة في التحليل الاجتماعي.

٧. الذكاء الروحي أو الخارجي (البينشخصي) (Intrapersonal intelligence):

وهو أن يعي الإنسان نفسه والعالم الذي يعيش فيه، ويدرك العلاقات التي تربط الأمور والظواهر المحيطة به، مهما بدت بعيدة أو منفصلة الواحدة عن الأخرى.

إن وعي المرء لنفسه يعني أن يتعمق في نوعية مشاعره, وماهية وجوده. وهو وعي يقود عاجلا أو آجلا إلى الاعتزاز بالنفس وتقديرها, والى قوة الشخصية الذي يميز الأنبياء والمفكرين والمصلحين الاجتماعيين.

أما ضعف هذا النوع من الذكاء, فيؤدي إلى ضعف وعي الشخص بذاته، والى انقطاعه عن المحيط الذي يعيش به, كما يحدث للأطفال الفاقدي الصلة بما حولهم (autistics)

وكثيرا ما لا يبرز هذا النوع من الذكاء في الأشخاص الذين يملكونه من الخارج، إلا إذا عبر عنه في صيغ مناسبة وملموسة، كالكتابة مثلا والرسم، فنرى تفجر الشخصية التي بدت لنا على السطح شخصية راكدة أولا. أو حين يعبر عنها بصيغ غير ملموسة كالفرح والغضب.

٨. الذكاء الطبيعي (naturalist intelligence):

وهو قدرة المرء على تمييز وتصنيف الكائنات الحية والجمادات ويحدد أنماطا في الطبيعة. مثلا كان الإنسان القديم يستطيع أن يميز بين ما يمكن أكله وما لا يمكن من الأحياء والجوامد. أما في العصر الحديث, فان الذكاء الطبيعي يظهر في قدرة المرء على تمييز التغييرات الحاصلة في البيئة, والظواهر الطارئة.

٩. الذكاء الوجودي (Existential intelligence):

يتمثل في القدرة على معالجة أسئلة عميقة حول الوجود الإنساني مثل: ما معنى الحياة؟ كيف جئنا إلى الوجود؟ لماذا نموت؟. يتضح هذا الذكاء لدى الفلاسفة والمفكرين.

٩. الذكاء العاطفي (emotional intelligence)

وهو قدرة الفرد على حث نفسه باستمرار في مواجهة الاحباطات والتحكم في النزوات، وتأجيل إحساسه بإشباع النفس وإرضائها، والقدرة على تنظيم حالته النفسية، ومنع الأسى أو الألم من شل قدرته على التفكير، وأن يكون قادرا على التعاطف والشعور بالأمل.

أهمية تنوع الذكاء:

إن القول بتنوع الذكاء أمر ذو قيمة فائقة، فهو يجعل الناس, وعلماء النفس والمربين والأهل, مقدرين لأنواع من المواهب والقدرات لم تكن مصنفة كنوع من الذكاء.

يفصل جاردنر بين أنواع الذكاء هذه بحجة معقولة، كما رأينا, فامتلاك شخص لواحدة منها، يكون مستقلا عن امتلاكه الأخرى.

كيف يمكن تطبيق نظرية الذكاء المتعدد داخل الفصل الدراسي:

تم تطبيق هذه النظرية وأظهرت كفاءة عالية في تحسين العملية التعليمية، حتى إن إحدى الولايات في استراليا عدلت نظامها التعليمي ليتواءم مع هذه النظرية، وظهرت مشاريع عديدة لتبني هذه النظرية وتطبيقها.

وتم ذلك من خلال تقسيم الفصل إلى تسعة مراكز تعلمية، حيث يخصص كل مركز لأحد الذكاءات التسعة، ويقضي التلاميذ حوالي ثلثي اليوم الدراسي في التنقل بين المراكز بواقع ١٠ – ١٥ دقيقة في كل مركز، (في بعض البرامج يقضي التلاميذ يوماً كاملاً في كل مركز). يبدأ اليوم الدراسي بمحاضرة موجزة ونقاش لموضوع الدرس، ثم يتوزع التلاميذ في مجموعات من ٣ – ٥ تلاميذ على المراكز التسعة، وإليك أمثلة لنشاطات بعض المراكز:

١. في مركز القراءة (الذكاء اللغوي) يقرأ التلاميذ ويكتبون ويحللون المعلومات بالأساليب التقليدية .

٢. في مركز الرياضيات (الذكاء المنطقي الرياضي): يتعامل التلاميذ مع ألعاب الرياضيات والتجارب العلمية ويقومون بالاستدلال وحل المشكلات.

٣. في مركز البناء (الذكاء الجسمي): يبني التلاميذ النماذج ويؤدون الألعاب والأدوار المسرحية.

٤. في مركز الموسيقى (الذكاء الموسيقي): يؤلف التلاميذ ويغنون الأغاني والأناشيد حول موضوع الدرس.

٥. في مركز الفن (الذكاء المكاني): يستخدم التلاميذ وسائط فنية متنوعة وألعاب فك وتركيب.

٦. في مركز العمل الشخصي (الذكاء الشخصي): يستكشف التلاميذ موضوع الدرس من خلال البحث والتفكير والمشاريع الفردية.

٧. في مركز العمل الجماعي (الذكاء البينشخصي): يطور التلاميذ مهارات التعلم التعاوني من خلال حل المشكلات وإجابة الأسئلة والمشاركة في الألعاب التعليمية وجلسات العصف الفكري والمناقشات الجماعية.

الانعكاسات التربوية لتطبيق نظرية الذكاء المتعدد في الفصل:

أظهر تطبيق النظرية الإيجابيات الآتية :

١. زيادة في تحمل المسئولية والتوجه الذاتي والاستقلالية لدى التلاميذ.

٢. انخفاض في مشكلات النظام المدرسي بدرجة ملحوظة.

٣. تمكن التلاميذ من تطوير وتطبيق مهارات جديدة.

٤. تحسن مهارات التعلم التعاوني.

٥. زيادة ملحوظة في التحصيل الدراسي الأكاديمي.

المبحث السادس

محددات الذكاء:

هناك عاملين تم مناقشتهم في تحدد الذكاء:

١. الوراثة.

٢. البيئة.

وقد اشتد الجدل بعد دراسة جنسن (Jensen) حول أثر البرامج التعويضية التربوية لتحسين ذكاء وتحصيل الأطفال السود في الولايات المتحدة. **وقد أظهرت نتائج دراسته إلى أنه ليس هناك أثر لهذه البرامج في تحسين ذكاء الطلاب السود**، ثم أكد أن الوراثة عامل مهم في الذكاء، ويمكن تحديد نسبة إسهامها في الذكاء **بنسبة ٨٠%**. وأكد أن هناك قدرات تحصيلية وتعليمية موروثة والخروج عنها أمراً مستحيلاً.

وبعد نتائج دراسة (جنسن) قام عدد من العلماء بعدة دراسات للتحقق من صدق (جنسن) حول أثر الوراثة في الذكاء:

قام العلماء بدراسة تقوم على فكرة محاولة ضبط العوامل الوراثية والبيئية لتحديد دور كل منها في الذكاء وذلك من خلال:

١. اخذ عينة من التوائم المتماثلة، بافتراض أن الفروق درجات ذكاء التوائم المتماثلة تعود إلى عوامل بيئية.

٢. أخذت عينه من أفراد لا تربطهم قرابة ونشئوا في ظروف بيئية واحدة، على افتراض أن الفرق في درجات ذكاء هؤلاء الأفراد يرجع إلى عوامل وراثية.

وقد أكدت الأبحاث عموما أن الذكاء محدد جزئيا بالوراثة كما يقاس باختبارات الذكاء. ومن البحوث التي تؤكد أهمية ودور الوراثة في الذكاء:

١. دراسة جولتون: حيث أظهرت وجود ارتباط بين ذكاء الأطفال وذكاء آبائهم. وهذا لا يؤكد أن الذكاء موروث لان الوراثة الجيدة تتوافق مع ظروف بيئية جيدة.

٢. دراسة بيرت: حيث أظهرت:

- أن معامل الارتباط بين درجات ذكاء التوائم المتماثلة في بيئة واحدة بلغت ٠،٩٢

- أن معامل الارتباط بين درجات ذكاء التوائم المتماثلة في بيئة مختلفة بلغت ٠،٨٦

- أن معامل الارتباط بين درجات ذكاء التوائم المتشابهة في بيئة واحدة بلغت ٠،٥٣

- أن معامل الارتباط بين درجات ذكاء الأخوة غير التوائم في بيئة واحدة بلغت ٠،٥٠

- أن معامل الارتباط بين درجات ذكاء الأفراد الذين لا تجمعهم قرابة ونشئوا معا في بيئة واحدة بلغت ٠،٢٥

والعلاقة المرتفعة بين التوائم المتماثلة، يدل على دور الوراثة في تحديد درجات الذكاء

٣. أكدت دراسة ابزنك نتائج دراسة بيرت حيث كان:

- معامل الارتباط بين التوائم المتشابهه التي نشأت معا ٠،٥٢

- معامل الارتباط بين التوائم المتماثلة التي نشأت معا ٠،٨٧

- معامل الارتباط بين التوائم المتماثلة التي نشأت في بيئات مختلفة ٠،٧٥

وهذا يؤكد دور الوراثة في الذكاء.

مما سبق يتضح أن للوراثة دور في الذكاء ولكن ما مقدار هذا الدور ؟؟؟؟؟؟؟

أثر البيئة في الذكاء:

أكدت عدد من الدراسات على أن البيئة غير المشجعة والتي لا تزود أطفالها أثناء تنشئتهم بالإثارة المناسبة، في مجال بعض المهارات أو القدرات العقلية والتي يتضمنها اختبار الذكاء، تعوق نمو هؤلاء الأطفال كما ينعكس من خلال أدائهم على هذه الاختبارات. وتشير إلى أثر طول الفترة في البيئة. ومن هذه الدراسات:

١. أفاد بلوم أن البيئات المتطرفة من حيث الإثارة تؤثر في نمو الذكاء بمقدار (٢،٥) درجة لكل سنة من السنوات الأربعة الأولى من عمر الطفل، و(١٠) درجات خلال أربع سنوات، ويرتفع إلى (٢٠) درجة في السنة السابعة عشرة.

٢. أفاد جوتسمان أن التباين بين درجات الذكاء بين السود والبيض ربما يعود إلى أثار الحرمان او الظروف البيئية.

٣. وأكد شافير على ذلك حين بين انه نادرا ما يكون تباين بين متوسطات درجات الذكاء بين الزنوج والبيض قبل عمر سنتين.

وخلاصة الأمر فإن معظم علماء النفس التربوي يرون أن الذكاء نتيجة تفاعل مستمر بين البيئة والوراثة وعلى المعلم أن يكون بيئيا وأن يعمل على تحسين التعلم من خلال تحسين شروط الأوضاع التعليمية...

إن معرفة المعلم للعلاقة بين الذكاء وبعض المفاهيم الأخرى كالتحصيل، أو سمات الشخصية مثلا، تساهم في التنبؤ النسبي ببعض الأنماط السلوكية لدى الطلبة الذين يزيد من كفاءة المعلم في أداء دوره معهم.

أكدت الدراسات أن هناك أثر وارتباط ايجابي شبه ثابت بين الذكاء والتحصيل مقداره حوالي ٠،٥٠.

وتشير الدراسات أن الطلاب ذوى المستوى المرتفع في الذكاء يتسمون بالشعبية والتعاون والقيادة وإطاعة النظام والتكيف والمرح والدافعية والطموح ومستوى منخفض من التوتر والقلق (عبد الغفار، ١٩٧٧).

بعض العوامل البيئية المؤثرة في الذكاء:

١. الكيماويات:

- إن نقص الأكسجين عند الولادة يؤثر سلبا على القدرات العقلية، ويؤدي غالبا للتخلف العقلي.
- إن شرب المنبهات (الشاي والقهوة) بجرعات معتدلة يؤدي إلى تنشيط العمليات العقلية حيث أن الكميات المعتدلة من الكافيين تؤثر إيجابيا على المخ.
- إن تعاطي الكحول له أضرار جسيمة على العمليات العقلية.

٢. الغذاء والمرض:

- إن سوء التغذية للجنين تؤدي لضعف الدماغ ضعفا لا يمكن تعويضه في المراحل العمرية التالية لأنه يكون في مرحلة التكوين.
- إن سوء التغذية في السنوات الأولى له دور خطير في ظهور الأمراض العقلية.
- إن ١٠% من حالات التخلف العقلي ناشئة عن إصابات الولادة.
- إن درجات معظم المصابين بأمراض جسمية تكون أقل من غيرهم في اختبارات الذكاء .

٣. المستوى الاقتصادي والاجتماعي:

هناك ارتباط إيجابي دال بين الذكاء والمستوى الاقتصادي والاجتماعي ومستوى تعليم الأبوين ومهنهم.

٤. الحرمان:

- إن الحرمان من المثيرات الحسية يؤدي لانخفاض مستوى الذكاء خاصة إذا كان في مرحلة ما قبل المدرسة، وعند أطفال لهم في الأصل استعدادات عالية، وذلك نظرا لحاجتهم الماسة لتلك المثيرات التي تساعدهم على التعلم.

- إن الحرمان من الحواس له أثر سلبي بدرجة بسيطة جدا على الذكاء.

- إن الحرمان العاطفي وأساليب التنشئة الأسرية الصارمة يؤدي إلى تراجع مستوى الذكاء لدى الطفل بشكل واضح، والعكس صحيح.

٥. التعليم:

إن بعض الدراسات تشير إلى الأثر الإيجابي للتعليم النظامي على مستوى الذكاء، وبعضها الآخر يشير إلى أن التعليم النظامي كان محايدا في التأثير على مستوى الذكاء. وهذا يرجع إلى اختلاف أساليب ومقومات التعليم بين المدارس المختلفة، فإمكانيات المدرسة وأساليب التعليم فيها هي العامل المؤثر في الذكاء.

٦. الأقران:

كثيرا ما ترتفع نسبة الذكاء عند الطفل أو تنخفض ليصبح في مستوى ذكاء أقرانه والمجموعة التي ينتمي إليها، ولكن يجب التأكيد على أن هذا العامل ليس حاسما (دمنهوري وآخرون:١٤٢١).

المبحث السابع

استخدام اختبارات الذكاء في المدارس:

على المعلم أن يضع في باله استحالة وجود ارتباط تام بين التحصيل والذكاء وأن هناك عوامل كثيرة تحدد مستوى التحصيل غير الذكاء، مثل الدوافع والاهتمامات والميول والاتجاهات والقيم والمشاكل العاطفية...

وعند استخدام مقاييس الذكاء في المدرسة لا بد من الأخذ بالاعتبارات التالية:

١. لا يطبقه إلا شخص متخصص في الاختبارات والقياسات النفسية.

٢. عدم التسرع في التفسير الأولي لدرجات الذكاء لأنه يمكن أن يتلف مستقبل الطفل... ولا تقبل التفسيرات حتى نتأكد منها.

٣. الاختبارات المعربة تحتاج إلى أدلة موثقة.

٤. إذا كان بالإمكان الاستغناء عن إجراء اختبارات الذكاء يكون ذا نتائج أكثر إيجابية لصالح الطفل ذو المستوى المتدني.

المبحث الثامن:

ضعاف العقول (ذوي الاحتياجات الخاصة) والأفراد الموهوبون:

يمكن توزيع ضعاف العقول إلى ثلاث فئات هي:

١. القابلون للتعليم ومتوسط ذكاؤهم يتراوح من (٥٠ – ٧٠)، يتسم هؤلاء الأفراد بعدد من السمات منها:

- يسلكون سلوك طفل في الثانية عشرة من عمره.

- لهم مظهر فيزيقي سليم.

- قدراتهم اللغوية مناسبة للتواصل.

- لا يستطيعون التعامل مع المجردات.

- يستطيعون إتمام الدراسة في المدارس العادية – في فصول خاصة.

- غالبا ما يستطيعون الاستقلال وعيش حياة عادية.

القابلون للتدريب ومتوسط ذكاؤهم يتراوح من (٢٥ – ٤٩)، يتسم هؤلاء الأفراد بعدد من السمات منها:

- يسلكون سلوك طفل في السادسة من عمره.

- لديهم تشوهات في المظهر الجسمي واعتلال في الصحة.

- حصيلتهم اللغوية بسيطة جدا ويتحدثون على نحو طفولي.

- يتعلمون أساسيات القراءة والكتابة.

- يحتاجون لفصول خاصة لتدريبهم.

- يتعلمون مهارات العناية بالذات وبعض الأعمال المنزلية البسيطة.

- يحتاجون إلى رقابة طيلة حياتهم.

٣. حالات العزل التي تتطلب الرقابة ومتوسط ذكاؤهم يتراوح من (٢٤ فأقل)، ويتسمون بـ:

- لا يتجاوزون نضج طفل في الثالثة من عمره.

- في الغالب يصاحب قصور الذكاء عند هذه الفئة عيوب فيزيقية.

- لا يستطيعون التواصل مع الآخرين إلا بأساليب بدائية.

- يفتقرون إلى التآزر الحركي، وحتى لو استطاعوا المشي فإنهم يمشون بصعوبة
- لا يستطيعون الاستقلال أو الاعتناء بأنفسهم ويحتاجون للرعاية مدى حياتهم.

الأفراد الموهوبون:

من سماتهم:

- متفوقون في السمات العقلية والجسمية والانفعالية والاجتماعية.
- يتميزون بالتوافق وحسن الخلق.
- متفوقون في الذاكرة ومدى الانتباه.
- متفوقون في المفردات اللغوية.
- متفوقون في التفكير المنطقي والتفكير الناقد.
- متفوقون في القدرة على التعميم.
- متفوقون في الحدس العام.
- يتميزون بالأصالة.
- يتميزون بالمبادأة.
- يتميزون باليقظة.
- يتميزون بروح الدعابة.

الفروق بين الجنسين في الذكاء:

لا توجد فروق ذات دلالة إحصائية بين الجنسين في مستوى الذكاء العام. وفي المقابل توجد فروق بين الجنسين في القدرات العقلية الخاصة:

- تتفوق الإناث: في القدرة اللغوية والذاكرة وسرعة الإدراك والتحصيل الدراسي.
- يتفوق الذكور: في القدرات العددية، وإدراك المسافات، والقدرة الميكانيكية (حمزة: ١٩٩٢).

المبحث التاسع

الابتكار والإبداع:

وهو نوع من أنواع النشاط العقلي للفرد، وهو مختلف عن الذكاء في طرق معالجته وتحديده، وقد كانت آراء العلماء في ذلك على النحو الآتي:

١. منهم من تناوله كعملية ذات مراحل متعددة، تبدأ عموما بالإحساس بالمشكلة وتنتهي (بإشراق) الحل (Maslow,١٩٦ ، النشواتي، ٢٠٠٣، عبد الغفار، ١٩٧٧).
٢. منهم من حدده: بالناتج الابتكاري الذي يتصف: بالجدة والندرة وعدم الشيوع والقيمة الاجتماعية (Stein, ١٩٦٨).
٣. ومنهم من تناوله من خلال: العوامل العقلية وغير العقلية التي تتداخل في تكوينه (خير الله، ١٩٧٥).

هناك عدة تعريفات لها منها:

١. منها تعريف سمبسون على أساس الشخصية: الإبداع هو المبادأة التي يبديها الفرد في قدراته على التخلص من السياق العادي للتفكير وإتباع نمط جديد من التفكير.
٢. روجرز على أساس الإنتاج: الإبداع هو ظهور لإنتاج من التفاعل بين الفرد ومادة الخبرة.
٣. ويرى بيرز أن الإبداع هو: قدرة الفرد على تجنب الروتين العادي أو الطرق التقليدية في التفكير مع إنتاج جديد وأصيل أو غير شائع يمكن تنفيذه أو تحقيقه.
٤. ويرى شتاين فيري أن الإبداع هو: إنتاج جديد مقبول ونافع يحقق رضا مجموعة كبيرة في فترة معينة من الزمن.
٥. ويرى تورانس أن الإبداع: عملية إدراك الثغرات والاختلال في المعلومات والعناصر المفقودة وعدم الاتساق الذي لا يوجد له حل متعلم، ثم البحث عن الثغرات واختيار الفروض والربط بين النتائج وإجراء التعديلات وإعادة الاختبار لهذه الفروض ثم نشر النتائج وتبادلها.
٦. ويرى أوزبل أن الإبداع: هو استعداد أو قدرة على إنتاج شيء جديد وذي قيمة. أو هو حل جديد لمشكلة ما.

٧. يرى لأسكاندرو روشكا الإبداع بأنه: النشاط الفردي، أو الجماعي الذي يقود إلى إنتاج يتصف بالأصالة والقيمة، والجدة، والفائدة من أجل المجتمع (آل قماش، ٢٠٠٤).

٨. يمكن تعريف الإبداع: بأنه أفكار تتصف بأنها جديدةً ومفيدةً ومتصلةً بحلٍّ أمثل لمشكلات معينة أو تطويرِ أساليبَ أو أهداف أو تعميق رؤية أو تجميع أو إعادة تركيب الأنماط المعروفة في السلوكيات في أشكال متميزة ومتطورة تقفز بأصحابها إلى الأمامِ، إلا أن التعريف وحده لا يحقق الإبداع ما لم يتجسد في العمل؛ لِذا قد يمكن أن يقال إن الإبداع الحقيقي هو في العمل المبدع لا في التفكير، وإن كان العمل المبدع يسبقهُ تفكير مبدع.

ومن أهم القدرات العقلية للإبداع كما اعتبرها جيلفورد:

أ. الطلاقة اللفظية: سرعة إنتاج أكبر عدد ممكن من الكلمات التي تستوفي شروطا معينة.

ب. الطلاقة الفكرية: سرعة إنتاج أكبر عدد ممكن من الأفكار التي ترتبط بموقف معين وفق شروط معينة.

ج. المرونة التلقائية: سرعة إنتاج أفكار تنتمي إلى أنواع مختلفة من الأفكار...

د. الأصالة: سرعة إنتاج أفكار تستوفي شروط معينة في موقف معين مثل الأفكار غير المباشرة والبعيدة عن المواقف المثيرة.

هـ. الحساسية بالمشكلة: هي القدرة على اكتشاف مواطن الضعف أو النقص أو الفجوات في المواقف المثيرة.

يرتبط التفكير الابتكاري بعدد من السمات الشخصية: الاكتفاء الذاتي، المثابرة، العمل الشاق، الاستقلالية في الفكر والعمل.

قياس الابتكار:

من الأمثلة على مقاييس الابتكار:

أ. اذكر أكبر عدد ممكن من معاني كلمة (فصل)؟

ب. ماذا يحدث لو استطاع الإنسان أن يعيش دون حاجة إلى الطعام.

الذكاء والابتكار:

يوجد علاقة إيجابية بين الابتكار والذكاء فالأفراد ذوي القدرة المرتفعة على الابتكار، ينزعون إلى امتلاك مستوى فوق المتوسط من حيث الذكاء.

دور المدرسة والمعلم في تشجيه الابتكار:

للمدرسة وللمعلم دور في تشجيع الأطفال على النشاط الابتكاري من خلال:

أ. تقبل النشاطات غير المألوفة واستحسانها: جديد غير مألوف، المعلم يعزز النتاجات الفريدة والأساليب غير المألوفة في حل المشكلات.

ب. تقبل بعض مظاهر عدم الامتثال: ينزع عدد من الطلبة إلى عدم الخضوع الكلي للقواعد والنظم السائدة، وعلى المعلم أن لا يتخذ نظرة سلبية اتجاه هذا النوع من الطلبة لأنها سمات ابتكاريه، وعليه أن يكون متسامحا نحو طلابه ليسهم في تحرير طاقاتهم الابتكارين وتعزيزها.

بين ثورانس: أن أفضل مناخ يعزز الإنتاج الابتكاري هو المناخ الذي يعرف فيه هؤلاء الطلاب توقعات المعلمين والحدود التي يجب أن يعملوا ضمنها.

ج. تشجيع الأسئلة المنطلقة: تنطلق مما هو معروف إلى ما هو جديد مثل:

- ما هي البدائل المتوافرة للحل؟

- هل يمكن تأليف الأشياء بطريقة أخرى.

خ. المرونة في استخدام التعزيزات وتحديد الواجبات المدرسية (النشواتي، ٢٠٠٣: ١٣٩- ١٤٠).

المبحث العاشر

تنمية الذكاء عند الأطفال:

يوجد العديد من الأنشطة التي تساعد على نمو قدرات وذكاء الأطفال، تؤدي بشكل رئيسي إلى تنمية ذكاء الطفل وتساعده على التفكير العلمي المنظم وسرعة الفطنة والقدرة على الابتكار، ومن أبرز هذه الأنشطة ما يلي:

١. اللعب:

إن الألعاب إذا ما خطط لها بشكل جيد، تنمي القدرات الإبداعية وتنمية ذكاء الطفل.

ومن الأمثلة على هذا النوع من الألعاب وفوائدها للطفل:

- ألعاب تنمية الخيال، وتركيز الانتباه والاستنباط والاستدلال والحذر والمباغتة، وإيجاد البدائل لحالات افتراضية متعددة، مما يساعد على تنمية الذكاء.
- يعتبر اللعب التخيلي من الوسائل المنشطة لذكاء الطفل وتوافقه، فالأطفال الذين يعشقون اللعب التخيلي يتمتعون بقدر كبير من التفوق، كما يتمتعون بدرجة عالية من الذكاء والقدرة اللغوية وحسن التوافق الاجتماعي، كما أن لديهم قدرات إبداعية متفوقة، ولهذا يجب تشجيع الطفل على مثل هذا النوع من اللعب.
- كما أن للألعاب الشعبية كذلك أهميتها في تنمية وتنشيط ذكاء الطفل، لما تحدثه من إشباع الرغبات النفسية والاجتماعية لدى الطفل، ولما تعوده على التعاون والعمل لجماعي ولكونها تنشط قدراته العقلية بالاحتراس والتنبيه والتفكير الذي تتطلبه مثل هذه الألعاب.

٢. القصص وكتب الخيال العلمي:

للقصص أهمية قصوى بالنسبة للأطفال:

- إذ إنها تغرس في نفوسهم القيم والمبادئ.
- وتنمي جوانب شخصيتهم الحسية والعقلية والروحية.

فالطفل يعايش القصة ويتخيل نفسه بطلاً فيها، خاصة إذا كانت أحداثها واقعية، فهي تحرره من واقعه وحدوده التي يعيش فيها، إلى عالم واسع فسيح، يعيش فيه مع الأنبياء والقادة والأمراء، والأبطال والمغامرات.

ومما يؤكد فاعلية القصة في تربية الأطفال، أنهم يحنون إليها ويستمتعون بها، ويجذبهم ما فيها من أفكار وأخيلة وحوادث، بل إن القصة فوق ذلك:

- تستثير اهتمامات الطفل بالمعلومات.

- وتعرفه الصحيح من الخطأ.

- وتنمي حصيلته اللغوية، وتزيد من قدرته في السيطرة على اللغة، وتزيد من قدرته في السيطرة على اللغة، وتنمي معرفته بالماضي والحاضر.

والخيال هام جداً للطفل وهو خيال لازم له، ومن خصائص الطفولة التخيل والخيال الجامح، ولتربية الخيال **عند الطفل أهمية تربوية بالغة** ويتم تربية الخيال عند الطفل من خلال:

أ. سرد القصص الخرافية المنطوية على مضامين أخلاقية إيجابية بشرط:

- أن تكون سهلة المعنى.

- وأن تثير اهتمامات الطفل، وتداعب مشاعره المرهفة الرقيقة.

ب. سرد القصص العلمية الخيالية للاختراعات والمستقبل، فهي تعتبر مجرد بذرة لتجهيز عقل الطفل وذكائه للاختراع والابتكار.

ولكن يجب العمل على قراءة هذه القصص من قبل المربين أولاً للنظر في صلاحيتها لطفلهما حتى لا تنعكس على ذكائه؛ لأن هناك بعض القصص قصص تلجأ إلى تفهيم الأطفال فهماً خاطئاً ومخالفاً لطبيعة البشر، مما يؤدي إلى فهمهم لمجتمعهم والمجتمعات الأخرى فهماً خاطئاً، واستثارة دوافع التعصب والعدوانية لديهم.

ج. سرد القصص الدينية وقصص الألغاز والمغامرات التي لا تتعارض مع القيم والعادات والتقاليد - ولا تتحدث عن القيم الخارقة للطبيعة – وهذه القصص مهمة فهي:

- تثير شغف الأطفال، وتجذبهم.

- تجعل عقولهم تعمل وتفكر.

- تعلمهم الأخلاقيات والقيم.

ولذلك فيجب علينا اختيار القصص التي تنمي القدرات العقلية لأطفالنا والتي تملأهم بالحب والخيال والجمال والقيم الإنسانية لديهم، مما يجعلهم يسيرون على طريق

الذكاء، ويجب اختيار الكتب الدينية ولمَ لا؟ فإن الإسلام يدعونا إلى التفكير والمنطق، وبالتالي تسهم في تنمية الذكاء لدى أطفالنا.

إن تنمية التفكير العلمي لدى الطفل يعد مؤشراً هاماً للذكاء وتنميته، **والكتاب العلمي يساعد على تنمية هذا الذكاء:**

- فهو يؤدي إلى تقديم التفكير العلمي المنظم في عقل الطفل.

- وبالتالي يساعده على تنمية الذكاء والابتكار.

- ويؤدي إلى تطوير القدرة العقلية للطفل.

- والكتاب العلمي لطفل المدرسة يمكن أن يعالج مفاهيم علمية عديدة تتطلبها مرحلة الطفولة، ويمكنه أن يحفز الطفل على التفكير العلمي، وأن يجري بنفسه التجارب العلمية البسيطة.

- كما أن الكتاب العلمي هو وسيلة لأن يتذوق الطفل بعض المفاهيم العلمية وأساليب التفكير الصحيحة والسليمة,

- وكذلك يؤكد الكتاب العلمي لطفل هذه المرحلة تنمية الاتجاهات الإيجابية للطفل نحو العلم والعلماء.

- كما أنه يقوم بدور هام في تنمية ذكاء الطفل، إذا قدم بشكل جيد، بحيث يكون جيد الإخراج مع ذوق أدبي ورسم وإخراج جميل، وهذا يضيف نوعاً من الحساسية لدى الطفل في تذوق الجمل للأشياء، فهو ينمي الذاكرة، وهي قدرة من القدرات العقلية.

٣. الرسم:

إن الرسم يساعد على:

أ. تنمية ذكاء الطفل، وذلك عن طريق: تنمية هواياته في هذا المجال، وتقصي أدق التفاصيل المطلوبة في الرسم.

ب. تنمية العوامل الإبتكارية للطفل عن طريق: اكتشاف العلاقات وإدخال التعديلات حتى تزيد من جمال الرسم والزخرفة.

ج. إن رُسوم الأطفال تدل على خصائص مرحلة النمو العقلي، ولاسيما في الخيال عندهم.

د. وهي من عوامل التنشيط العقلي والتسلية وتركيز الانتباه.

هـ ولرسوم الأطفال وظيفة تمثيلية تساهم في نمو الذكاء لدى الطفل، فبالرغم من أن الرسم في ذاته نشاط متصل بمجال اللعب، فهو يقوم في ذات الوقت على الاتصال

المتبادل للطفل مع شخص آخر، إنه يرسم لنفسه، ولكن تشكل رسومه في الواقع من أجل عرضها وإبلاغها لشخص كبير، وكأنه يريد أن يقول له شيئاً عن طريق ما يرسمه، وليس هدف الطفل من الرسم أن يقلد الحقيقة، وإنما تنصرف رغبته إلى تمثلها، ومن هنا فإن المقدرة على الرسم تتمشى مع التطور الذهني والنفسي للطفل، وتؤدي إلى تنمية تفكيره وذكائه.

٤. مسرحيات الطفل:

إن لمسرح الطفل، ولمسرحيات الأطفال دوراً هاماً في: تنمية الذكاء لدى الأطفال، وهذا الدور ينبع من: أن استماع الطفل إلى الحكايات ورواياتها وممارسة الألعاب القائمة على المشاهدة الخيالية، من شأنها جميعاً أن تنمي قدراته على التفكير، وذلك أن ظهور ونمو هذه الأداة المخصصة للاتصال _ أي اللغة – من شأنه إثراء أنماط التفكير إلى حد كبير ومتنوع، وتتنوع هذه الأنماط وتتطور أكثر سرعة وأكثر دقة.

ومن هنا فالمسرح قادر على تنمية اللغة وبالتالي تنمية الذكاء لدى الطفل. فهو يساعد الأطفال على أن يبرز لديهم اللعب التخيلي، وبالتالي يتمتع الأطفال الذين يذهبون للمسرح المدرسي ويشتركون فيه بـ:

- بقدر من التفوق.
- ويتمتعون بدرجة عالية من الذكاء، والقدرة اللغوية.
- حسن التوافق الاجتماعي.
- كما أن لديهم قدرات إبداعية متفوقة.

وتسهم مسرحية الطفل إسهاما ملموسا وكبيرا في نضوج شخصية الأطفال فهي تعتبر وسيلة من وسائل الاتصال المؤثرة في تكوين اتجاهات الطفل وميوله وقيمه ونمط شخصيته ولذلك فالمسرح التعلمي والمدرسي هام جدا لتنمية ذكاء الطفل.

٥. الأنشطة المدرسية ودورها في تنمية ذكاء الطفل:

تعتبر الأنشطة المدرسية جزءا مهما من منهج المدرسة الحديثة، فالأنشطة المدرسية تساعد في: تكوين عادات ومهارات وقيم وأساليب تفكير لازمة لمواصلة التعلم والمشاركة في التعليم، كما أن الطلاب الذين يشاركون في النشاط لديهم قدرة على الإنجاز الأكاديمي، وهم يتمتعون بنسبة ذكاء مرتفعة، كما أنهم إيجابيون بالنسبة لزملائهم ومعلميهم، فالنشاط إذن يسهم في الذكاء المرتفع، وهو ليس مادة دراسية منفصلة عن المواد الدراسية الأخرى، بل إنه يتخلل كل المواد الدراسية، وهو جزء مهم من المنهج

المدرسي بمعناه الواسع (الأنشطة غير الصفية)، الذي يترادف فيه مفهوم المنهج والحياة المدرسية الشاملة لتحقيق النمو المتكامل للتلاميذ، وكذلك لتحقيق التنشئة والتربية المتكاملة المتوازنة، كما أن هذه الأنشطة تشكل أحد العناصر الهامة في بناء شخصية الطالب وصقلها، وهي تقوم بذلك بفاعلية وتأثير عميقين.

٦. التربية البدنية:

التربة البدنية هامة جداً لتنمية ذكاء الطفل، وهي وإن كانت إحدى الأنشطة المدرسية، إلا أنها هامة جداً لحياة الطفل، ولا تقتصر على المدرسة فقط، بل تبدأ مع الإنسان منذ مولده وحتى رحيله من الدنيا.

وهي بادئ ذي بدء تزيل الكسل والخمول من العقل والجسم وبالتالي تنشط الذكاء، ولذا كانت الحكمة العربية والإنجليزية أيضاً، التي تقول: العقل السليم في الجسم السليم، دليلاً على أهمية الاهتمام بالجسد السليم عن طريق الغذاء الصحي والرياضة حتى تكون عقولنا سليمة، ودليلاً على العلاقة الوطيدة بين العقل والجسد، ويبرز دور التربية في إعداد العقل والجسد معاً.

فالممارسة الرياضية في وقت الفراغ من أهم العوامل التي تعمل على الارتقاء بالمستوى الفني والبدني، وتكسب القوام الجيد، وتمنح الفرد السعادة والسرور والمرح والانفعالات الإيجابية السارة، وتجعله قادراً على العمل والإنتاج، وتعمل على الارتقاء بالمستوى الذهني والرياضي في إكساب الفرد النمو الشامل المتزن، ومن الناحية العلمية، فإن ممارسة النشاط البدني تساعد الطلاب على التوافق السليم والمثابرة وتحمل المسؤولية والشجاعة والإقدام والتعاون، وهذه صفات هامة تساعد الطالب على النجاح في حياته الدراسية وحياته العملية.

يذكر حامد زهران في إحدى دراساته عن علاقة الرياضة بالذكاء والإبداع والابتكار: إن الابتكار يرتبط بالعديد من المتغيرات مثل التحصيل والمستوى الاقتصادي والاجتماعي والشخصية وخصوصاً النشاط البدني بالإضافة إلى جميع المناشط الإنسانية.

ويذكر دليفورد: أن الابتكار غير مقصور على الفنون أو العلوم، ولكنه موجود في جميع أنواع النشاط الإنساني والبدني.

إن المناسبات الرياضية تتطلب استخدام جميع الوظائف العقلية ومنها عمليات التفكير، فالتفوق في الرياضة مثل الجمباز والغطس على سبيل المثال يتطلب قدرات ابتكاريه، ويسهم في تنمية التفكير العلمي والابتكاري والذكاء لدى الأطفال والشباب

فمطلوب الاهتمام بالتربية البدنية السليمة والنشاط الرياضي من أجل صحة أطفالنا وصحة عقولهم وتفكيرهم وذكائهم.

٧. القراءة والكتب والمكتبات:

القراءة هامة جداً لتنمية ذكاء الطفل، ولم لا ؟؟ فإن أول كلمة نزلت في القرآن الكريم اقرأ، قال تعالى: (اقرأ باسم ربك الذي خلق، خلق الإنسان من علق، اقرأ وربك الأكرم، الذي علم بالقلم علم الإنسان ما لم يعلم).

إن القراءة تحتل مكان الصدارة من اهتمام الإنسان، باعتبارها الوسيلة الرئيسية لأن يستكشف الطفل البيئة من حوله، والأسلوب الأمثل لتعزيز قدراته الإبداعية الذاتية، وتطوير ملكاته استكمالاً للدور التعليمي للمدرسة.

وفيما يلي بعض التفاصيل لدور القراءة وأهميتها في تنمية الذكاء لدى الأطفال، والقراءة هي عملية تعويد الأطفال: كيف يقرأون؟ وماذا يقرأون؟ ولا أن نبدأ العناية بغرس حب القراءة أو عادة القراءة والميل لها في نفس الطفل والتعرف على ما يدور حوله منذ بداية معرفته للحروف والكلمات، لذا فمسألة القراءة مسألة حيوية بالغة الأهمية لتنمية ثقافة الطفل فعندما نحبب الأطفال في القراءة نشجع في الوقت نفسه الإيجابية في الطفل، وهي ناتجة للقراءة من البحث والتثقيف، فحب القراءة يفعل مع الطفل أشياء كثيرة، فإنه يفتح الأبواب أمامهم نحو الفضول والاستطلاع، وينمي رغبتهم لرؤية أماكن يتخيلونها، ويقلل مشاعر الوحدة والملل، يخلق أمامهم نماذج يتمثلون أدوارها، وفي النهاية، تغير القراءة أسلوب حياة الأطفال.

والهدف من القراءة أن نجعل الأطفال مفكرين باحثين مبتكرين يبحثون عن الحقائق والمعرفة بأنفسهم، ومن أجل منفعتهم، مما يساعدهم في المستقبل على الدخول في العالم كمخترعين ومبدعين، لا كمحاكين أو مقلدين، فالقراءة أمر إلهي متعدد الفوائد من أجل حياتنا ومستقبلنا، وهي مفتاح باب الرشد العقلي، لأن من يقرأ ينفذ أوامر الله عز وجل في كتابه الكريم، وإذا لم يقرأ الإنسان، يعني هذا عصيانه ومسؤولته أمام الله، و الله لا يأمرنا إلا بما ينفعنا في حياتنا والقراءة هامة لحياة أطفالنا فكل طفل يكتسب عادة القراءة يعني أنه سيحب الأدب واللعب، وسيدعم قدراته الإبداعية والابتكارية باستمرار، وهي تكسب الأطفال كذلك حب اللغة، واللغة ليست وسيلة تخاطب فحسب، بل هي أسلوب للتفكير.

٨. الهوايات والأنشطة الترويحية:

هذه الأنشطة والهوايات تعتبر خير استثمار لوقت الفراغ لدى الطفل، ويعتبر استثمار وقت الفراغ من الأسباب الهامة التي تؤثر على تطورات ونمو الشخصية، ووقت الفراغ في المجتمعات المتقدمة لا يعتبر فقط وقتاً للترويح والاستجمام واستعادة القوى، ولكنه أيضاً، بالإضافة إلى ذلك، يعتبر فترة من الوقت يمكن في غضونها تطوير وتنمية الشخصية بصورة متزنة وشاملة. ويرى الكثير من رجال التربية، ضرورة الاهتمام بتشكيل أنشطة وقت الفراغ بصورة تسهم في اكتساب الفرد الخبرات السارة الإيجابية، وفي نفس الوقت يساعد على نمو شخصيته، وتكسبه العديد من الفوائد الخلقية والصحية والبدنية والفنية. ومن هنا تبرز أهميتها في البناء العقلي لدى الطفل والإنسان عموماً، تتنوع الهوايات ما بين كتابة شعر أو قصة أو عمل فني أو أدبي أو علمي، وممارسة الهوايات تؤدي إلى إظهار المواهب، فالهوايات تسهم في إنماء ملكات الطفل، ولا بد وأن تؤدي إلى تهيئة الطفل لإشباع ميوله ورغباته واستخراج طاقته الإبداعية والفكرية والفنية.

والهوايات إما فردية، خاصة مثل الكتابة والرسم وإما جماعية مثل الصناعات الصغيرة والألعاب الجماعية والهوايات المسرحية والفنية المختلفة، فالهوايات أنشطة ترويحية ولكنها تتخذ الجانب الفكري والإبداعي، وحتى إذا كانت جماعية، فهي جماعة من الأطفال تفكر معاً وتلعب معاً، فتؤدي العمل الجماعي وهو بذاته وسيلة لنقل الخبرات وتنمية التفكير والذكاء، ولذلك تلعب الهوايات بمختلف مجالاتها وأنواعها دوراً هاماً في تنمية ذكاء الأطفال، وتشجعهم على التفكير المنظم والعمل المنتج، والابتكار والإبداع وإظهار المواهب المدفونة داخل نفوس الأطفال.

٩. حفظ القرآن الكريم:

حفظ القرآن الكريم، من أهم المناشط لتنمية الذكاء لدى الأطفال، ولم لا؟ والقرآن الكريم يدعونا إلى التأمل والتفكير، بدءاً من خلق السماوات والأرض، وهي قمة التفكير والتأمل، وحتى خلق الإنسان، وخلق ما حولنا من أشياء ليزداد إيماننا ويمتزج العلم بالعمل، وحفظ القرآن الكريم، وإدراك معانيه، ومعرفتها معرفة كاملة، يوصل الإنسان إلى مرحلة متقدمة من الذكاء، بل ونجد كبار وأذكياء العرب وعلماءهم وأدباءهم يحفظون القرآن الكريم منذ الصغر، لأن القاعدة الهامة التي توسع الفكر والإدراك، فحفظ القرآن الكريم يؤدي إلى تنمية الذكاء وبدرجات مرتفعة، وعن دعوة القرآن الكريم للتفكير والتدبر واستخدام العقل والفكر لمعرفة الله حق المعرفة، بمعرفة قدرته العظيمة، ومعرفة الكون الذي نعيش فيه حق المعرفة، ونستعرض فيما يلي بعضاً من هذه الآيات

القرآنية التي تحث على طلب العلم والتفكر في مخلوقات اللـه وفي الكون الفسيح، قول الحق سبحانه وتعالى: (سبأ الآية ٤٦) وهي دعوة للتفكير في الوحدة وفي الجماعة أيضاً. وقوله تعالى: (كذلك يبين اللـه لكم الآيات لعلكم تتفكرون) (البقرة الآية ٢١٩) وهي دعوة للتفكير في كل آيات وخلق اللـه عز وجل. وفي هذا السياق يقول الحق جل وعلا: (كذلك يبين اللـه لكم الآيات لعلكم تتفكرون) (البقرة الآية ٢٦٦). وقوله عز وجل: (كذلك نفصل الآيات لقوم يتفكرون) (يونس الآية ٢٤). (انظر ديماس، ١٩٩٩).

المبحث الحادي عشر:
التفكيـر

تعريف التفكير:

تعددت تعريفات التفكير ومن أهمها الآتي:

- النشاط العقلي الذي يرمي إلى حل مشكلة ما.
- أعلى أشكال النشاط العقلي للإنسان.
- العملية التي ينظم بها العقل خبراته بطريقة جديدة كحل مشكلة معينة أو إدراك علاقة جديدة بين أمرين أو عدة أمور.

أنواع التفكير:

- التفكير الملموس: يدور هذا النوع من التفكير حول المحسوسات ، ويتعامل مع الأشياء في طبيعتها الخاصة كما تظهر في مجال إدراك الإنسان الحسيء ومثال على هذا التفكير: التفكير عند الأطفال.
- التفكير المجرد: يدور هذا النوع من التفكير حول مفاهيم مجردة مثل الديمقراطية والرأسمالية ...
- التفكير العلمي: يقوم هذا النوع من التفكير على ثلاثة مكونات رئيسية هي: الفهم، والتنبؤ والضبط.
- التفكير الناقد: وهو التمييز بين الأفكار السلبية وغيرها، ويشمل هذا النوع من التفكير إخضاع المعلومات التي لدى الفرد لعملية تحليل وتمحيص لمعرفة مدى مناسبتها لما لديه.
- التفكير الابتكاري: يتميز هذا النوع من التفكير بتوليد الأفكار الجديدة والمبدعة، وهي غالبا ما تكون أفكارا تخرج عن الأفكار التي يتعارف عليها الناس في البيئة، ويتميز صاحب هذا النوع من التفكير بالإحساس الكبير بالمشكلات التي قد لا يشعر بها غيره من الناس والإبداع في استنباط الحلول الجديدة لمثل هذه المشكلات. بكلمة أخرى: التفكير الإبداعي هو استحداث استخدامات غير مألوفة لأشياء مألوفة.
- التفكير الخرافي: يكون هذا النوع منحصرا في خيال صاحبه وهو نوع من الأوهام الشخصية، مثال ذلك أحلام اليقظة.

الفصل الثالث

التعلم ونظرياته:

المبحث الأول

مفهوم التعلم:

يعد التعلم أحد المجالات الرئيسية في علم النفس عموماً وفي علم النفس التربوي خاصةً. تتعدد تعريفات التعلم وتتنوع؛ لاختلاف المدارس والفلسفات، والمتتبع لهذا الموضوع في ميادين علم النفس يجد أن العلماء يتفقون على أن **التعلم:** هو العملية التي نستدل عليها من التغيرات التي تطرأ على سلوك الفرد أو العضوية والناجمة عن التفاعل مع البيئة أو التدريب او الخبرة.

فمن التعريف السابق يتضح أن التعلم شيء لا يمكن ملاحظته على نحو مباشر، وإنما نستدل عليه بشكل غير مباشر، من حلال ملاحظة بعض التغيرات التي تطرأ على سلوك العضوية.

من هنا نستطيع القول أن التعلم استدلالي، أي لا يمكن ملاحظته بشكل مباشر، فنحن لا نستطيع أن ندرك أن الفرد تعلم على سبيل المثال العلاقة بين الضرب والقسمة إلا إذا قام بحل عدد من المسائل الرياضية وهكذا...

تجدر الإشارة إلى أن هناك ارتباط بين التعلم والأداء، فنحن نستدل على التعلم من الأداء لكن التعلم ليس الأداء ذاته، فقد يحدث التعلم في وضع تعليمي ما، ولكن لا يحدث الأداء في وضع آخر.

وهذا التعريف يشير إلى أن التعلم هو تغير في السلوك، وهذا التغير يكون نتيجة التدريب أو الخبرة، من هنا يستثنى من التعلم عدداً من التغيرات السلوكية التي يمكن أن تنجم عن آثار التعب أو النضج أو الأدوية...

ويشير التعريف السابق إلى أن التغير الذي يطرأ على السلوك يجب أن يكون ثابت نسبيا لنستدل منه على التعلم (النشواتي، ٢٠٠٣).

ومن التعاريف الأخرى للتعلم:

- هو تغير ظاهر في السلوك نتيجة الممارسة ثابت نسبياً (Mazur, ١٩٩٠).
- تعديل وتغيير في السلوك نتيجة الممارسة على أن يكون ثابت نسبياً (عدس، وقطامي، ٢٠٠٦).

- هو أي تغير ينتج أساسا عن بعض الأحداث الخارجة، مع التركيز على السلوك الواضح في القول والعمل، بعبارة أخرى هو: أي تغيير ملحوظ في سلوك الفرد تجاه مثير ملحوظ، وهذا التغيير يكون ثابت نسبيا لأنه مكتسب.
- مجموع التغيرات الدائمة نسبياً التي تحدث نتيجة مرور الإنسان بخبرة أو من خلال تكرار تلك الخبرة (Bower, Hilgard, ١٩٧٥)

مما سبق يمكن القول أن التعلم هو: تغير ثابت نسبيا[٧] في السلوك ناجم عن التدريب أو الخبرة[٨]، يستدل عليه من الأداء.

فالتعلم هو كل ما يكتسبه الفرد عن طريق الممارسة والخبرة، كاكتساب الاتجاهات والميول والمدركات والمهارات الاجتماعية والحركية والعقلية.

يشكل التعلم الأساس النظري للممارسات التعليمية التي يمارسها الطلبة في المواقف الصفية وفي التعامل مع المواد الدراسية المختلفة، لذلك فإن علماء النفس التربوي يركزون على هذا المجال ويستندون على أسس نظرية انتهى فيها البحث المخبري والتجريبي والصفي ووصل إلى نتائج تطبيقية يفيد منها التربويون وعلماء النفس التربوي ويمارسها المعلمون في المواقف الصفية المختلفة.

---

٧. يقصد بنسبيا أن التغيير أو التعديل الحاصل في السلوك ليس مطلقا.

٨. أي أن التعلم ناتج عن الممارسة والعمل وليس عن طريق الصدفة أو الخوف ...

المبحث الثاني:

المفهوم الجديد للتعلم:

إن هناك ست فرضيات عن التعلم مستندة إلى نتائج البحث التربوي، وأن هذه الفرضيات تشكل المفهوم الجديد للتعلم، وأنها ذات أثر حاسم في الكيفية التي ينفذ بها التدريس. ويمثل المخطط الآتي الفرضيات الست التي تشكل المفهوم الجديد للتعلم:

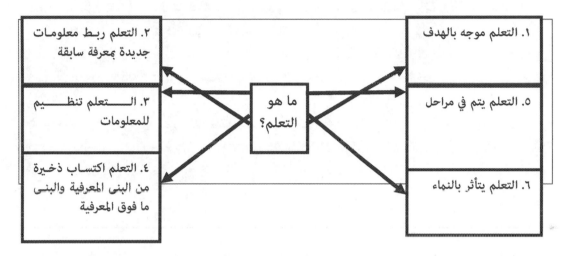

١. التعلم موجه بالهدف: فالمتعلم الماهر يبذل قصارى جهده في بلوغ أهداف التعلم الخاصة بالمهمة، كما أن هناك اتفاق على أن المتعلم الماهر يبذل قصارى جهده في بلوغ هدفين:

أ. فهم معنى المهمات بين يديه.

ب. ضبط تعلمه.

٢. التعلم ربط المعلومات الجديدة بالمعرفة السابقة: إن المعلومات تخزن في الذاكرة في هيئة بنى معرفية تسمى مخططات، ويمثل المخطط الواحد جملة ما يعرفه الفرد عن موضوع أو شيء ما، وهي شديدة الترابط وذات صفات حيوية تتيح للمتعلم أن يقوم بأنواع مختلفة من النشاط المعرفي الذي يتطلب الكثير من التفكير والتخطيط مثل إجراء الاستدلالات والتقييم.

٣. **التعلم تنظيم للمعرفة:** النمط التنظيمي للمعرفة عبارة عن تركيب للأفكار والمعلومات يمكن تمييزه، إن إحدى الخصائص الرئيسية المميزة للخبراء عن المبتدئين تكمن في أن الخبراء يمتلكون بنى معرفية أكثر تنظيما وأكثر توحيداً.

٤. **التعلم اكتساب ذخيرة من البنى المعرفية والبنى ما فوق المعرفية (التعلم استراتيجي):** الإدراك فوق المعرفي للتعلم: يقصد بذلك أن المتعلم يعي ويدرك الاستراتيجيات والمهارات الخاصة التي يستعملها في التعلم، ويسيطر على كيفية استعمال هذه الاستراتيجيات والمهارات (المتعلم لا يدرك المعرفة فحسب بل يرتفع إلى مستوى أعلى بحيث يدرك استراتيجيات الإدراك المعرفي، ثم ينتقل إلى مستوى أعلى من ذلك يتمثل في استخدام هذه الاستراتيجيات ومعرفة الظروف التي ينبغي أن تستخدم فيها).

٥. **التعلم يمر في مراحل ومع ذلك فإنه يتسم بالمعاودة:** التعلم يمر في مراحل: أي أن التعلم لا يحدث فجأة او مرة واحدة وإنما يحدث على شكل دفعات في مراحل متلاحقة، ورغم عدم وجود اتفاق على مراحل التعلم غير أن أحد التقسيمات المقبولة لدى الباحثين، أن التعلم يحدث على ثلاث مراحل:

- مرحلة التحضير للتعلم التي تشمل معرفته السابقة.
- مرحلة المعالجة المباشرة المضبوطة التي تنطوي على تقييم مرضياته في ضوء المعرفة الجديدة والعودة إلى التعلم السابق للتحقق منه وتوضيحه وتوليد المعنى وربطه بالمعرفة القبلية.
- مرحلة التعزيز والتوسع التي تنطوي على عملية الإدراك الكلي للمعنى وإدماجه في المخزون المعرفي السابق.

أما المعاودة: فيقصد بها العودة إلى الذاكرة عند ربط المعلومات الجديدة بالمعلومات السابقة للتحقق منها وعدم ربط المعرفة الجديدة بشيء مختلف.

٦. **التعلم يتأثر بالنماء:** دلت كثير من الأبحاث التربوية على أن هناك فروقاً واضحة في التعلم بين الطلبة الصغار والطلبة الكبار وبين الخبراء والمتعلمين الماهرين من جهة والمبتدئين والطلبة أقل براعة من جهة أخرى، تتعلق بالفوارق في المعرفة العقلية، وبنماء المهارات التي تمكن من اكتساب المعرفة في مجالات المحتوى المختلفة، وتشير الدراسات إلى أن الطلبة المتدنين في التحصيل يحتاجون إلى فرص متنوعة للتدريب على المهارات ولتطبيقها في ظروف مختلفة على أن يكون ذلك مصحوبً بتغذية راجعة تصحيحية

وبتعليم صريح مطول للاستراتيجيات يشتمل على عناصر إدراكية فوق معرفية (جونز وآخرون، ١٩٨٨)

على ماذا يتضمن التعلم:

- تغير في السلوك: لكي يحدث التغير في السلوك يحتاج المتعلم إلى فترة زمنية حتى يحدث التغير، والفترة الزمنية هي الفترة التي يمر بها الفرد في الخبرة. يستدل على التعلم بمعرفة الفرق بين سلوك ما بعد المرور بالخبرة وسلوك ما قبل الخبرة، فإن كان هناك فرق بين الاثنين أمكننا أن نستدل على التعلم (woolfolk, ١٩٨٧).
- لابد أن يتجسد التعلم بشكل سلوك (النشاط الذي يقوم به المتعلم): أي أن التغيرات لابد وان نلاحظها على سلوك الفرد، وليس على المظاهر الأخرى كالمظاهر الجسمية أو العضلية او العضوية.
- ضرورة مرور المتعلم بخبرة[٩] يمكنه أن يتعلم منها (عدس وقطامي، ٢٠٠٦).

---

[٩] . يقصد بالخبرة هنا موقف التعلم، التي يكون المتعلم من خلالها نشطا سواء من الناحية الجسمية أو من الناحية العقلية.

المبحث الثالث

أهمية التعلم:

إن موضوع التعلم من الموضوعات الهامة في علم النفس التربوي؛ لأنه يشكل أحد الظواهر الأكثر أهمية عند الفرد، فالإنسان يرتقي بسلوكه من مجموعة من السلوك الفطري إلى عدد غير محدد من الممارسات والاستخدامات العقلية، إن هذا التغير والارتقاء في السلوك هو الذي يميز الإنسان عن بقية الكائنات.

ففي الوقت الذي تظل الكائنات وتبقى على سلوكها الفطري والغريزي، يرتقي الإنسان بسلوكه من أدنى درجات التعقيد، وهذه أبرز الخصائص والصفات التي يمتاز بها الإنسان (العمر، ١٩٩٠: ١٢٢). إن هذه الخصائص والصفات التي يمتاز بها سلوك الإنسان (فطري ومكتسب)، يلعب فيه التعلم دوراً بارزاً في تنميته كماً ونوعاً.

ومن أبرز النقاط التي تظهر أهمية التعلم الآتي:

- التعلم يكسب الفرد معظم خبراته.

- يعدل السلوك ليناسب ما يستجد من أوضاع أو شروط فيها.

- تعديل خبرات الفرد: إن مدى الأشياء التي يتعلمها الفرد واسع جدا وهي قابلة في معظمها للتعديل من خلال عملية التعلم.

- إكساب الفرد المهارات العقلية والوجدانية والأدائية (انظر العمر، ١٩٩٠: ١٢٤، بتصرف).

المبحث الرابع

تصنيف التعلم:

يأخذ التعلمي أصنافاً متعددة هي كالآتي:

أ. تصنيف التعلم من حيث أشكاله وموضوعاته:

١. **تعلم معرفي:** اكتساب الفرد للأفكار والمعاني والمعلومات التي يحتاجها في حياته.

٢. **تعلم عقلي:** اكتساب الفرد مهارات التفكير المختلفة.

٣. **تعلم انفعالي ووجداني:** اكتساب الفرد اتجاهات وقدرات على ضبط النفس في المواقف الانفعالية المختلفة.

٤. **تعلم لفظي:** اكتساب الفرد العادات المتعلقة بالناحية اللفظية كالقراءة الصحيحة لنص أو أبيات من الشعر.

٥. **تعلم اجتماعي وأخلاقي:** اكتساب الفرد العادات الاجتماعية المقبولة في مجتمعه وتعلم النواحي الخلقية كاحترام القانون...

ب. تصنيف التعلم من حيث السهولة والتعقيد وطريقة التعلم:

١. **التعلم بطريقة آلية غير شعورية (التعلم البسيط):** يحدث هذا النوع من التعلم بطريقة غير هادفة (غير مقصودة)، كخوف الطفل من الطبيب نتيجة اقترانه بالإبرة والخوف منها.

٢. **التعلم المقصود (التعلم المعقد):** يتطلب هذا النوع من التعلم قيام الفرد بالجهد والفهم والتدريب والانتباه (الزيود، ١٩٨٩).

المبحث الخامس

العوامل المؤثرة في التعلم:

هناك العديد من العوامل التي تؤثر في التعلم ومن أبرزها الآتي:

العامل الأول: الاستعداد (*Readiness*): نظرا لأهمية الدافعية سيتم الحديث عنها بشكل وافي

مفهوم الاستعداد:

يدرك كل معلم وجود العديد من الفروق الفردية بين المتعلمين من النواحي المختلفة وبخاصة في القدرة على التعلم، وحتى يكون المعلم ناجحا في عمله لابد وأن يعي العوامل المسئولة عن وجود مثل هذه الفروق وكيفية التعامل معها.

الاستعداد:

الاستعداد: هو وصول الفرد إلى مستوى من النضج يمكنه من تحصيل الخبرة أو المهارة عن طريق عوامل التعلم الأخرى المؤثرة.

الاستعداد: هو درجة تهيؤ المتعلم للاستفادة من الخبرات التي توفرها له البيئة.

فالاستعداد المدرسي كمثال يعني ما إذا كان الطفل في حالته الراهنة من التطور على درجة كافية من التهيؤ تسمح له بالاستفادة من الخبرات التي تقدمها المدرسة (انظر حسان، ١٩٨٩).

فالاستعداد لتعلم الشيء يعني القدرة على تعلمه أو القابلية لتعلمه، وقدرة الفرد على تعلمه يحددها عاملان اثنان هما: نضجه (المستوى اللازم من النمو)، والخبرات السابقة (الوقفي، ١٩٧٩: ٦).

الاستعداد العام كما حدده جانيه (Gagne, ١٩٨٥): الحالة التي يكون فيها المتعلم مستعدا استعدادا عضويا للنجاح في تأدية المهمات التي يتوقع مصادفتها في المدرسة، ويتحدد هذا الاستعداد بسن القبول في المدرسة.

يتضح مما سبق أن الاستعداد يرتكز على مظاهر متعددة كالمظاهر البيولوجية الموروثة والمظاهر العقلية والجسمية والانفعالية والروحية.

مميزات الاستعداد:

من أبرز ما يمتاز به النضج الآتي:

١. يتكون الاستعداد من محصلة مجموع الأنماط الاستجابية والقدرات التي توجد لـدى الفـرد في وقت معين.

٢. يتوقف على النضج الجسمي والعقلي وعلى الاستجابات التي تعلمها الفرد في وقت معين.

٣. يحدد الاستعداد أنواع الاستجابات التي يمكن أن يستخدمها الفرد في أي وقت جديد، بمعنى أنه يحدد ما يستطيع الفرد أن يفعله (انظر ريان، ١٩٦٦: ٢٧، بتصرف).

أنواع الاستعداد للتعلم:

يمكن التمييز بين مفهومين للاستعداد للتعلم هما:

١. الاستعداد العام للتعلم:

ويقصد به عادة بلوغ الطفل المستوى اللازم من النضج الجسمي والعقلي والانفعالي والاجتماعـي الذي يؤهله للالتحاق بالصف الأول الابتدائي (سوريال: ٨).

ويعرف أيضا بأنه: المستوى الارتقائي الذي يصل إليه الطفل والذي يساعده على تحقيـق المطالـب التي يفرضها النظام التعليمي على قدرته في الاستفادة مـن خبرات التـعلم والتعليـم كما تقدم في الصف الأول الابتدائي (أبو حطب، ١٩٨٠: ١٣).

يتأثر هذا الاستعداد بما يوفره المنزل والمجتمع للطفل من فرص لاكتساب خبرات مناسبة وهو يؤثر تأثيرا مباشرا في التوافق المدرسي للطفل في بداية حياته المدرسية، أمـا تأثيراته غـير المبـاشرة فتمتد أحيانا إلى ما بعد ذلك بكثير ونظرا للأهمية الكبيرة للاستعداد فقد أدخلت عدد مـن البلـدان برامج تربوية خاصة للأطفال الذين يأتون من بيئات فقيرة تربويا لتعويضهم عما يعانون من نقـص في خبراتهم قبل الالتحاق بالمدرسة.

٢. الاستعداد التطوري للتعلم:

يقصد به الحد الأدنى من مستوى التطور المعرفي لدى الطفل الذي يجب توافره كي يكون مستعدا لتعلم موضوع معين بسهولة وفاعلية ودون متاعب انفعالية، وهكذا فإن الاستعداد للتعلم يختلف عند الطفل الواحـد مـن موضـوع إلى آخـر كما يختلـف مـن طفل إلى آخر في الموضوع الواحد (سوريال، ١٩٨٧).

أهم آراء العلماء في الاستعداد:

٤. ثورندايك:

الاستعداد عند ثورندايك يعني التهيؤ للقيام بنمط معين من السلوك، ويربطه ثورندايك بحالات الوصلات العصبية بينما يشير الاستعداد في مفهومة لدى التربويين بأنه درجة من النضج تناسب البدء في تعلم مهمة أو خبرة ما، ويصوغ ثورندايك ثلاث حالات لتفسير الاستعداد وهي:

- حينما تكون الوحدة العصبية مستعدة للعمل فإن عملها يريح الكائن الحي.
- حينما تكون الوحدة العصبية مستعدة للعمل ولا تعمل فإن عدم عملها يزعج الكائن الحي.
- حينما لا تكون الوحدة العصبية مستعدة للعمل وتجبر على العمل فإن عملها يزعج الكائن الحي (القطامي، ١٩٨٩).

٥. الاستعداد عند بياجيه:

يرى بياجيه أن التطور المعرفي يمر في مراحل وهذه المراحل متدرجة في الصعوبة وتهدف إلى التكامل وهو الوصول إلى مرحلة التجريد.

إن هذه المراحل تصف تطور المفهوم وتطور الذكاء وتطور التفكير وتطور التراكيب المعرفية.

إن تعلم الطفل يرتبط بمرحلته النمائية المعرفية وما تتميز به تلك المرحلة من أساليب تفكير؛ لذلك فإن ذلك يستدعي من المعلم تحديد مرحلة نمو الطفل المعرفي من أجل تحديد الخبرات والنشاطات الملائمة لمرحلة نموه، وذلك يساعد المتعلم في أن يحقق توازنا معرفيا ويؤدي به إلى تحقيق التكيف (سوريال، ١٩٨٧).

كذلك يتحدد الاستعداد للتعلم لدى بياجيه بما لدى الفرد من تراكيب معرفية، ويرى أن الفروق في الاستعداد هي فروق في المرحلة النمائية وهكذا يتضمن الاستعداد للتعلم أن البيئة يمكن ان تساعد المتعلم على النمو المعرفي السوي، ولكن طاقات النمو المعرفي متصلة بالمرحلة النمائية وهي محددة سلفا لذلك لا يمكن تسريعها.

٦. الاستعداد عند برونر:

لقد جاءت شهرة برونر من فرضيته التي تقول: أن أي طفل يستطيع تعلم أي خبرة إذا ما قدمت له بطريقة مناسبة (القطامي، ١٩٨٩).

ويمكن الحديث عن طبيعة النمو المعرفي من خلال عملية التمثيل التي تحتل مركزا أساسيا في النمو المعرفي عند برونر التي تمر بثلاث مراحل: مرحلة التمثيل العملي، ومرحلة التمثيل الأيقوني، ومرحلة التمثيل الرمزي (توق، ١٩٨٤).

لذلك يرى برونر أن الاستعداد للتعلم لدى الفرد يتحدد بمدى التمثيلات التي توجد لديه وسرعة مروره بهذه الصور من التمثيلات. لذلك فإن على المعلم أن يتعرف التمثيلات التي توجد لدى تلاميذه ومن ثم يقوم بتقديم الخبرة على صورة هذه التمثيلات.

٧. الاستعداد عند جانييه:

يرى جانييه أن هناك نوعين من الاستعدادات:

- الاستعداد العام وهو الاستعداد الذي يكون فيه الطفل قادرا على القيام بالمهمات والمهارات التي تتطلبها المدرسة وينجح فيها مثل الكتابة والجلوس فترة محددة والقراءة هذا الاستعداد الذي يحدده سن دخول المدرسة.

- الاستعداد الخاص: ويتضمن توافر القابليات الضرورية السابقة للتعلم الحالي حتى ينجح المتعلم في تعلم هذه الخبرة، وقد سمى القابليات بالاستعدادات الضرورية السابقة للتعلم الحالي وتسمى أحيانا بالمتطلبات السابقة (القطامي، ١٩٨٩).

مميزات الاستعداد:

من أبرز ما يتميز به الاستعداد الآتي:

١. يتكون من محصلة مجموع الأنماط الاستجابية والقدرات التي توجد لدى الفرد في وقت معين.

٢. يتوقف على النضج الجسمي والعقلي وعلى الاستجابات التي تعلمها الفرد من قبل.

٣. يحدد أنواع الاستجابات التي يمكن أن يستخدمها الفرد في أي موقف جديد، أي أنه يحدد ما يستطيع الفرد أن يفعله (الزيود وآخرون، ١٩٩٣).

العوامل المؤثرة في الاستعداد:

الاستعداد لتعلم الشيء يعني القدرة على تعلمه أو القابلية لتعلمه وأن قدرة الفرد على التعلم يحددها عاملا النضج والخبرات السابقة (الوقفي، ١٩٧٩).

النضج: وهو تفتح القابليات والقدرات والخصائص الفطرية الموجودة عند الفرد والتي هي نتاج المعطيات الوراثية لذلك الفرد. من هنا فإن النضج ينصب على النواحي البيولوجية من التطور الإنساني (حسان، ١٩٨٩).

ويحدث النضج أو ما يعبر عنه بالنمو المحدد وراثيا دونما حاجة من الفرد لبذل جهد لبلوغ ذلك ودون أن يستطيع هو او غيره العمل على إيقافه فالنضج والتعلم قوتان تعملان معا في كل عمليات تعديل السلوك ولا يمكن فصل إسهام أي من هذين المفهومين بالرغم من انفراد كل منهما بمدلوله الخاص به عن إسهام الآخر من حيث تأثيرهما في عمليات تعديل السلوك وتغييره فالطفل الذي لم يصل بعد إلى مستويات معينة من النمو العقلي والفسيولوجي لا يستطيع القيام بالأعمال المدرسية التي يتطلب القيام بها بلوغ مراحل نمائية من مستويات معينة.

إن الفرد لا يستطيع أداء أية وظيفة إلا إذا وصل الجهاز الخاص بها إلى مستوى معين من النمو والذي يطلق عليه النضج، بمعنى أنه لا يستطيع تعلم أي شيء إلا إذا وصل إلى المستوى اللازم من النمو لتعلم هذا الشيء. فقدرة الطفل على تعلم اللغة مثلا مشروطة بنضج جهازه الصوتي ووظائفه العقلية، وقدرته على تعلم الكتابة مشروطة بوصول عضلات أصابعه على مستوى كاف من النمو يمكنه من مسك القلم وتحريكه بالكيفية المناسبة (الزيود وآخرون، ١٩٨٩: ٧٣).

الخبرات السابقة: والعامل الثاني الذي يحدد استعداد الفرد للتعلم هو خبرته السابقة بمادة التعلم أو بالمواد الأخرى ذات الصلة بها فالطفل على سبيل المثال لا يكون مستعدا لقراءة نص معين ما لم تزوده خبراته السابقة بقاعدة مناسبة للتفكير في المادة التي يقرؤها وفي كيفية تفسيرها ومع أن الخبرات التي يكتسبها طفل معين في مجال ما من المفروض أن تجعله أكثر استعدادا لتعلم جديد في ذلك المجال، غير انه لا يوجد هناك ما يضمن ذلك.

كما أن الخلفية العائلية والبيئية المحيطة بالطفل كلها عوامل ذات تأثير في استعداداته، ومما لا شك فيه أن الخبرات الثرية التي يتاح للطفل ان يمر بها وكذلك نوعية الوالدين واتجاهاتهم ومستوياتهم الأكاديمية ودرجة اهتمامهم بالتعليم المدرسي ومستوى حرصهم على توفير أفضل الفرص لأبنائهم كلها عوامل مؤثرة في نوعية استعدادات الأطفال في مجال التعلم وغيره من المجالات الحياتية الأخرى (عدس وآخرون، ١٩٩٣).

ولما كان نمو سلوك الفرد ناتجا عن تفاعل النضج مع الخبرة فإن من الصعب التمييز على نحو دقيق بين ما يمكن أن يعزى من أنماط السلوك إلى التعلم، أو ما يعزى منها إلى النضج، أما الفروق بين النضج والخبرة فيمكن تلخيصها على النحو الآتي:

- النضج عملية نمو داخلي متتابع يتناول جميع نواحي الفرد ويحدث بطريقة لا شعورية، أما عملية التعلم من خلال المرور بالخبرة فهي عملية إرادية تعتمد على ظروف البيئة التي تؤثر في الفرد.

- تبدو مظاهر النضج عند جميع أفراد الجنس ويتبع النضج اتجاهات عامة تميز الأفراد في مراحل عمرية معينة ما لم يكن هناك ما يعرقل سير النضج، أما التعلم فيؤدي إلى ظهور أنماط خاصة من السلوك المكتسب يميز المتعلم من غير المتعلم.

- يعزى النضج إلى عوامل الوراثة، بينما يعزى التعلم والخبرة إلى البيئة التي يعيش فيها الفرد سواء أكانت طبيعية أم اجتماعية.

المبادئ العامة المتصلة بالاستعداد

هناك عدد من المبادئ العامة تتصل بالاستعداد وهي على النحو الآتي:

- إن أوجه النمو الإنساني كلها تتفاعل معا، مما يشير إلى أن أي تغير في أي جانب من جوانب النمو عند الفرد يمكن أن يؤثر على كل نمط استجاباته.

- إن النضج الفسيولوجي يهيئ الفرد للاستفادة من الخبرة، فالتغيرات البيولوجية وخاصة نمو الجهاز العصبي تحدد ما يستطيع الفرد أن يتعلمه، وأن الاختلافات في الخصائص الوراثية أو معدل النضج (السرعة التي يتم بها النضج) تؤدي إلى اختلافات في ردود الأفعال للخبرات جميعا.

- إن للخبرات آثاراً تراكمية، بمعنى أن الخبرة في سن معينة تُعدُّ الطفل ليستجيب بطريقة معينة في مواقف أخرى في مستقبل حياته.

- إن هناك فترات تكوينية في حياة الفرد يتكون فيها أساس الاستعداد للنشاط المعين، فعلى سبيل المثال فإن الفترة التكوينية لاتجاهات الطفل إلى القراءة والأرقام والعمل المدرسي بصفة عامة تقع في السنة الأولى من حياته المدرسية مما يعني أن استجاباته للحياة المدرسية المقبلة تتأثر بما يواجهه في هذه الفترة من نجاح وفشل وتحد وصراع (الزيود وآخرون، ١٩٨٩).

اتجاهات في تفسير الاستعداد:

إن تفسير مفهوم الاستعداد للمدرسة وما يتصل به من مفاهيم الاستعداد لتعلم المواد الدراسية قد اتخذ عدة اتجاهات تربوية تعكس وجهات نظر مختلفة لانبثاقها عن فلسفات متباينة وفيما يلي توضيح موجز لأبرز هذه الاتجاهات:

الاتجاه الأول: يرى أن الفرد يجب أن يتواءم مع المدرسة: وهذا الاتجاه يعد اتجاها شائعا وسائدا عند كثير من المربين، وهو يؤكد على ضرورة السعي نحو تقنين وتوحيد مواد التعليم بهدف الوصل إلى أداء متقن بالنسبة لجميع التلاميذ ومن الواضح أن هذا الاتجاه رغم شيوعه إلا أنه لا يتفق مع النتائج السيكولوجية نظرا لأن كلا من الاستعداد العام للمدرسة والاستعداد مادة معينة على درجة من التفاوت والتباين بين الأفراد بالنظر لما بينهم من فروق فردية وعليه فلا ينتظر من أي منهج موحد أو مقرر ثابت أن يكون فعالا بنفس القدر مع الجميع.

الاتجاه الثاني: يرى أن المدرسة يجب أن تتواءم مع خصائص الفرد: وعلى الرغم من كون هذا الاتجاه أقل شيوعا من الاتجاه الأول إلا أنه أكثر منه صحة من الناحية العلمية؛ نظرا لأن البرنامج المدرسي في ضوئه يسعى أولا إلى تكوين استعداد للمدرسة أو التعلم داخل التلاميذ أنفسهم تبدأ بالفروق الفردية بينهم أي بمراعاة ما لديهم من نواحي القوة ونواحي الضعف ثم يقدم لهم بعد ذلك مواد التعلم وبرامجه وطرقه مما يعني أن الاستعداد للتعلم ينبغي تناوله في حدود التلاميذ كأفراد.

الاتجاه الثالث: يرى أن الاستعداد للتعلم ناجم عن النضج وحده: من الواضح أن هذا الرأي لا يتفق مع الحقائق السيكولوجية التي أتاحها علم النفس المعاصر، فالنضج كنموذج للفطرة لا يتم في فراغ بيئي، وتجدر الإشارة إلى أن معظم البحوث التي أجريت حول آثار النضج في الأداء تفترض مقدما ظروفا بيئية عادية، كما أن البحوث التي أجريت لدراسة آثار الظروف البيئية غير العادية في النضج كالحرمان من الاستثارة البيئية العادية قد أكدت أن هذه الآثار تستمر بل قد تدوم.

الاتجاه الرابع: يرى أن الاستعداد للتعلم هو نتاج البيئة والخبرة وحدهما: أي أنه محصلة للتعلم والمتطرفون في ها الاتجاه يرون أنه لو أتيحت لكل فرد فرص متكافئة فإن الفروق الفردية في المدخلات السلوكية سوف تزول، مما يعني أن جميع التلاميذ يمكن أن يكونوا على استعداد للتعلم تبعا للعمر الزمني وحده. والجدير بالذكر أن الحقائق السيكولوجية تشير إلى أن التعلم يؤدي إلى زيادة الفروق الفردية بين الناس لا إلى اختفائها. ومن المعلوم أن التربية تستثمر القدرات وتنمي الميول وتحسن المهارات وان دورها الأساسي في المجتمع هو أن تهيئ لكل فرد الفرصة ليصبح شخصية متميزة من خلال نواحي القوة التي تغزز لديه وليس من خلال نقائصه التي لا يمكن تصحيحها(أبو حطب ١١٩-١٢١، بتصرف).

وخلاصة القول فيما يتعلق بالاتجاهين الثالث والرابع أن الفطرة والخبرة يعملان معا في عملية الارتقاء وان أي تطرف نحو أحدهما دون الآخر لا يعد خطأ علميا فحسب وإنما هو من الأمور المستحيلة من الوجهة العملية.

أساليب تحديد الاستعداد من أجل زيادة التعلم الصفي:

من الوسائل المستخدمة في تحديد استعداد التلاميذ للتعلم الآتي:

أ. ملاحظة أداء التلاميذ للأعمال التي تعد متطلبات أساسية ليبنى عليها الموضوع الجديد.

ب. استخدام أسلوب طرح الأسئلة ومناقشة التلاميذ.

ت. الاختبارات المقننة الموضوعة لهذا الغرض.

العامل الثاني: الدافعية (*Motivation*): نظرا لأهمية الدافعية سيتم الحديث عنها بشكل وافي

مفهوم الدافعية (*Motivation*):

كثيراً ما يلاحظ المعلم أن الأطفال يتباينون في حماسهم نحو النشاطات التعليمية، فالبعض يقبل على النشاطات التعليمية بحماس كبير، في حين يقبل آخرين على هذه النشاطات التعليمية بفتور وامتعاض.

وقد يستغرق عدد من الأطفال في نشاط تعليمي لفترة طويلة، بينما لا يستطيع آخرين أن يستمروا في هذا النشاط إلا لفترة قصيرة.

ويسعى بعض الاطفال إلى الحصول على مستويات تحصيلية متفوقة في الوقت الذي يرضى فيه الآخرين بمستويات عادية أو منخفضة.

إن مما لا شك فيه أن هذا التباين بين الأطفال في الأمور السابقة يرتبط بشكل كبير بمفهوم الدافعية، الذي يعتبر أحد العوامل المسئولة عن اختلاف الطلبة من حيث مستويات النشاط التي يظهرونها حيال المواد الدراسية والنشاطات المدرسية.

إن الوقوف على طبيعة مفهوم الدافعية وعلاقته بالتحصيل الدراسي يساعد المربي على الآتي:

١. فهم العوامل المؤثرة في تحصيل الأطفال.

٢. تمكينه من بعض الاستراتيجيات التي تشجع الأطفال على استثمار قدراتهم ونشاطاتهم على نحو أكثر فاعلية في مجال تحقيق أهداف تربوية متنوعة.

ما الذي يسبب السلوك عند الطفل؟

قد يكون هناك أكثر من سبب وراء السلوك الواحد، فهناك أسباب داخلية نفسية وهناك مثيرات البيئة الخارجية، ومعرفة الأسباب الداخلية التي تدفع الفرد للسلوك ومعرفة مثيرات البيئة التي تؤثر في السلوك يدعى الدوافع.

ما المقصود بـ "السلوك وظيفي" ؟.

يقصد بها أن الفرد يمارس سلوكاً معينا بسبب ما يتلو هذا السلوك من نتائج أو عواقب تشبع بعض حاجاته أو رغباته، من هنا يمكن القول أن الدافعية حالة شعورية داخلية.

من أين تأتي صعوبة دراسة الدافعية عند الأفراد؟

تأتي صعوبة دراسة الدافعية من صعوبة تحديد الأسباب والدوافع التي تؤثر على السلوك، فالدافع الواحد قد يسبب أكثر من سلوك، والسلوك الواحد قد ينجم عن أكثر من دافع، مثل سلوك العدوان عند طالب، قد يكون سببه الحاجة إلى إظهار الذات وقد يكون رغبة في الانتقام...

تعريف الدوافع:

الدوافع:

هناك العديد من التعريفات للدوافع أهمها الآتي:

١. الدوافع: هي مجموعة الظروف الداخلية والخارجية التي تحرك الفرد من أجل إعادة التوازن الذي اختل بسبب نقص حاجة من حاجات الفرد.

بمعنى أنها عبارة عن حالات داخلية أو خارجية للعضوية التي تحرك السلوك وتوجهه نحو تحقيق هدف أو غرض معين وتحافظ على استمراريته حتى يتحقق ذلك الهدف.

٢. او هي ما يحض الفرد على القيام بسلوك ما وتوجيهه نحو وجهة معينة.

٣. وتعرف بأنها مجموعة المشاعر التي تدفع المتعلم إلى الانخراط في نشاطات التعلم التي تؤدي إلى بلوغه الأهداف المنشودة.

والدوافع ضرورة أساسية لحدوث التعلم، وبدونها لا يحدث التعلم.

٤. وتعرف الدافعية بأنها حالة داخلية جسمية أو نفسية تدفع الفرد نحو سلوك في ظروف معينة وتوجهه نحو إشباع حاجة أو هدف محدد.

أي أنها قوة محركة منشطة وموجهة في وقت واحد.

٥. الدافعية حالة داخلية في الفرد تستثير سلوكه وتعمل على استمرار هـذا السلـوك وتوجيهـه نحـو هدف معين (الزيود وآخرون، ١٩٨٩).

٦. الدافعية هي حالة داخلية فسيولوجية - نفسية تحث الفرد على سلوك معين في ظروف معينة وتواصله حتى ينتهي إلى غاية معينة.

على الرغم من استحالة ملاحظة الدافعية على نحو مباشر، إلا أنها تشكل مفهوما أساسيا من مفاهيم علم النفس التربوي، يمكن استنتاجه بملاحظة سلوك الأفراد، وملاحظة البيئة التي يجري هذا السلوك في سياقها (Ball, ١٩٧٧).

ويمكن تعريف الدوافع من ناحية تربوية بأنها:

مجموعة المشاعر التي تدفع المتعلم إلى الانخراط في نشاطات التعلم التي تؤدي إلى بلوغ الأهداف المنشودة وهي ضرورة أساسية لحدوث التعلم و بدونها لا يحدث التعلم.

أو هي: حالة داخلية في المتعلم تدفعه إلى الانتباه إلى الموقف التعليمي، والقيام بنشاط موجه والاستمرار في هذا النشاط حتى يتحقق التعلم كهدف للمتعلم.

إذن: الدافع --- يحرك وينشط --- يوجه --- يحقق الهدف --- الشعور بالارتياح

وظائف الدوافع:

مما سبق يتضح أن وظيفة الدافعية هي:

١. تحرر الطاقة الانفعالية في الفرد فتعمل على تحرك وتنشيط السلوك لديه.
٢. توجيه السلوك نحو وجهه معينة: تجعل الفرد يستجيب لموقف معين ويهمل المواقف الأخرى كما تجعله يتصرف بطريقة معينة في ذلك الموقف (صالح، ١٩٧٢: ٣٣٦).
٣. الحفاظ على استدامة السلوك ما دامت الحاجة قائمة، وبقي الإنسان مدفوعا نحو إشباعها (انظر توق وعدس، ١٩٨٤: ١٤٠).

العلاقة بين الدافعية والحاجة والحافز والباعث:

الدافع: حالة من الاستثارة ناجمة عن حاجه عضوية أو جسمية عامة كالحاجة إلى الطعام.

مثل: التغيرات الكيماوية للدم نتيجة نقص المواد الغذائية تولد الحاجة للطعام والتي تدفع بدورها إلى سلوك الأكل.

الحاجة: يشير مفهوم الحاجة إلى الحالة التي تنشأ لدى الكائن الحي عند انحراف الشروط البيولوجية أو السيكولوجية اللازمة المؤدية لحفظ بقاء الفرد.

تتميز الحاجة بإثارة شعور النقص أو الرغبة في شيء ما عند العضوية، وهي تتطلب القيام بأداء سلوكات معينة لإشباعها.

يرتبط مفهوم الدافع والحاجة بمفهوم الاتزان، **والاتزان:** نزعة الجسم العامة للحفاظ على بيئة داخلية ثابتة نسبيا (نقص حاجة للعضوية يحدث توتر عندها فتسعى إلى خفض التوتر والعودة مرة أخرى إلى حالة التوازن)؛ لذلك يعرف السلوك الإنساني من وجهة النظر هذه على أنه حلقة مستمرة من التوتر وخفض التوتر.

اتزان ← جوع ← توتر ← طعام ← خفض التوتر (اتزان).

من الأمثلة على الحاجات الضرورية التي تؤثر بشكل كبير وتطغى على سلوك الإنسان:

- الحاجات الحشوية: مثل الطعام والماء.
- حاجات السلامة: تجنب الأذى والسلامة الجسدية.
- حاجات الاستثارة والنشاط: كالحركة والعمل.
- حاجات جنسية.

الحافز والباعث:

الحافز والباعث: أشياء تثير سلوك لدى العضوية مثل الجائع عندما يرى طبق طعام.

عندما يكون محرك السلوك خارجياً أي مرتبطاً بالبيئة الخارجية يسمى بالحافز، وعندما يكون محرك السلوك داخلياً يسمى باعث.

فالطعام باعث؛ لأن التغيرات الكيماوية للدم نتيجة نقص المواد الغذائية تحرك سلوك تناول الطعام عند العضوية، ورؤية الطعام الشهي حافز يدفع العضوية إلى أن يشبع دافع الجوع، فالدافعية إذن هي عبارة عن الحالات الداخلية والخارجية للعضوية التي تحرك السلوك وتوجهه نحو تحقيق هدف أو غرض معين وتحافظ على استمراريته حتى يتحقق ذلك الهدف.

التحفيز: يطلق على التحريك للأمام ، وهو عبارة عن كل قول أو فعل أو إشارة تدفع الإنسان إلى سلوك أفضل أو تعمل على استمراره فيه. والتحفيز ينمي الدافعية

ويقود إليها، إلا أن التحفيز يأتي من الخارج فإن وجدت الدافعية من الداخل التقيا في المعنى، وإن عدمت صار التحفيز هو الحث من الآخرين على أن يقوم الفرد بالسلوك المطلوب .

الباعث (دافعية داخلية): أن يقوم الفرد بالعمل من أجل العمل نفسه دون أن ينتظر مكافآت مادية أو معنوية.

الحافز (دافعية خارجية): يقوم الفرد بالعمل من أجل الحصول على مكافآت مادية أو معنوية.

أهمية الدافعية:

يعتبر موضوع الدوافع من الموضوعات المهمة في علم النفس بشكل عام وعلم النفس التربوي بشكل خاص, فهو يوثق الصلة بعملية الإدراك والتذكر والتخيل والتفكير والتعلم وأساس دراسة الشخصية والصحة النفسية.

تكمن أهمية الدوافع في الآتي:

١. تساعد الإنسان على زيادة معرفته بنفسه وبغيره, وتدفعه إلى التصرف بما تقتضيه الظروف والمواقف المختلفة.

٢. تجعل الفرد أكثر قدرة على تفسير تصرفات الآخرين، فالأم في المنزل والمربية في المدرسة مثلاً ترى في مشاكسة الأطفال سلوكاً قائماً على الرفض وعدم الطاعة, ولكنها أذا عرفت ما يكمن وراء هذا السلوك من حاجة إلى العطف وجذب الانتباه فإن هذه المعرفة ستساعدها على فهم سلوك أطفالها.

٣. تساعد الدوافع على التنبؤ بالسلوك الإنساني إذا عرفت دوافعه, وبالتالي يمكن توجيه سلوكه إلى وجهات معينة تدور في إطار صالحه وصالح المجتمع.

٤. لا تقتصر أهمية الدوافع على توجيه السلوك بل تلعب دوراً مهماً في بعض الميادين: ميدان التربية والتعليم، والصناعة، والقانون فمثلاً في ميدان التربية تساعد على حفز دافعية التلاميذ نحو التعلم المثمر.

٥. تلعب الدوافع دوراً مهماً في ميدان التوجه والعلاج النفسي لما لها أهمية من تفسير استجابات الأفراد وأنماط سلوكهم.

٦. تساعد الطلبة على الإقبال على النشاطات التربوية المختلفة والمتنوعة داخل المدرسة وخارجها.

٧. تتبدى أهمية الدافعية من الناحية التربوية مـن حيـث كونهـا هـدفاً تربويـاً في ذاتهـا، فاسـتثارة دافعية الطلبة وتوجيها وتوليد اهتمامات معينـة لـديهم تجعلهـم يقبلون علـى ممارسـة نشـاطات معرفية وعاطفية وحركية خارج نطاق الهمل المدرسي وفي حياتهم المستقبلية (النشواتي، ٢٠٠٣).

٨. تظهر أهمية الدوافع من الوجهة التعليمية كونها وسيلة يمكن استخدامها في سبيل انجاز أهداف تعليمية معينة على نحو فعال؛ وذلك من خلال اعتبارها أحد العوامل المحددة لقدرة الطالب علـى التحصيل والإنجاز (Gage and Berliner, ١٩٧٩).

أنواع الدوافع

١. الدوافع الفطرية (البيولوجية Biological motives) وتعرف كذلك بالدوافع الأولية:

يقصد بها تلك الدوافع التي يولد الإنسان وهو مزود بها، فلا يحتاج الفرد إلى تعلمها؛ لأنها ناجمة عن حاجات فسيولوجية متنوعة مثل: دوافع الجوع، والعطش، والجنس، والراحة والنوم، والأمومة.

هي حاجات للبدن تحدث تغيرا في توازنه العضوي والكيميائي ،فتنشأ عن ذلك حالـة مـن التـوتر تدفع الكائن الحي للقيام بنشاط من أجل إشباع تلك الحاجات والعودة إلى حالة التوازن .

يمكن تعريفها باختصار بأنها: الدوافع التي يعرف لها أسس بيولوجية كالجوع والعطش.

خصائص الدوافع الفطرية:

أ- أنها عامة في جميع أفراد النوع ،فهـي تـؤدي وظيفـة هامـة مـن حفـظ الحيـاة واستمرارا النوع.

ب- أنها توجد بالفطرة ولا تكتسب، يولد الكائن مزودا بها، وهناك بعض الحاجات تحتاج مـدة من الزمن حتى تنضج مثل الدافع الجنسي.

ت- أنها تنشأ نتيجة اختلال في التوازن العضوي والكيميائي للبدن (نجاتي:١٤٢٣).

٢. الدوافع المكتسبة (النفسية الاجتماعية)، وتعرف كذلك بالدوافع الثانوية:

تسمى بالدوافع النفسية لأنها ليست ناشئة عن حاجات بدنية ،وتسمى باجتماعية لأنها تتعلق في الغالب بعلاقات الفرد الاجتماعية (نجاتي:١٤٢٣).

يقصد بها تلك الدوافع التي يكتسبها الإنسان من البيئة من خلال التفاعل بين الإنسان وبيئته التي يعيش فيها، كالدافع إلى الانتماء، والأمن، والانجاز والتحصيل، السيطرة وحب الاستطلاع، وتقدير الذات وتحقيق الذات.

يمكن تعريفها باختصار بأنها: الدوافع التي لا يعرف لها أسس بيولوجية واضحة، كالتملك والاحترام والتفوق، وهي تتأثر بخبرات التعلم التي يتلقاها الفرد.

مثال:

دافعية التحصيل: هي الرغبة للمشاركة في النشاطات العقلية المعقدة أو الحاجة إلى المعرفة، و تختلف من فرد إلى آخر، فإنجاز المهمات الصعبة والوصول إلى المعايير العالية من الإنجاز شيء مهم جدا للبعض بينما للبعض الآخر يعتبر النجاح بأي طريقة كافيا، ويمكن ملاحظة دافعية التحصيل في جهود المتعلم من أجل التغلب على الصعاب التي تحول دون تفوقه والميل إلى تحقيق الأهداف التعليمية.

أنواع دوافع التعلم:

يمكننا أن نميز بين نوعين من الدافعية للتعلم بحسب مصدر استثارتها هما: الدوافع الخارجية والدوافع الداخلية.

أ. الدافعية الخارجية:

الدافعية الخارجية: هي الدافعية التي يكون مصدرها خارجي كالمعلم، أو إدارة المدرسة، أو أولياء الأمور، أو حتى الأقران، فقد يُقبِل المتعلم على التعلم:

- سعياً وراء رضاء المعلم أو لكسب إعجابه وتشجيعه والحصول على الجوائز المادية أو المعنوية التي يقدمها.

- إرضاءً لوالديه وكسب حبهما وتقديرهما لإنجازاته، أو للحصول على تشجيع مادي أو معنوي منهما.

- قد تكون إدارة المدرسة مصدراً آخراً للدافعية بما تقدمه من حوافز مادية ومعنوية للمتعلم.

- ويمكن أن يكون الأقران مصدراً لهذه الدافعية فيما يبدونه من إعجاب أو حتى حسد لزميلهم.

ب. الدافعية الداخلية:

الدافعية الداخلية: فهي التي يكون مصدرها المتعلم نفسه، حيث يُقدِم على التعلم مدفوعاً بِرغبة داخلية لإرضاء ذاته، وسعياً وراء الشعور بمتعة التعلم، وكسب المعارف والمهارات التي يحبها ويميل إليها لما لها من أهمية بالنسبة له.

لذلك تعتبر الدافعية الداخلية **شرطاً** ضرورياً للتعلم الذاتي والتعلم مدى الحياة، وتؤكد التربية الحديثة على أهمية **نقل دافعية التعلم** من المستوى الخارجي إلى المستوى الداخلي، مع مراعاة تعليم المتعلم كيفية التعلم وذلك منذ نعومة أظفاره، في دور الحضانة ورياض الأطفال، وفي هذه الحالة يكون بمقدوره الاستمرار في التعلم الذاتي في المجالات التي تطورت لديه الاهتمامات والميول نحوها، مما يدفعه إلى مواصلة التعلم فيها مدى الحياة .

يجدر بنا أن نتذكر أن معلماً يفتقد إلى الدافعية في تعليمه، لا يستطيع بث الدافعية للتعلم في نفوس طلبته، فكما يقولون: فاقد الشيء لا يعطيه.

ما سبق يتضح أن البداية في استثارة الدافعية تكون ذات مصدر خارجي، ومع التقدم في العمر والمرحلة الدراسية، وتبلور الاهتمامات والميول، يمكن للمتعلم أن ينتقل إلى المستوى الذي تكون فيه الدافعية للتعلم داخلية، فالدافعية الخارجية تبقى ما دامت الحوافز موجودة، أما الداخلية فتدوم مع الفرد مدى حياته.

ومما سبق يمكننا أن نخلص إلى أن الدافعية نوعان: ذاتية/داخلية، وذاتية/خارجية، وعلى المربي أن يركز على الدافعية الداخلية كعنصر من عناصر الذكاء العاطفي باعتبارها مهارة ذاتية، ويمكن الاستدلال على هذا العنصر من خلال مجموعة من الدلالات والمؤشرات، فالأفراد ذوو الدافعية الذاتية العالية لا يتأثرون كثيراً بالمحفزات الخارجية، بل بالرغبة لإنجاز العمل نفسه، ومن الصعب أن يستسلموا، بل لديهم مثابرة لإنجاز مهماتهم، وهم غالباً ما ينجحون في تحقيق أهدافهم.

ومن صفات الأشخاص ذوي الدافعية الذاتية المرتفعة أنهم:

- يحققون تحسناً في أدائهم: في الدراسة، في العمل ...
- يتفقون في أداء المهمات الصعبة مقارنةً بذوي الدافعية الذاتية المنخفضة.
- احتمالات أن يتركوا المهمات أو الدراسة لديهم قليلة.
- يشجعون الأشخاص الذين يتعاملون معهم، ويجذبون نحوهم مجموعة من الأفراد لهم صفات مشابهة (Stock, ١٩٩٩).

المهارات الدالة على مستوى الدافعية عند الفرد:

١. القدرة على التقدم بإرادة داخلية.

٢. القدرة على التماسك بعد انتكاسة.

٣. القدرة على أداء مهمات طويلة المدى بالمواعيد المحددة.

٤. القدرة على توليد الطاقات في ظل سياق قليل المتعة.

٥. القدرة على إيقاف عادات غير إنتاجية أو تغييرها.

٦. القدرة على توليد أنماط سلوك جديدة، بحيث تكون منتجة.

٧. القدرة على تنفيذ الكلام إلى فعل (Goleman, ١٩٩٨).

الدافعية والتعليم:

دافعية التعلم: هي حالة داخلية عند المتعلم تدفعه إلى الانتباه للموقف التعليمي والإقبال عليه بنشاط موجه والاستمرار في هذا النشاط حتى يتحقق التعلم.

الاستثارة بمفردها لا تحدث التعلم، إلا أننا نستطيع القول أن التعلم لا يحدث بدون استثارة، لذلك مفهوم الدافعية للتعلم يجب أن تشمل على العناصر الآتية:

١. الانتباه إلى العناصر المهمة في الموقف التعليمي.

٢. القيام بنشاط موجه نحو هذا العنصر.

٣. الاستمرار في هذا النشاط والمحافظة عليه على فترة كافية من الزمن.

٤. تحقيق هدف التعلم (انظر عدس، وقطامي، ٢٠٠٦: ١٢٦).

وهذا يعزز دور المدرسة والمعلم في هذا المجال، وهذا الدور يتلخص في:

- توفير ظروف تساعد على إثارة اهتمام الطلبة بموضوع التعلم وحصر انتباههم فيه.

- توفير الظروف المناسبة للحفاظ على هذا الاهتمام.

- توفير الظروف المناسبة لتشجيع إسهام الطلبة الفعال في تحقيق الأهداف التعليمية.

- إثابة وتشجيع هذا الإسهام في النشاطات الموجهة نحو الهدف (انظر Gage and Berliner, ١٩٧٩).

عوامل النفور المدرسي:

هناك عددا من العوامل التي تنفر الطالب من المدرسة، منها:

١. عدم اتساع الفرصة أمام الطفل للتعبير عن أفكاره ومشاعره وأرائه بحرية وبجو مفعم بالدعم والحرية.

٢. اللجوء إلى النشاطات الروتينية المتكررة.

٣. تقليص النشاطات الممتعة بسبب طبيعة تنظيم اليوم المدرسي على شكل حصص محددة وقصيرة نسبيا.

٤. عدم المساواة في توزيع المكافآت والحوافز على الطلبة وإعطائها للسلوكات المميزة غالبا.

٥. خلق جو من التباعد والنفور بين المدرسة والطلاب.

٦. المطالب المتناقضة من المتعلم (في نشاطات يطلب من المتعلم أن يعمل وحده وبشكل مستقل عن الطلبة، وفي نشاطات أخرى يطلب منه العمل والتعاون مع الطلبة).

كيف نزيد من دافعية الأطفال؟

١. تربية الأبناء على أهمية المدرسة والتفوق المدرسي؛ لتعزيز دافع نحو الانجاز والتحصيل.

٢. توجيه الأسئلة إلى الطلبة عوضا عن تقديم الحقائق الجاهزة للطلبة تزيد من مقدار التعلم، والأسئلة الأكثر نجاحا هي التي يكون الطلبة أقل توقعا لها وتثير الاستطلاع لدى الطلبة.

٣. المعلم مصدر أساسي للدافع داخل غرفة الصف (الوجه ونبرة الصوت).

٤. إتاحة الفرصة للنجاح أمام جميع الطلاب في بعض المواد والمهام (مراعاة استعدادات الطلبة للتعلم).

٥. توفير ظروف مادية في غرفة الصف تشجع على التعلم (المثيرات الحسية).

نظريات تفسر الدافعية:

تعددت النظريات التي تفسر الدافعية؛ وذلك لاختلاف نظرة علماء النفس للإنسان وللسلوك الإنساني، وباختلاف مبادئ المدرسة النفسية التي ينتمون إليها.

وعلى الرغم من أهمية هذه النظريات إلا أنها لا تعطي صورة كاملة عن مفهوم الدافعية، وعلى الرغم من ذلك فهي تساعد المعلم على فهم أعمق للسلوك الإنساني، وتمكنه من تكوين تصور واضح عنه، وأهم هذه النظريات:

أ. النظرية الارتباطية (السلوكية):

- التعزيز أساس في التعلم (مثير واستجابة S - R).
- يؤدي التعزيز إلى تقوية الاستجابة التي تخفض كمية الحرمان.
- فالتعزيز الذي يتلو استجابة يزيد من احتمالية حدوثها ثانية والانزعاج وعدم الإشباع يؤدي إلى إضعاف الاستجابة يسمى هذا قانون الأثر، صاحبه (ثورندايك).
- الاستخدام المناسب للتعزيز المتنوع والتي من خلالها يتم تحديد المعززات الإيجابية والسلبية وجدول استخدامها كفيل بإنتاج السلوك المرغوب، ويستخدم (سكنر) مفهوم الحرمان (Deprivation)، حيث يرى أن نشاط العضوية (المتعلم) مرتبط بكمية حرمانها، حيث يؤدي التعزيز إلى تقوية الاستجابة التي تخفض كمية الحرمان (نشواتي، ٢٠٠٣).
- النشاط السلوكي وسيلة للوصول إلى هدف مستقل عن السلوك.
- يرى كلارك هل (Clark Hull, ١٩٥٢) أن الدافعية تنشأ عن حاجة داخلية تتمثل في مجموعة من الحاجات الفسيولوجية الأساسية المختلفة كالحاجة إلى إشباع الجوع والعطش والنوم، حيث استخدم مصطلح تخفيض أو اختزال الحاجة (Need Reduction) للدلالة على حالة الإشباع، ومصطلح الحافز (Drive) للدلالة على بعض المتغيرات المتداخلة الواقعة بين الحاجة والسلوك، وقد حدد هل (Hull)، علاقة السلوك بالحاجة والحافز حسب النموذج الآتي:

حاجة ←	حافز ←	سلوك ←	احتزال الحاجة

طبقاً لهذا النموذج تعتبر الحاجة متغيراً مستقلاً، يلعب دوراً مؤثرا في تحديد الحافز كمتغير متدخل، ويلعب هذا دورا مؤثرا في تحديد السلوك، فتصدر عن الفرد استجابات معينة تؤدي إلى اختزال الحاجة الأمر الذي يعزز السلوك وينتج التعلم، أي أن العلاقة التفاعلية بين الحاجات والحوافز هي التي تحدد الاستجابات الصادرة في وضع معين ويؤدي إلى تعلمها.

- تجدر الإشارة إلى أن اهتمام النظرية الارتباطية ينصب على الدوافع الخارجية (Extrinsic Motivation)، في ترى أن النشاط السلوكي وسيلة أو ذريعة للوصول إلى هدف معين مستقل عن السلوك ذاته، فالاستجابة الصادرة من أجل الحصول على المعززات تشير إلى دافعية خارجية تحددها عوامل مستقلة عن صاحب السلوك ذاته، الأمر الذي يشير إلى حتمية السلوك وضبطه بمثيرات قد تقع خارج نطاق إرادة الفرد.

ب. النظرية المعرفية:

- الكائن البشري مخلوق عاقل يتمتع بإرادة حرة تمكنه من اتخاذ قرارات واعية على النحو الذي يرغب فيه (Hunt, ١٩٦٥).

- تؤكد هذه النظرية في تفسيرها للدافعية بالقصد والنية والتوقع.

- النشاط العقلي للفرد يزوده بدافعية ذاتية (Intrinsic Motivation).

- السلوك غاية وليس وسيلة ينتج عن معالجة المعلومات والمدركات الحسية المتوفرة للفرد في الوضع المثير الذي يوجد فيه، وبذلك يتمتع الفرد بدرجة عالية من الضبط الذاتي، (Vander Zanden, ١٩٨٠).

- لا ينكر المعرفيون الحاجات الفسيولوجية وقدرتها على استثارة السلوك وتوجيهه، وأهمية والمعززات لكن هذه العوامل غير كافية لتفسير جوانب الدافعية الإنسانية جميعها، وخاصة التي تنمو بعد مرحلة الطفولة المبكرة.

ج. النظرية الإنسانية:

١. تعنى بتفسير الدافعية من حيث علاقتها بدراسة الشخصية، أكثر من علاقتها بمفهوم التعلم.

٢. رائد هذه النظرية هو ماسلو.

٣. يفترض ماسلو أن الدافعية تنمو على نحو هرمي لانجاز حاجات ذات مستوى مرتفع كحاجات تحقيق الذات، غير أن الحاجة لا تظهر إلا بعد إشباع الحاجات الأدنى كالحاجات البيولوجية والأمنية.

٤. صنف ماسلو حاجات الإنسان على نحو هرمي وحددها بسبعة أنواع وهذه الحاجات تظهر في الشكل الآتي:

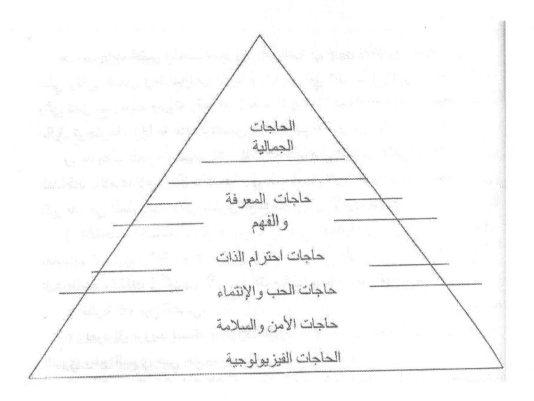

الحاجات
الجمالية
حاجات المعرفة
والفهم
حاجات احترام الذات
حاجات الحب والإنتماء
حاجات الأمن والسلامة
الحاجات الفيزيولوجية

أ. الحاجات الفيزيولوجية: مثل حاجات الإنسان للطعام والشراب والتنفس والراحة... (الحاجات التي يحتاجها جسد الإنسان). تكمن أهمية إشباع هذه الحاجات في هذا المستوى إلى أنها تحرر الفرد من سيطرة حاجاته الفسيولوجية، وهذا يتيح الفرصة لظهور الحاجات ذات المستوى الأعلى.

ب. حاجات الأمن: حاجات الفرد للأمن والسلام والطمأنينة وتجنب القلق والاضطراب والخوف.

ج. حاجات الحب والانتماء: تنطوي على الرغبة في إنشاء علاقات وجدانية وعاطفية مع الآخرين بعامة ومع المجموعات الهامة في حياة الفرد بعامة. وتلعب هذه الحاجة دورا في مساهمة الفرد في الحياة الاجتماعية.

د. حاجات احترام الذات: تظهر في رغبة الفرد في تحقيق قيمته الشخصية كفرد متميز، وتتحقق بشعور الفرد بالقوة والثقة والجدارة والكفاءة والفائدة. عدم إشباع هذه الحاجة يشعر الفرد بالضعف والعجز والدونية. ترتبط هذه الحاجة بنجاح الفرد في أعماله المدرسية.

هـ. حاجات تحقيق الذات: تشير إلى رغبة الفرد في تحقيق إمكاناته المتنوعة على نحو فعلي وكلي. تتبدى في النشاطات المهنية واللامهنية التي يمارسها الفرد في حياته الراشدة والتي تتفق مع رغباته وميوله وقدراته. والفرد الذي يحقق هذه الحاجة يتمتع بصحة نفسية عالية. توجد هذه الحاجة عند الراشدين فقط؛ لأنهم الأقدر على تشكيل الهوية.

و. حاجات المعرفة والفهم: تشير إلى رغبة الفرد في الفهم والمعرفة، وتتجلى في النشاطات الاستطلاعية والاستكشافية وفي البحث عن المزيد من المعرفة والحصول على أكبر قدر من المعلومات، وهي أكثر وضوحا عند بعض الأفراد من غيرهم.

ز. الحاجات الجمالية: تتمثل في الرغبة في القيم الجمالية، وتتمثل في رغبة الفرد في تفضيلهم للترتيب والنظام والاتساق والكمال سواء في الموضوعات أو الأوضاع أو النشاطات، وكذلك في تجنبهم الأوضاع القبيحة التي يسود فيها الفوضى.

د. نظرية التحليل النفسي:

١. تعود إلى فرويد. تستخدم مفهوم الغريزة واللاشعور والكبت لدى تفسير السلوك السوي وغير السوي على حد سواء.

٢. معظم جوانب السلوك الإنساني مدفوع بحافزين غريزيين، هما الجنس والعدوان.

٣. يؤكد على أهمية دور خبرات الطفولة المبكرة في تحديد سلوك الفرد المستقبلي.

٤. يطرح مفهوم الدافعية اللاشعورية (Unconscious Motivation) لتفسير ما يقوم به الفرد من سلوك دون أن يكون قادرا على تحديد او معرفة الدوافع الكامنة وراء سلوكه هذا.

٥. يفسر فرويد هذه الظاهرة (دوافع اللاشعور) بمفهوم الكبت: وهي ظاهرة نفسية يخزن فيها الفرد أفكاره ورغباته في اللاشعور، ليتجنب بحثها على مستوى شعوري؛ لأسباب تتعلق بعدم توافر الفرص المناسبة لتحقيقها على هذا المستوى.

٦. يرى فرويد أن هناك تفاعل يحدث بين خبرات الطفولة المبكرة والرغبات اللاشعورية المكبوتة الناجمة عن حافزي الجنس والعدوان، حيث يقوم الآباء والآخرون بمنع الطفل من التعبير الحر عن السلوك المحدد بهذين الحافزين، الأمر الذي يكره الأطفال على كبت هذا السلوك وإيداعه في المخزن اللاشعور، والكبت لا يعني انتهاء فاعلية حافزي الجنس والعدوان وأثرهما في السلوك، بل يمارسان أثرهما في تحديد السلوك على مستوى اللاشعور، وهذا ما يفسر ـ بعض أنماط السلوك التخريبي الموجه نحو الذات أو المجتمع.

تجدر الإشارة إلى أن نظريات الدافعية في المجال التربوي، تساعد المعلم على فهم أعمق للسلوك الإنساني، وتمكنه من تكوين تصور واضح عنه.

د. نظرية الغرائز:

اعتمد العلماء في تفسيرهم لسلوك الإنسان في هذه النظرية على أساس وجود دوافع فطرية موروثة تدفع الإنسان إلى الالتفات إلى شيء معين (إدراك)، وانفعال يصاحب هذا الإدراك (وجدان)، ثم القيام بعمل نحو الشيء المدرك (نزوع)، أي أن الغريزة لها مظهر نفسي يتكون من ثلاثة أبعاد هي:

- إدراك يثيرها.
- نشاط انفعالي يرافقها.
- سلوك تعبر به عن نفسها.

هـ. نظرية خفض الحافز:

تعتمد هذه النظرية في تفسيرها للدوافع على مبادئ التعلم ذات الاتجاه السلوكي، ويعتبر كلارك (Clark Hull) من أشهر رواد هذه النظرية، حيث يرى أن الدافعية تنشأ عن حاجة داخلية تتمثل في مجموعة من الحاجات الفسيولوجية الأساسية المختلفة كالحاجة إلى الجوع والعطش والنوم، فتحقيق الإنسان لهذه الحاجات يساعد على البقاء.

و. نظرية الإثارة:

مستوى الإثارة هو السعة والطاقة التي يملكها الفرد لقيامه بنشاط معين، ومن أشهر الدراسات في هذا المجال ما قام به يركيس ودودسون حيث استنتجا أن الفرد يقدم أداء فعالا حينما يكون مستوى إثارتهم (دافعيتهم) معتدلا.

ز. نظرية الدافع لإنجاز النجاح:

إقدام الفرد على أداء عمل أو مهمة بنشاط وحماس كبيرين نتيجة لرغبته في الحصول على خبرة النجاح الممكن، ولتحقيق ذلك على الفرد أن يضع أهدافا معتدلة الصعوبة لتحقيقها.

ح. نظرية الدافع لتجنب الفشل:

وهو ميل الفرد إلى تجنب مهمة معينة خوفا من الإخفاق الذي يمكن أن يواجهه حين أدائها.

ولتحقيق ذلك يحدد الفرد أهدافا سهلة جدا او شديدة الصعوبة، حيث يختار الأهداف الأسهل لتخفيف احتمال الفشل، أو اختيار الأهداف الأكثر صعوبة حيث يمكنه إرجاع الفشل إلى صعوبة المهمة وليس إلى ذاته.

ط. نظرية العزو:

تنطلق هذه النظرية في تفسير الدافعية من تساؤلات الفرد عن أسباب نجاحه أو فشله، حيث يختلف الناس في ميلهم لتفسير نتائج النجاح أو الفشل، فالبعض يعزوها لأسباب مستقلة عن أنماط سلوكهم أي خارج ذواتهم (ضبط خارجي)، بينما يعتقد آخرون أن النتائج تترتب على سلوكهم (ضبط داخلي).

ومن أشهر رواد نظرية العزو هيدر ووينز.

تصنيف أسباب العزو:

سبب العزو	داخلي	خارجي
غير قابل للضبط	القدرة	الحظ
قابل للضبط	الجهد	صعوبة الحل

دافعية التحصيل (*Achievement Motivation*):

حدد موراي (Murray) كما يذكر النشواتي (٢٠٠٣) عدداً من الحاجات وسماها حاجات عالمية (Universal Needs) تتوفر عند الأفراد جميعهم بغض النظر عن جنسهم أو عرقهم أو عمرهم، وكانت الحاجة للإنجاز (Need to Achieve) من ضمن الحاجات العالمية، التي أقر بوجودها، وعرفها بأنها مجموعة القوى والجهود التي يبذلها الفرد من أجل التغلب على العقبات وانجاز المهام الصعبة بالسرعة الممكنة.

تأثر ماكليلاند وأتكنسون بموراي فاستخدما مفهوم الحاجة للتحصيل، عوضا عن مفهوم الحاجة للانجاز، للدلالة على النجاح في حالة تنافسية طبقا لمعيار تفوق معين.

دافعية التحصيل: هي حالة عقلية، متوقع وجودها عند كافة الأفراد وبمستويات متباينة ويمكن قياسها والتعرف إليها.

صاغ اتكنسون (Atkinson) نظرية في الدافعية ترتبط بدافعية التحصيل، مشيراً إلى النزعة لإنجاز النجاح هي استعداد دافعي مكتسب وتشكل من حيث ارتباطها بأي نشاط سلوكي وظيفة لثلاثة متغيرات تحدد قدرة المتعلم على التحصيل، وهي:

- الدافع لإنجاز النجاح: يشير هذا الدافع إلى إقدام المتعلم على أداء مهمة بنشاط وحماس كبيرين، رغبة منه في اكتساب خبرة النجاح الممكن، قد يؤثر دافع تجنب الفشل، على هذا الدافع حيث يتجنب المتعلم أداء مهمة معينة خوفا مت الفشل.
- احتمالية النجاح: تتوقف عملية نجاح المتعلم في مهمة ما على عملية تقويم ذاتي لأداء هذه المهمة، وتتراوح احتمالية النجاح بين مستوى منخفض ومرتفع اعتمادا على أهمية النجاح وقيمته بالنسبة للمتعلم فالمتعلم الذي يرى أهمية النجاح في المدرسة تكون احتمالية نجاحه كبيرة جدا.
- قيمة باعث النجاح: هناك علاقة طردية بين صعوبة المهمة المكلف بها المتعلم وبين قيمة باعث النجاح (الإثابة) عنده، فإذا ازدادت صعوبة المهمة فإن هذا يتطلب زيادة قيمة باعث النجاح.

مما سبق يتضح أن قدرة المتعلم على التعلم والتحصيل مرتبطة إلى حد كبير بنزعته الدافعية إلى إنجاز النجاح، ولما كانت هذه النزعة مكتسبة أساسا، فمن الممكن تعديل تلك القدرة، فأي تعديل يطرأ على دافع إنجاز النجاح أو احتمالية النجاح أو قيمة باعث النجاح يؤدي إلى تعديل دافعية المتعلم لإنجاز النجاح

حب الاستطلاع:

حب الاستطلاع نوع من الدافعية الذاتية (الداخلية)، التي يمكن تصورها على شكل قصد يرمي تأمين معلومات حول موضوع أو حادث أو فكرة عبر سلوك اكتشافي حيث يرغب الفرد في الشعور بفاعليته وقدرته على الضبط الذاتي لدى قيامه بهذا السلوك.

تشير عدد من الدراسات إلى ضرورة هذا الدافع وأثره في التعلم والابتكار والصحة النفسية وذلك لأنه:

- يمكن المتعلم وخاصة الأطفال منهم من الاستجابة للعناصر الجديدة والغريبة والغامضة على نحو إيجابي.
- يمكن المتعلم من إبداء الرغبة في معرفة المزيد عن أنفسهم وبيئتهم.
- يمكنه من المثابرة على البحث والاستكشاف.

وهذه جميعها أمور مهمة وضرورية لتحسين القدرة على التحصيل.

تطبيقات تربوية:

في ضوء تفسيرات الدافعية يمكن استنتاج عدد من المبادئ التي تساهم في استثارة دافعية الطلاب وتعزيزها لتحسين أدائهم التحصيلي وأهم هذه المبادئ:

١. استثارة اهتمامات الطلاب وتوجيهها:

من الضروري توفير بعض القوى التي تستثير نشاط الفرد وتوجه سلوكه. إن استخدام مثيرات أو وسائل لفظية وغير لفظية تخاطب حواس الطالب المختلفة وتوجه انتباههم إلى الموضوعات التعليمية (تعبيرات مثيرة للانتباه، والحركة والحجم واللون والتباين) كلها وسائل تسهل على المعلم استقطاب انتباه التلاميذ وتوجهه، كما تستثير دافع حب الاستطلاع لديهم.

ولاستثارة انتباه التلاميذ كذلك يمكن أن يبدأ المعلم الدرس بقصة أو حادثة مثيرة، أو بوصف ينطوي على أمر غير مألوف أو بطرح مشكلة تتحدى تفكير الطلاب.

٢. استثارة حاجات الطلاب للإنجاز والنجاح:

تكليف الطالب ذي الحاجة المنخفضة للإنجاز والنجاح، بمهام سهلة نسبيا يضمن نجاحه فيها والإقلال من النتائج غير المرغوب فيها والمترتبة عن الفشل، يمكن أن يؤديا إلى استثارة حاجة هذا الطالب للإنجاز وزيادة مستوى رغبته في النجاح؛ لان النجاح يمكنه من الثقة بنفسه وقدرته ويجنبه حاجات القلق الناجمة عن الخوف من الفشل، ويعزز نشاطاته الأكاديمية المستقبلية.

٣. تمكين الطلاب من صياغة أهدافهم وتحقيقها:

سلوك الفرد محدد جزئيا بالتوقعات والأهداف التي ينوي انجازها في مرحلة مستقبلية، وهذا يتطلب من المعلم مساعدة الطلاب على صياغة أهدافهم وتحقيقها، وخاصة في المرحلة الابتدائية، وهذا يساعدهم على انجاز المهمة بأنفسهم في المستقبل، وحتى يتحقق ذلك لا بد وأن يتعرف المعلم على قدرات وميول الطلبة.

٤. استخدام برامج تعزيز مناسبة:

على المعلم وضع برامج تعزيز مناسبة للطلبة تثير دافعيتهم للتحصيل وتعزز رغبتهم في النجاح، مثل المثيرات المادية والعلامات المدرسية والنشاطات الترويحية، وبعض أشكال التغذية الراجعة كالتغذية الراجعة الإعلامية أو التصحيحية.

٥. توفير مناخ تعليمي غير مثير للقلق:

تشير النظرية الإنسانية إلى ضرورة إشباع بعض الحاجات الفسيولوجية كالأمن والانتماء واحترام الذات للتمكن من إشباع حاجات المعرفة والفهم وتحقيق الذات، فقد يودي الفشل في إشباع تلك الحاجات الأساسية إلى إعاقة حاجات الطالب إلى الانجاز والتحصيل وتحقيق قدراته وإمكانياته على النحو المرغوب فيه. وهذا يحتم على المعلم بناء مناخ صفي تتوافر فيه الشروط الكفيلة بإشباع حاجات الطلاب للأمن والانتماء واحترام الذات (انظر النشواتي، ٢٠٠٣، بتصرف).

إن وجود كمية معينة من القلق قد تبدو ضرورية لحفز الطلاب وحثهم على تكريس جهودهم القصوى، غير أن تجاوز هذه الكمية قد يؤدي إلى نتائج مضادة.

وفي الختام لا بد من الإشارة إلى أن الدافعية أصبحت في الوقت الراهن هدفاً تربوياً، يبذل المعلم قصارى جهده إلى تحقيق هذا الهدف؛ من أجل دفع الطالب للتعلم (النشواتي، ٢٠٠٣).

العامل الثالث: الخبرة (*Experience*):

يعد عامل الخبرة والممارسة من العوامل المهمة في تغيير السلوك، والخبرة هي: الموقف الذي يواجهه المتعلم في مثيرات بيئية يتفاعل معها ويحدث تغير لديه بفعل هذا التفاعل. من التعريف يظهر المدى الذي تسهم فيه البيئة في تشكيل الخبرة المعرفية لدى المتعلم.

العامل الرابع: النضج (*Maturation*):

عرفنا - كما بينا في السابق أن النضج شرطاً ضرورياً لحدوث التعلم، فلا يمكن للفرد تعلم مهارة حركية أو عقلية إلا إذا وصل إلى درجة من النضج تمكنه من التعلم، ومن الأمثلة التي يبينها العمر (١٩٩٠) لبيان أن النضج شرطاً لازماً للتعلم، فإننا لا نستطيع أن نعلم الطفل في الروضة أن يقرأ وأن يتحدث بطلاقة؛ لأنه لم يصل إلى مستوى مناسب من النضج في قدرته العقلية، أو في أعضاء الكلام يمكنه من التحدث بطلاقة.

وصل ستون ونيلسين (Stone and Nielsen, ١٩٨٢: ٢-١٤) إلى مجموعة مبادئ أساسية في التعلم وهي:

- يتعلم الأطفال ويعملون في البيئة الاجتماعية المناسبة.
- تسهم الظروف البيئية بدور رئيس في الخبرات التعليمية لدى الطلاب.
- يحفظ استخدام المثيرات النشطة انتباه المتعلم ويقوي تعلمه.

- يزداد استعداد المتعلم للتعلم عن طريق تسهيل النمو النفسحركي والصحي لدى المتعلم.
- يسهم تحديد قدرات المتعلم تحديداً دقيقاً بفاعلية في تعلمهم.
- تسهم النواحي الإنسانية في تطوير شخصية المتعلم وذلك بتعزيز نمو شخصيته وتعلمه.
- مساعدة المتعلم لتحسين قدراته الإدراكية لإدراك التفصيلات والأنماط التي تزيد من مقدرته على التفكير والتعلم.
- يقوي استخدام المفاهيم وتوظيفها تعلم المتعلمين ويحسن من فهمهم لما يتعلمون.

المبحث السادس

معايير التعلم الصفي الفعال:

حتى يكون التعلم الصفي فعالاً لابد وان يستند إلى عدد من المبادئ أو المعايير ومن أهمها:

١. ارتباط التعلم باستعداد المتعلم: أن يكون التعلم مناسباً لقدرات المتعلم ومرتبطاً بالعمر الزمني لديه، فالطفل يكون قادراً على تعلم الكلام عندما يكون وصل إلى درجة من النضج تمكنه من ذلك.

٢. ارتباط التعلم بحاجات المتعلم: إذا أصبح التعلم جزءاً مكملاً لنظام حياة المتعلم يشبع حاجاته المختلفة، يكون تعلماً جيداً يمكن المتعلم من تخزين واسترجاع المعلومات بسهولة ويسر.

٣. مشاركة المتعلم في التعلم: دور المتعلم الإيجابي في النشاطات التعلمية يسهم في جودة التعلم.

٤. تجنب انفعالات المتعلم السلبية كالخوف والكراهية نحو المعلم أو المادة التعليمية أو المدرسة.

٥. توفير الطمأنينة للمتعلم: غياب جو الطمأنينة وشعور الطالب بالقلق قد ينشئ حاجزا نفسيا بين الطالب والتعلم.

٦. مراعاة مستوى المتعلم وقدراته تزيد من حماسة المتعلم للتعلم.

٧. توظيف ما لدى المتعلم من معلومات (البنى المعرفية السابقة لديه): ربط المعلومات الجديدة بالمعلومات السابقة لدى المتعلم تمكن المتعلم من اكتساب هذه المعلومات الجديدة بشكل ذو معنى بحيث يتمكن المتعلم من تعديل بناه المعرفية بشكل يتناسب مع المعرفة الجديدة بعد أن تمكن من إيجاد العلاقة بين المعلومات الجديدة والسابقة.

٨. تجنب التكرار الممل.

٩. مراعاة الحالة النفسية والانفعالية للمتعلم (الزيود وآخرون، ١٩٨٩).

المبحث السابع

العوامل المؤثرة في التعلم الصفي:

هناك العديد من العوامل المؤثرة في التعلم الصفي، وقد ذكر الباحثون في علم النفس التربوي أبرز هذه العوامل كما هو موضح في الشكل الآتي (توق ود، وعدس، ١٩٨٤):

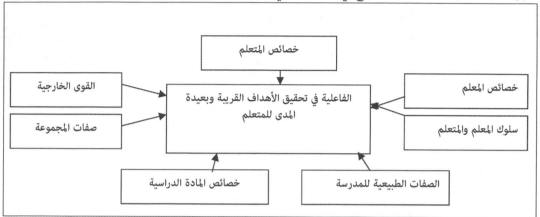

١. خصائص المتعلم: تجانس خصائص المتعلمين في الصف من حيث قدراتهم العقلية والحركية والجسدية وقيمهم واتجاهاتهم وتكامل شخصياتهم من أهم العوامل التي تقرر فاعلية التعلم.

٢. خصائص المعلم: تتأثر فاعلية التعلم بدرجة كفاءة وذكاء وقيم واتجاهات وميول وشخصية المعلم.

٣. سلوك المعلم والمتعلم: يؤثر التفاعل المستمر بين سلوك المعلم وسلوك المتعلم في فاعلية التعلم.

٤. الظروف الطبيعية للمدرسة: قدرة المدرسة على توفير المعدات والأجهزة تسهل عملية التعلم.

٥. المادة الدراسية: إن التنظيم الجيد والعرض الواضح لمادة الدراسة يزيد من فاعلية التعلم.

٦. صفات المجموعة: التركيب الاجتماعي الذي يتكون منه الصف المدرسي كتقارب طلابه اقتصاديا واجتماعيا، له تأثير على فاعلية التعلم.

٧. القوى الخارجية: يقصد بالقوى الخارجية: تلك العوامل التي تؤثر في موقف المتعلم تجاه التعلم المدرسي، فالبيت والخبرة والبيئة الثقافية التي يعيش فيها المتعلم تعد من العوامل المهمة التي تحدد صفاته الشخصية ونمط سلوكه داخل غرفة الصف، وبالتالي تلعب هذه العوامل دوراً مهما في تحديد فاعلية عملية التعلم، كما يتوقف التعلم الفعال إلى نظرة المجتمع إلى المدرسة والدور الموكول إليها، فبعض المجتمعات تتوقع من المدرسة أن تعمل على تطوير شخصية المتعلمين، وفي سبيل تحقيق هذا الهدف توفر هذه المجتمعات لأبنائها فرض الدراسة والتحصيل. في حين أن المجتمعات الأخرى ترسل أبناءها للمدرسة للتخلص من مشاكلهم داخل البيت، فهذه المجتمعات لا تشجع أبناءها على بذل الجهد المتواصل، وبالتالي لا تستطيع المدرسة أن تقدم لهم شيئا مهما للتعلم.

المبحث الثامن

مراحل عملية التعلم:

أظهرت الدراسات أن التعلم يحدث عبر ثلاث مراحل أساسية هي:

١. **مرحلة الاكتساب:** وهي المرحلة التي يدخل أو يمثل الفرد من خلالها المادة التـي يتعلمهـا، وهي التي يتم خلالها تمثل الفرد للسلوك الجديد ليصبح جزئاً من حصيلته السلوكية.

٢. **مرحلة الاختزان:** وهي إحدى مراحل التعلم التي يـتم خلالهـا حفـظ المعلومـات، فبمجـرد حدوث عملية الاكتساب تنتقل المادة المتعلمة إلى الذاكرة.

٣. **مرحلة الاستعادة:** وتتضمن قدرة الفرد على استخراج المعلومـات المختزنـة لديـه في صـورة استجابة بشكل أو بآخر (ابو جادو، ٢٠٠٣).

المبحث التاسع

المفاهيم المستخدمة في سيكولوجية التعلم:

أ. مفهوم المثير ومفهوم الاستجابة:

تعريف المثير:

المثير: هو حادث قابل للتعيين وله تأثير ظاهري أو مفترض في الاستجابة (السلوك).

يحتوي هذا التعريف على عنصرين هامين هما:

١. إمكانية تعيين المثير او تحديده بالملاحظة الخارجية، وهـذا يخـرج الحـوادث (المثير) التـي يمكن اعتبارها مثيرات على الأشياء الفيزيائية الموجودة في البيئة كالضوء.

٢. الافتراض أن لهذا المثير تأثيراً في السـلوك، ومـن المحكـات التـي يمكـن للجـوء إليهـا في هـذا الصدد: "قدرة الحادث على إحداث استجابة ما".

تجدر الإشارة إلى أن قدرة المثير (الحـادث) علـى إحـداث اسـتجابة مـا هـي افتراضـية ولكنـه يمكن التحقق من ذلك على نحو تجريبي (النشواتي، ٢٠٠٣).

تعريف الاستجابة:

الاستجابة: هي السلوك المثار من قبل الحادث (المثير).

والاستجابة يمكن أن تكون على شكل:

● منعكسات لا إرادية بسيطة.

● أو قد تكون استجابة معقدة جداً كالتفكير وحل المشكلات.

● وقد تكون، فعل، (قيام الفرد بسلوك معين، كالقراءة) أو رجع (ترك الفرد فعل مـا كالحـديث الجانبي أثناء الدرس)،

وما قيل عن المثير يقال عن الاستجابة، فهي يجب أن تكون قابلة للتعيين على نحو مباشر أو غـير مباشر.

وتجدر الإشارة إلى أن الاستجابة تختلف عـن المثير، حيث يمكن تعيينهـا دون الرجوع أو الإشارة إلى الحادث الذي استثارها أو أحدثها، في حين لا يغدو الحادث مثيرا إلا إذا اسـتثار أو أحـدث اسـتجابة ما فتناول الفرد القاموس والبحث عن كلمة ما استجابة يمكن ملاحظتها دون معرفة الحادث الـذي استثارها.

أقسام المثيرات والاستجابة:

أقسام المثيرات:

١. مثيرات خارجية أو ظاهرة: وهي الحوادث التي يمكن تعيينها على نحو مباشر كاستماع إلى قصيدة يلقيها المعلم.

٢. مثيرات داخلية أو مضمرة: وهي الحوادث التي لا يمكن الدلالة عليها على نحو مباشر، كاستدعاء كلمات القصيدة التي ألقاها المعلم.

وتجدر الإشارة إلى أن المثيرات (الظاهرة أو المضمرة) تؤدي إلى حدوث استجابة معينة، والشكل الآتي يوضح ذلك:

المثير الاستماع إلى القصيدة التي يلقيها المعلم ← يحدث استجابة انتباه موجه

المثير استدعاء كلمات القصيدة التي ألقاها المعلم ← يحدث استجابة كتناول القاموس والبحث عن معنى كلمة جاءت في القصيدة

أقسام الاستجابة:

١. استجابة خارجية أو ظاهرة: وهي التي يمكن تعيينها بالملاحظة المباشرة كتناول كالانتباه الموجه للمعلم وهو يقرأ القصيدة.

٢. استجابة داخلية أو مضمرة: وهي التي لا يمكن تعيينها على نحو مباشر بالملاحظة، كاستدعاء بعض كلمات ومعاني القصيدة.

الحادث الاستجابي قد يقوم بوظيفة المثير أيضا، فاستدعاء بعض كلمات القصيدة قد يدفع إلى استجابة جديدة وهي تناول القاموس والبحث عن معنى كلمة معينه في القصيدة، منها يمكن القول أن الحادث الداخلي أو المضمر يمكن أن يلعب دور المثير والاستجابة على حد سواء.

تشكيل السلوك (Shaping Behavior):

تتحدد استراتيجية تشكيل السلوك (الاستجابة) من خلال الخطوات الآتية:

١. تحديد العناصر السلوكية السليمة، والعناصر السلوكية غير السليمة بوضوح، وبطريقة إجرائية خاضعة للقياس والملاحظة.

٢. تحديد المعززات التي ثبتت فعاليتها في معالجة مواقف التعلم المشابهة أو مواقف تعديل التعلم.

٣. توظيف الأساليب والقواعد التي تضمن لكل طالب أن يحصل على تعزيز حتى يظهر تقدما ما نحو السلوك المراد تشكيله أو تعديله (عدس وقطامي، ٢٠٠٦).

ب. مفهوم التعزيز:

معنى التعزيز:

التعزيز: هو الحادث أو المثير الذي يؤدي إلى زيادة احتمال تكرار حدوث الاستجابة موضع التعزيز.

تجدر الإشارة إلى أن المعزز يعتمد على ما ينتج من تغيرات في السلوك، فالمثير أو الحادث يغدو معززاً إذا أدى إلى ازدياد احتمال حدوث السلوك المعزز مستقبلاً، فتقديم قطعة الحلوى لا تقوم بوظيفة المعزز إلا إذا أدت إلى تقوية السلوك الذي يرغب المربي في تقويته عند طلابه (النشواتي، ٢٠٠٣).

أقسام التعزيز:

١. تعزيز إيجابي: وهو تقديم مثير مرغوب فيه على نمط سلوكي ما، بهدف زيادة احتمال تكرار حدوثه مستقبلاً، مثل تقديم قطعة من الحلوى.

٢. تعزيز سلبي: وهو إزالة بعض المثيرات غير المرغوب فيها، بعد أداء نمط سلوكي معين (إزالة الألم والإزعاج بعد قيام الفرد بسلوك معين يؤدي إلى زيادة احتمال تكرار السلوك).

مبدأ بريماك (Premack):

يجيب هذا المبدأ على السؤال الآتي: هل تؤثر بعض الأنماط السلوكية في بعض الأنماط الأخرى، فتعمل على زيادة احتمال تكرارها؟

يرى بريماك أن السلوك الأكثر تواترا يمكن أن يعزز السلوك الأقل تواترا، فلو كان لدينا نمطان من الاستجابات، النمط (أ) والنمط (ب)، وكان احتمال حدوث نمط الاستجابة (أ) أكبر من احتمال حدوث نمط الاستجابة (ب)، فإن احتمال حدوث النمط (ب) سوف يزداد إذا كان متبوعا بالنمط (أ)، والعكس صحيح أي أن احتمال حدوث النمط (أ) سوف ينخفض إذا كان متبوعا بالنمط (ب).

مثال: لو كان النمط السلوكي هو مشاهدة التلفاز (فلم كرتون محبب للطفل) أكبر احتمالا من قراءة الطفل لدروسه، (أي أن استجابة مشاهدة التلفاز أقوى من استجابة القراءة عند الطفل). من أجل تقوية استجابة القراءة عند الطفل يجب أن تكون مشاهدة التلفاز شرطا لاستجابة القراءة، أي يستجيب الطفل بالقراءة على النحو المرغوب فيه أولا ومن ثم يشاهد التلفاز.

وبما أن مشاهدة التلفاز أكثر تواترا من القراءة وتتلوها فستؤدي هذه المشاهدة إلى تقوية القراءة، أي أن الاستجابة للتلفاز تعزز الاستجابة للقراءة.

العلاقة بين الدافعية والتعزيز:

يوجد ارتباط وثيق بين الدافعية والتعزيز، فالطعام مثلا يقوم بوظيفة المعزز الفعال في حال حدوث جوع العضوية فقط، فما لم تكن العضوية مدفوعة بالجوع فإن الاستجابات التي تسبق تقديم الطعام مباشرتا لن تتقوى.

أقسام المعززات:

تقسم المعززات إلى قسمين:

١. معززات إيجابية: وهي المثيرات التي تزيد احتمال حدوث الاستجابة نتيجة تطبيقها على نمط سلوكي معين.

٢. معززات سلبية: وهي المثيرات التي تزيد حدوث الاستجابة نتيجة إزالتها أو حذفها في سياق سلوكي ما.

أهمية التعزيز الإيجابي:

إن للتعزيز الإيجابي أهمية لتغيير السلوك، فهو يفوق في أثره التعزيز السلبي أو العقاب، فالتعزيز الإيجابي يقوي ويؤكد السلوك المرغوب فيه، أو المراد تعلمه. أما خصائص الصف الذي يسوده جو التعزيز الإيجابي، فهو جو ايجابي يسوده المدح والتشجيع والتعاون، ويقل فيه الشعور بالقلق واللوم والانتقاد، بينما التعزيز السلبي والعقاب يجعلان الطالب يسعى نحو الفرار من نتائج مؤلمة ومنفرة، محاولا تجنب الفشل والخوف والخبرات القاسية والقلق.

بالإضافة إلى تقسيم المعززات إلى معززات إيجابية وسلبية يمكن تقسيمها إلى:

١. معززات أولية: وهي المثيرات او الحوادث التي تنتج آثارا في السلوك دون تعلم سابق أو دون تاريخ تعزيزي سابق، وتقسم هذه إلى:

- معززات أولية إيجابية: وهي مثيرات محببة للعضوية تنتج آثارا في سلوكها دون تعلم مسبق أو تاريخ تعزيز سابق، كالطعام والشراب.
- معززات أولية سلبية: وهي مثيرات منفرة إذا حذفت أو أزيلت من الوضع التعليمي تقوي السلوك، وهي تقوي السلوك دون تعلم سابق أو تاريخ تعزيز سابق، كالصدمة الكهربائية والحر والبرد الشديدين.

٢. معززات ثانوية: وهي المثيرات أو الحوادث التي لا تملك بطبيعتها خصائص التعزيز، ولكنها اكتسبت بسبب ارتباطها أو اقترانها المتكرر بالمعززات الأولية، مثال عليها: اقتران صوت الجرس بالطعام بشكل متكرر فإن هذا يكسب صوت الجرس خاصية التعزيز، ويصبح له دور في الحفاظ على الاستجابة وتقويتها، وتقسم المعززات الثانوية إلى قسمين هما:

● معززات ثانوية إيجابية: وهي المثيرات الثانوية إذا اقترنت بمعززات أولية إيجابية، كاقتران صوت الجرس بالطعام.

● معززات ثانوية سالبة: وهي المثيرات الثانوية إذا اقترنت بمعززات أولية سالبة، كاقتران الضوء الأحمر (معزز ثانوي)، بالصدمة الكهربائية (معزز أولي سلبي)، يجعل من الضوء معززا ثانويا سلبيا يؤدي إلى تعزيز استجابة الهرب عند العضوية وتقويتها.

شروط التعزيز:

بحث علماء النفس عددا من الشروط التي تزيد من فاعلية التعزيز وأثره في معدل التعلم ومستوى الأداء المطلوب، ومن أبرز هذه الشروط:

● زيادة حجم المثير المعزز (الإثابة) أو مقداره: تعتبر كمية المثير المعزز متغيرا هاما من متغيرات التعزيز إذ أن قوة الارتباط تزداد بازدياد كمية المثير المعزز.

● إرجاء المعزز: إن الإسراع في تعزيز الاستجابة المرغوب فيها يزيد من فاعلية التعزيز، فالفترة التي تفصل بين الاستجابة وتقديم المثير الذي يعززها تشكل متغيرا هاما من المتغيرات التي تؤثر في فاعلية التعزيز. تشير عدد من الدراسات إلى وجود علاقة ذات طبيعة عكسية بين قوة الارتباط (التعلم) وفترة الإرجاء، فكلما طالت فترة إرجاء تقديم المثير المعزز كان مستوى الأداء أدنى (Logan, ١٩٦٠).

● تواتر المعزز أو تكراره: إن تكرار وتواتر التعزيز له أثر في مستوى أداء الاستجابات، فأظهرت الدراسات أن مستوى أداء الاستجابة المعززة أسرع من مستوى أداء الاستجابات غير المعززة، وأن هذا المستوى يأخذ في التحسن كلما كان المتعلم غير قادر على التنبؤ بالاستجابات التي سوف تعزز (Amrel, ١٩٦٧).

إجراءات تزيد من فاعلية التعزيز:

١. تعريف السلوك الذي سيعززه المعلم إجرائيا.

٢. مكافأة السلوك بعد حدوثه مباشرة.

٣. مكافئة السلوك بشكل متواصل في البداية، ومن ثم العمل على سحب التعزيز تدريجياً.

٤. عدم استخدام المعزز نفسه مره تلو الأخرى وبدلا من ذلك استخدام أشكال وأنواع أخرى من التعزيز.

٥. استخدام المعززات غير المألوفة للفرد بقدر الإمكان.

٦. توضيح الظروف التي سيتم فيها تعزيز الفرد.

٧. استخدام المعززات المناسبة للفرد الذي يتعامل معه المعلم وتـذكر أن لكـل فـرد معززاتـه، وذلك يعتمد على خبراته وتاريخه التعليمي الخاص به.

٨. استخدام كمية التعزيز المناسبة، ويعتمد ذلك على:

- مستوى حرمان الفرد من المعزز.

- نوع المعزز المستخدم.

- الجهد الذي يبذلك الفرد لتأدية السلوك المستهدف.

أشكال المعززات:

يرى سولزر ورفاقه (Sulzer, ١٩٧٧) أن هناك خمسة أشكال من المعززات هي:

١. المعززات الغذائية: تشمل كل أنواع الطعام والشراب التي يفضلها الفرد.

٢. المعززات المادية: وتشمل الأشياء التي يحبها الفرد كالألعاب والقصص.

٣. المعززات النشـاطية: وتشـمل النشـاطات التـي يحبهـا الفـرد، كمشـاهدة بـرامج التلفـاز والألعاب الرياضية...

٤. المعززات الرمزية: وهي المثيرات القابلة للاستبدال كالنقاط والنجوم.

٥. المعززات الاجتماعية: كالابتسامة والثناء وإظهار مشاعر الاحترام والتقدير.

ج. مفهوم العقاب:

معنى العقاب:

العقاب: هو الحادث أو المثير الذي يؤدي إلى إضعاف أو كف بعـض الأنمـاط السـلوكية، وذلك إمـا بتطبيق مثيرات منفرة غير مرغوب فيها على هذه الأنماط كالضرب والصدمة الكهربائيـة، أو بحـذف مثيرات مرغوب فيها من السياق السلوكي بحيث ينزع السلوك موضع الاهـتمام إلى الـزوال كحرمـان الطفل من الاستراحة أو المصروف او اللعب.

تجدر الإشارة إلى أن العقاب كالتعزيز يعرف بآثاره في السلوك، حيث يعتمد على ما ينتج من تغيرات في السلوك، فالمثير أو الحادث الذي يؤدي إلى كف الاستجابة يعتبر عقابا، فضرب الطفل مثلا لا يقوم بوظيفة العقاب إلا إذا أدى إلى كف السلوك الذي يرغب المربي في إضعافه وكفه عند الطفل.

أقسام العقاب:

أ‌. عقاب إيجابي: وهو تقديم مثير أو حادث منفر على بعض الاستجابات، كضرب الطفل عند قيامه بسلوك ما.

ب‌. عقاب سلبي: وهو حذف لو إزالة مثير مرغوب فيه من سياق تعليمي، كحرمان الطفل من المصروف، أو منع الطعام.

بالإضافة إلى تقسيم العقاب إلى عقاب إيجابي وسلبي يمكن تقسيمه إلى:

١. مثيرات عقابية أولية: وهي المثيرات او الحوادث التي تنتج أثرا كفيا في السلوك دون تعلم سابق أو دون تاريخ عقابي سابق، وتقسم إلى:

● مثيرات عقابية أولية إيجابية: وهي المثيرات أو الحوادث التي تنتج أثرا كفيا في السلوك دون تعلم سابق أو تاريخ عقابي سابق، كالضرب أو الصدمة الكهربائية.

● مثيرات عقابية أولية سلبية: وهي المثيرات أو الحوادث التي لا تملك بحكم طبيعتها القدرة على كف السلوك أو إزالته وإنما تكتسب هذه القدرة بسبب ارتباطها أو اقترانها المتكرر بالمثيرات العقابية الأولية. وهي مثيرات إذا حذفت أو أزيلت من الوضع التعليمي تقوي السلوك، وهي تقوي السلوك دون تعلم سابق أو تاريخ تعزيز سابق، كالحرمان من الطعام..

٢. مثيرات عقابية ثانوية: وهي المثيرات أو الحوادث التي لا تملك بطبيعتها القدرة على كف السلوك، ولكنها اكتسبت هذه القدرة بسبب ارتباطها أو اقترانها المتكرر بالمثيرات العقابية الأولية، مثال عليها: اقتران صوت الجرس بالطعام بشكل متكرر فإن هذا يكسب صوت الجرس خاصية التعزيز، ويصبح له دور في الحفاظ على الاستجابة وتقويتها، وتقسم المعززات الثانوية إلى قسمين هما:

● مثيرات ثانوية إيجابية: وهي المثيرات الثانوية إذا اقترنت بمثير عقابي أولي إيجابية، كاقتران الضوء بالصدمة الكهربائية، فيكتسب الضوء الخاصية العقابية للصدمة الكهربائية.

- مثيرات ثانوية سالبة: وهي المثيرات الثانوية إذا اقترنت بمثيرات عقابية أولية سالبة، كاقتران الضوء الأحمر (مثير ثانوي)، بالحرمان من الطعام (مثير أولي سلبي).

لاحظ الأمثلة الآتية:

- اقتران الضوء بصدمة كهربائية: يصبح الضوء مثيراً عقابياً ثانوياً ايجابياً.

- اقتران الضوء بحرمان الطعام: يصبح الضوء هنا مثيراً عقابياً ثانوياً سلبياً.

تسمى المثيرات الأولية مثيرات حيادية، أي المثيرات التي لا تملك بحكم طبيعتها خصائص التعزيز (تقوية السلوك)، أو خصائص العقاب (كف السلوك)، ويمكن أن تغدو مثيرات ثانوية تعزيزيه أو عقابية على حد سواء وذلك طبقا للمثيرات الأولية التي تقترن او ترتبط بها (النشواتي، ٢٠٠٣).

أثر العقاب في السلوك:

العقاب ليس فعالاً بالضرورة، فالتعزيز أكثر فعالية من العقاب في مجال تعديل السلوك.

العوامل المؤثرة في نتائج العقاب:

١. قسوة العقاب: أظهرت عدد من الدراسات أن فعالية العقاب مرتبطة بقسوته (شدة الألم الناجم عن تطبيق المثير العقابي، وديمومة هذا الألم أو فترة استمراره) (Boer, ١٩٦٦). إن لشدة العقاب وديمومته أثر في كف السلوك غير المرغوب فيه.

٢. الفترة الزمنية الفاصلة بين تطبيق العقاب والاستجابة العقابية: كلما قصرت الفترة الزمنية بين تقديم المثير المنفر والاستجابة موضع العقاب كان هذا المثير أكثر فعالية في كف الاستجابة، فالعلاقة الزمنية بين تقديم المثير المنفر والاستجابة علاقة عكسية (Church, ١٩٧٠).

٣. التاريخ العقابي السابق: إن الخبرة العقابية السابقة تلعب دور كبير في فعالية العقاب، حيث أظهرت عدد من الدراسات أن أثر الخبرة العقابية السابقة يختلف باختلاف قسوة العقاب السابق.

٤. توافرية الاستجابة البديلة: العقاب أداة فعالة في تعديل السلوك، إذا استخدمت فترة كف السلوك غير المرغوب فيه في تعلم سلوك جديد يتعارض مع السلوك القديم، مثال: سلوك مص الإبهام، يمكن كفه بشكل فعال إذا تم توفير سلوك بديل مثل تعليم الطفل سلوك الإمساك بالقلم (انظر النشواتي، ٢٠٠٣).

إرشادات مهمة عند استخدام العقاب:

العقاب لا يستخدم إلا للضرورة، ولكن إذا تم استخدامه يجب على المربي مراعاة الآتي:

١. أن يكون العقاب شديد (مؤلم).
٢. تقديم المثير العقابي في حده الأقصى دفعة واحدة (البعد عن التدرج في العقاب).
٣. أن يكون العقاب بعد السلوك غير المرغوب فيه مباشرة.
٤. عدم استخدام العقاب على نحو متكرر.
٥. عدم تقديم الثواب أو المعززات بعد العقاب.
٦. توافر الاستجابة البديلة (Axelord and Apsche, ١٩٨٣).
٧. استخدام العقاب السلبي أفضل من العقاب الايجابي.

د. المحو (*Extinction*):

معنى المحو:

المحو: هو إضعاف أو كف تواتر الاستجابة (السلوك) على نحو تدريجي إذا رفع التعزيز عن هذه الاستجابة التي تم تعلمها به.

العوامل التي تؤثر في المحو:

١. عدد مرات التعزيز: تكون الاستجابة أكثر مقاومة لعملية المحو كلما زادت مرات التعزيز (تزداد مقاومة المحو كلما زادت مرات التعزيز).
٢. كمية التعزيز: تشير كمية التعزيز إلى مقدار المثير المعزز او حجمه، حيث أظهرت الدراسات أن مقاومة المحو تكون أضعف في حال استخدام معززات كبيرة الحجم أثناء فترة التدريب على تعلم الاستجابة، فعلى الرغم من أن المعززات كبيرة الحجم تسهل التعلم إلا أنها تؤدي إلى سرعة المحو أيضا (Wagner, ١٩٦١).
٣. تغاير المثير والاستجابة (تغيير الشكل): أظهرت عدد من الدراسات أن الاستجابات المتعلمة تقاوم المحو على نحو أكبر إذا كانت شروط التعلم أكثر تنوعا وتباينا وتغايرا (Logan, ١٩٧٦). يكون التعلم أقوى وأكثر مقاومة للمحو عندما تقدم المثيرات بأشكال وحجوم وألوان متنوعة ومتعددة.

٤. تغاير التعزيز: تشير الدراسات أن التعزيز الجزئي (تعزيز بعض الاستجابات دون البعض الآخر) قادرا على مقاومة المحو أكثر من الاستجابات المتعلمة في ضوء شروط التعزيز المستمر (تعزيز جميع الاستجابات الصحيحة).

بعض الإرشادات الهامة لتقوية الاستجابات المتعلمة، وجعلها أكثر قدرة على مقاومة المحو أو النسيان ومنها:

١. اعتبار التعزيز استراتيجية أساسية في التعلم.

٢. تقديم المعززات ذات الحجم المناسب أو المعتدل، حيث تقدم المعززات ذات القيمة الكبيرة في بداية التعلم، ويجب تخفيض قيمة المعززات كلما تقدم المتعلم في مجال إتقان هذه المهارة، وعلى نحو تدريجي.

٣. تقديم موضوعات التعلم (المثيرات) في سياقات تعليمية متنوعة ومتعددة، تتباين فيها هذه المثيرات من حيث الشكل والحجم واللون والوضع...

٤. تدريب المتعلمين على أداء الاستجابات المرغوب فيها ذاتها بطرق متنوعة ومتعددة، وفي سياقات مثيرة متباينة، كتدريب الطفل على كتابة الكلمات الجديدة بألوان مختلفة وأشكال وحجوم مختلفة، وان يكتبها على سطوح متباينة، بحيث يحتاج في كل استجابة إلى استخدام مجموعة حركات متباينة نوعا ما.

٥. استخدام التعزيز المستمر في بداية تعلم المهارات فقط، واستخدام التعزيز الجزئي عندما يتقدم المتعلم في مجال اكتساب هذه المهارات، بحيث يتم تعزيز بعض الاستجابات الصحيحة دون البعض الآخر؛ لأن ذلك يمكنه من الاحتفاظ بالاستجابات المتعلمة على نحو أفضل (النشواتي، ٢٠٠٣).

هـ. التمييز والتعميم (*Discrimination and Generalization*):

إن من أهم خصائص السلوك هو الطبيعة الانتقائية، فالناس لا يستجيبون على نمط واحد للظواهر الطبيعية والاجتماعية المتنوعة التي تحيط بهم، بل يستجيبون على نحو مختلف للظواهر المختلفة، ولعل هذه الطبيعة الانتقائية هي التي تمكن الإنسان من إنتاج استجابات تناسب عالما دائم الحركة والتغيير، بحيث تتوفر له شروط البقاء والتكيف الأفضل مع الحياة.

وتشير طبيعة السلوك الانتقائية أيضا إلى أن الإنسان يمتلك بعض المعرفة والمعلومات عن العالم الذي يعيش فيه، فلولا معرفته المسبقة بالمثيرات أو الحوادث المحيطة

به، لما استطاع اختيار بعض المثيرات والاستجابة لها، وتجاهل المثيرات الأخرى بعدم الاستجابة لها، وحصول الفرد على مثل هذه المعرفة والمعلومات يقع في مجال التعلم التمييزي (النشواتي، ٢٠٠٣).

التمييز: هو قدرة العضوية على الاستجابة للمثيرات المناسبة، أو ذات العلاقة بالموضع التعليمي، وتجاهل المثيرات غير المناسبة، او التي لا علاقة لها بهذا الوضع، أي أن التمييز هو القدرة على الاستجابة على نحو متباين لمثيرات متباينة.

التعميم: هو القدرة على تطبيق استجابة ثم تعلمها بحضور مثير معين على مثير آخر شبيه به، فإذا تعلم الطفل أن يرفع المثنى بعد كان وأخواتها، فعليه أن يرفعه في أي جملة يكون فيها المثنى اسم كان وأخواتها.

إن التمييز والتعميم عمليتان متداخلتان ومترابطتان تؤديان إلى ضبط السلوك وتعلم المفاهيم وانتقال التدريب.

المبحث العاشر

الفرق بين التعلم والتعليم (Learning and Teaching):

التعلم (Learning): هو التغيرات التي تحدث لدى المتعلم جراء مروره بخبرة تعليمية او دروس محددة تغير من موقفه عن نقطة البداية.

تركز عملية التعلم على:

١. إحداث تغيرات مرغوبة في البنى المعرفية أو في عدد المفاهيم التي يطورها المتعلم بعد مروره في موقف تعليمية محددة.

٢. تحسن في الأداءات المعرفية والنفسحركية والوجدانية بفعل إدخالات محددة.

٣. تحديد أهداف التعلم بشروط ومعيار الأداء.

٤. وضع المتعلم واعتبار خصائصه الشخصية في بناء مواقف التعلم.

٥. التغيرات دائمة نسبياً.

التعليم (Teaching): ما يقوم به المعلم وما يمتلكه من خصائص، وتهدف عملية التعليم مساعدة المتعلم على تحسين أداءات الطلبة الصفية. وحتى يتحقق ذلك لابد أن يمتلك المعلم مجموعة من خصائص ومهارات ولذلك فإن عملية التعلم تعني بالآتي:

١. مجموعة الإجراءات الصفية التي يقوم بها المعلم.

٢. نظرية التدريب التي يتبناها المعلم في إجراءاته.

٣. نموذج التدريس الذي يستخدمه المعلم.

٤. نظرية التعليم التي يتبناها المعلم.

٥. خصائص المعلم الشخصية (انظر عدس وقطامي، ٢٠٠٦).

نماذج التعلم (نظريات التعلم):

نماذج التعلم: هي مجموعة المبادئ الموجهة التي تزودنا بإطار يمكننا من فهم طبيعة سيكولوجية التعلم وتفسير الأنماط السلوكية المتنوعة.

المبحث الحادي عشر

النموذج الأولى: التعلم الارتباطي (*Connectionism*) ثورندايك) (أو التعلم بالمحاولة والخطأ)

١. يفسر هذا النموذج التعلم من خلال حدوث ارتباط يصل بين المثير والاستجابة.
٢. أكثر أشكال التعلم تميزا:

- التعلم بالملاحظة والخطأ: يرى ثورندايك أن الفرد يتعلم من خلال عملية المحاولة والخطأ؛ لهذا فإن مهمة المعلم توفير الفرص للمتعلم لممارسة هذه المحاولات ومساعدة المتعلم على تعرف الاستجابات الناجحة ليعمل على تكرارها، والاستجابات الفاشلة فيعمل على تجاوزها، وقبل ذلك فإن مهمة المعلم ان يستثير في التلميذ الرغبة في الاستجابة والاندفاع في المحاولة والخطأ (أبو حطب، وصادق، ١٩٨٠).
- التعلم بالاختيار والربط: وهو التعلم الذي يحدث عندما يواجه المتعلم وضعا مشكلا يجب حله أو التغلب عليه للوصول إلى هدف ما.

٣. قام ثورندايك تجربة على قط جائع في قفص مشكل - أي له وضعا مثيراً (Stimulus Situation) بحيث يستخدم القط أكثر من نمط من السلوك ونمط واحد من السلوك يمكن القط من فتح الصندوق - يمكن فتحه باستجابة معينة بحيث يتخلص من السجن والوصول إلى قطعة من اللحم، والقط الجائع في هذا الصندوق قام بعدد من الأنماط السلوكية على النحو الآتي:

- قام القط بمجموعة من السلوكات، ولكنه فشل في فتح الصندوق؛ لعدم تمكنه من القيام بالسلوك المناسب الذي يفتح الصندوق.
- نجح القط في فتح الصندوق من خلال المحاولة والخطأ.
- كلما زاد عدد المحاولات أخذ الزمن - الذي يستغرقه العضوية للتعلم - يقل ثم في النهاية يأخذ بالثبات النسبي الأمر الذي يشير إلى حدوث التعلم (أي أصبح القط يفتح الصندوق من أول مره).

٤. من هذه التجربة استنتج ثورندايك عدداً من قوانين التعلم وهي:

- **قانون الأثر (Law of effect):** تتقوى الارتباطات بين المثير والاستجابة - المثير (الصندوق المثير) وبين الاستجابة (فتح الصندوق) - بين أوضاع مثيريه معينة

واستجابات معينة إذا كانت هذه الاستجابات متبوعة بحالة من السرور او الرضا أو الإشباع، وتضعف إذا كانت متبوعة بحالة من الضعف أو الألم او الإزعاج.

إن الأثر الناجم عن النجاح والفشل هو المسئول عن اختيار الاستجابة الأكثر تكيفا وتحقيقا للهدف المنشود، بعبارة أخرى الثواب أو النجاح يدفع على تعلم السلوك الناجح المثاب والعكس صحيح.

اثر الثواب اكبر من أثر العقاب.

- **قانون الاستعداد (Law of Readiness)**: وضع تورندايك هذا القانون مستخدما مصطلح الوحدات العصبية التوصيلية (Conduction Units) لوسم او تحديد الشروط التي ينزع المتعلم من خلالها إلى الشعور بالرضا أو الانزعاج. إن حالتي الرضا (Satisfaction) والإحباط (Frustration) (الانزعاج) تتوقفان على الحالة الاستعدادية للعضوية ذاتها في حال تسهيل أداء استجابة معينة أو إعاقتها.

  الاستعداد[١٠] كما يرى تورندايك: نوع من التكيف الاستعدادي يؤهل المتعلم لأداء بعض الاستجابات أو النفور من بعضها، بغض النظر عن مرحلة النمو التي يبلغها؛ لأن العضوية قلما تبتعد عن استجابة مع القدرة عليها، وإذا ما أجبرت تشعر بحالة من الانزعاج أو عدم الرضى، ويتم الرضى أو عدمه من خلال ثلاثة نماذج

  أ. استعداد وحدة التوصيل للتوصيل (أداء سلوك ما): سيكون الأداء مريحا ومرضيا.

  ب. استعداد وحدة التوصيل للتوصيل وحدث ما يحول دون لك: سيحدث عدم الرضا.

  ت. إذا كانت وحدة التوصيل غير مستعدة للتوصيل وكانت مكرهة عليه: سيحدث عدم رضا

- **قانون التدريب (Law of exercise)**: أثر الاستعداد والممارسة في تقوية الارتباطات او إضعافها (التقوية: زيادة احتمال حدوث الاستجابة، عندما يعود الوضع

---

[١٠]. يختلف مفهوم الاستعداد الذي قصده تورندايك عن مفهوم الاستعداد الذي يستخدمه المربون حاليا يحث يشير مفهوم الاستعداد عندهم إلى: يشير إلى مرحلة نمو معينة تؤهل صاحبها للقيام ببعض الأنماط السلوكية أو اكتساب مهارات معينة إذا توافرت الظروف المثيرية المناسبة

الذي يستثيرها إلى الظهور، أمـا الإضعاف فيشـير إلى: إعاقة حـدوث الاسـتجابة لـدى ظهور الوضع المرتبط به).

يقوى الارتباط بالاستعمال والممارسة (قانون الممارسة كمـا أشار تورنـدايك (Law of use))، ويضعف عند الإهمال (قانون الإهمال كما أشار إليـه تورنـدايك (Law of disuse)) وعدم الممارسة. يؤكد توراندايك على أن التـدريب ذاتـه لا يحسـن الأداء بـل يجب إقرانه بقانون الأثر.

● **قانون الاستجابات المتعددة (Law of multiple response):** قدرة المتعلم علـى أداء اسـتجابات متعـددة او متنوعـة للوصـول إلى الاسـتجابة الصحيحة المؤديـة إلى الـرضى والارتياح.

● **قانون الاتجاه أو المنظومـة (Law of set or attitude):** يتـأثر التعلم باتجاهـات المتعلم؛ لأن الاستجابات محـددة جزئيـا بخصـائص التكيـف التـي يمتـاز بها الأفـراد الناشئون في بيئة او ثقافة معينة. إن الاتجاهات لا تحدد ما سيفعله المتعلم فحسـب، بل تحدد ما يرضيه أو يزعجه أيضا. يتعلـق هـذا القـانون بمفهـوم مسـتوى الطمـوح (Level of aspiration): ويشير إلى مدى امتلاك الفـرد لمعيـار داخـلي يحـدد إمكانيـة أدائه لواجبات معينة، من الوجهتين الكمية والنوعية ويعزز أو يعاقب هذا الأداء طبقا لاقترانه أو ابتعاده عن المستوى أو المعيار المحدد له.

● **قانون قـوة العنـاصر (Law of prepotency of element):** قـدرة المتعلم علـى الاسـتجابة على نحو انتقائي بحيث يستجيب للعنـاصر الأكثر شيوعا وقوه وأهميـة في التعلم، وهذا يتطلب الانتباه والتجريد (تحليـل الوضـع المشكل والوقوف عـلى أهـم عناصره التي تبصره بالحل المنشود).

● **قانون الاستجابة بالمماثلة (Law of response by analogy):** قـدرة المتعلم عـلى الاستفادة من تعلمـه السـابق وذلك بمقارنة الأوضـاع التعليميـة الجديدة بالأوضـاع القديمة السابقة، للوقوف على أوجه التشابه بينها، الأمر الـذي يمكنه مـن الاسـتجابة للوضع الجديد، على نحو شبيه باستجابته للوضع السابق.

● **قانون الانتقـال الارتبـاطي (Law of associative shifting):** قـدرة الفرد عـلى الاحتفاظ بالاستجابة رغم التغيرات التي تطرأ على الوضع المثيري الذي ارتبط به.

- **الانـتماء (Belongingness):** يشـير إلى سـهولة الارتبـاط بـين وحـدتين او فكـرتين أو مثيرين إذا أدرك أنهما ينتميان إلى وضع واحـد معـين مثـل إدراك الطفـل الـترابط بـين العدوان والاستعمار، والعدل والمساواة، والوطنية والتحرر.
- **التعرف (Ldentifiability):** يشير إلى سـهولة ارتبـاط وضـع مثـيري معـين، واسـتجابة معينة، إذا تمكن المتعلم من التعرف على الوضع نتيجـة خـبرة سـابقة، وهـذا يشـير إلى مفهوم التمييز (Stimulus Discrimination) الذي تم الإشارة إليه في السابق.
- **القطبية (Polarity):** يشير إلى أن الارتباطات تعمل في الاتجاه الذي تشكلت فيه، على نحو أسهل من الاتجاه المعاكس، إذ تعلم الطفل ٣×٧ = ٢١ فقد يتلكأ في الإجابـة عـن ٧×٣.
- **التوافرية (Availability):** يشير إلى سهولة اسـتدعاء الاسـتجابة المتـوافرة والمسـتعدة للعمل بسبب قوة ارتباطها بالمثيرات التي أثارتهـا في بـدء تشـكيل الارتباطـات (تزويـد المتعلم بالقرائن التي تسهل استدعاء ما تم تعلمه)

٥. التطبيقات التربوية لنظرية ثورندايك: تقدم نظرية ثورندايك الإرشادات الآتية:

- الاهـتمام بالنشـاطات المدرسـية المرغـوب في تحقيقهـا (يضـع المعلـم في اعتبـاره الاستجابة المرغوب ربطها بهذا الموقف).
- الاهتمام بتحسين أداء الطلاب وذلك بتزويدهم بالثواب والتغذية الراجعة.
- صياغة المادة الدراسية بحيث تبدو ذات معنى بالنسبة للطلاب.
- تشكيل الموقف التعليمي بطريقة يغدو فيها المتعلم قادرا على إدراك حاجة يمكـن إشباعها بالدرس موضع الاهتمام.
- استثارة انتباه الطلاب بطريقة تمكنه من تحليل الموقف التعليمـي والوقـوف عـلى أكثر عناصره أهمية.
- تحديد الروابط بـين المثـيرات والاسـتجابات التـي تتطلـب التكـوين أو التقـويم أو الإضعاف.
- تحديد الظروف التي تؤدي إلى الرضى أو الضيق عند الطلبة.
- استخدام الرضى او الضيق في التحكم في سلوك الطلبة.
- إعطاء فرص كافية لممارسة المحاولة والخطأ مع عدم إغفال أثـر الجـزاء المتمثـل في قانون الأثر لتحقيق السرعة في التعلم والفاعلية.

- التدرج في عملية التعلم من السهل إلى الصعب ومن الوحدات البسيطة على الأكثر تعقيداً.

- التركيز على التعلم القائم على الأداء وليس القائم على الإلقاء.

- تصميم مواقف التعلم على نحو يجعلها مشابهة لمواقف الحياة ذاتها.

- على المعلم تجنب تكوين الروابط الضعيفة وتجنب تكوين أكثر من رابطة في الوقت الواحد، والعمل كذلك على تقوية الارتباط بين الاستجابة والموقف. (انظر أبو جادو، ٢٠٠٣، عدس وقطامي، ٢٠٠٦، النشواتي، ٢٠٠٣، عليان وآخرون، ١٩٧٨، أبو حطب وصادق، ١٩٨٠)

٦. خصائص التعلم بالمحاولة والخطأ:

- يمكن استخدام هذا النوع من التعلم مع الأطفال الصغار.

- يتعلم الفرد عن طريق المحاولة والخطأ لانعدام عامل الخبرة والمهارة أو عدم توافر القدر الكافي من الذكاء لحل المشكلات.

- يمكن لهذا النوع من التعلم أن يكون أساس اكتساب بعض العادات والمهارات الحركية وتكوينها مثل السباحة إذا حاول الشخص تعلمها دون إشراف مدرب (أبو علام، ١٩٨٦: ٢٥٥).

المبحث الثاني عشر

النموذج الثاني: التعلم الاستجابي (الاشتراط الكلاسيكي) (Respondent Learning) (ايفان بافلوف(Pavlov)):

١. قام بافلوف بإجراء تجريبي على الكلب وعملية إفراز اللعاب، حيث وضع كلب جائع في صندوق. وقبل أن يسقط على الكلب قطعة من الحم كان يقرع الجرس، وبعد تكرار هذه التجربة مرارا (صوت الجرس وبعده إسقاط قطعة من اللحم) تعلم الكلب أن يفرز اللعاب عند سماع صوت الجرس (النشواتي، ٢٠٠٣).

٢. يرى بافلوف أن هناك نوعين من المثيرات هي:

- مثير غير شرطي (Unconditioned Stimulus) (وكان عنده في التجريب يتمثل بقطعة اللحم): وهو المثير الذي يجر استجابة عند العضوية دون حاجة على تعلم سابق؛ وذلك لان هناك علاقة وظيفية طبيعية بينها وبين الاستجابة، وللمثير غير الشرطي

(قطعـة اللحـم)، اسـتجابة غـير شرطيـة (Unconditioned Response) (إفـراز الكلب اللعاب).

- مثير شرطي (Conditioned Stimulus)(وكان عنده في التجريب يتمثل بصـوت الجرس): وهو المثير الذي اكتسب خاصية المثير غـير الشرطي لاقترانـه بـه، فالمثير الشرطي اكتسب هذه القدرة على الإثارة بالتدريب وليس بسبب طبيعتـه، ويوجـد بالمقابـل للمثير الشرطي (صـوت الجـرس) اسـتجابة شرطيـة (Conditioned Response) (إفراز اللعاب). تجدر الإشارة إلى أن المثير الشرطي (صـوت الجرس) كان مثيرا حياديا (Neutral Stimulus) بالنسبة للكلب قبل التدريب، أي لم تكـن هناك علاقة وظيفية طبيعية بين سـماع صـوت الجـرس وإفراز اللعاب؛ لان هـذا الصوت لا يملك عادة القدرة على استثارة اللعاب.

النموذج الآتي يوضح الخطوات التي قام بها بافلوف ونتائج التجربة التي قام بها:

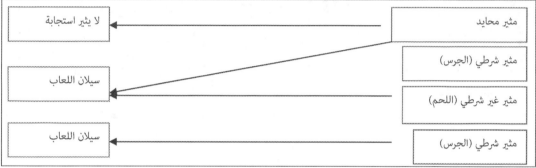

٣. يتضح أن الاشراط الكلاسيكي (Classical Conditioning): هـو تشكيل ارتبـاط بـين مثير شرطي ما واستجابة ما من خلال اقتران المثير الشرطي بتقديم المثير غير الشرطي.

٤. الاشراط قد يكون إيجابيا وقد يكون سلبيا، حسب الأثر الذي يحدثه المثير غـير الشرطي، مثال: ابتسامة المعلم استجابة غير شرطية، اقتران هذه الابتسامة بالمعلم والمدرسة (مثيرات حيادية أصلا)، تقدر على استجرار استجابة الشعور بالسرور والسعادة، ولـو اسـتبدلنا بـدل ابتسامة المعلم الضرب لكان ...

٥. المثيرات السارة تتطلب حالة دافعية معينة (جوع مثلا)، أما المثيرات غير السارة فلا تتطلب ذلك.

٦. العوامل المؤثرة في الاشراط الكلاسيكي:

- كمية التدريب: توثر عدد مرات إقران المثير الشرطي بالمثير غير شرطي في التعلم.
- الفاصل الزمني بين تقديم المثير الشرطي والمثير غير الشرطي: كلما قلت الفترة الزمنية بين تقديم المثير الشرطي والمثير غير الشرطي كان التعلم أفضل.
- شدة المثير: كلما كان وقع المثير أكبر على العضوية كانت الاستجابة اكبر، مثل: نفخة الهواء الفورية على العضوية، كلما كانت شديدة كانت الاستجابة أقوى.
- دور التعليمات: هناك أهمية لبعض العوامل المعرفية حول الاشراط يلعب دور في قوة هذا الاشراط.

٧. يعتمد هذا النموذج على تقديم المعزز أولاً لاستجرار السلوك وذلك وفق المخطط الآتي:

معزز ← استجرار ← سلوك.

٨. **مفاهيم النظرية:**

- **الاكتساب (Acquisition):** يقصد بالاكتساب في الاشراط الكلاسيكي بأنه: تعلم أولي للربط بين المثير والاستجابة، وهذا ينتزع الاستجابة الشرطية. تجدر الإشارة إلى أن هناك عدد من العوامل التي تؤثر في عملية الاكتساب وهي:

أ. الترتيب الزمني لتقديم المثير الشرطي والمثير غير الشرطي: ينبغي أن يسبق المثير الشرطي المثير غير الشرطي ويستمر ذلك حتى يقدم المثير الشرطي لوحده ويستجر استجابه، يسمى هذا الترتيب (بالاشتراط التقدمي)، إذا قدم المثير عير الشرطي قبل المثير الشرطي عندها يسمى هذا (الاشراط الراجع أو الرجعي).

ب. شدة المثير غير الشرطي: كلما كان المثير غير الشرطي قوي (كمية اللحم أكبر مثلا)، كانت الاستجابة غير الشرطية قوية وبالتالي تكون الاستجابة الشرطية قوية أيضا.

ج. عدد مرات الاقتران بين المثير الشرطي والمثير غير الشرطي: كلما زاد عدد مرات

الاقتران بين المثير الشرطي والمثير غير الشرطي كلما كانت الاستجابة الشرطية أكثر قوة (أبو غزالة، ٢٠٠٦).

- **تعميم المثير:** وهو إصدار نفس الاستجابة لمثيرات مشابهة، أي أن الاستجابة الشرطية لمثيرات تشبه المثير الشرطي الأصلي، فعندما يتعلم الفرد الربط بين مثير شرطي ومثير غير شرطي فهو يستجيب بنفس الطريقة لمثيرات متشابهة، فالطفل الذي يخاف من طبيب الأسنان قد تظهر هذه الاستجابة لديه عند ذهابه إلى الطبيب العام، وتعلم قيادة السيارة يعمم على جميع أنواع السيارات. إن هناك وجه سلبي للتعميم فالطفل الذي يخاف من النحلة قد يعمم خوفه من النحلة إلى الصرصار إلى الناموس... وبذلك تكثر المخاوف المتشابهة للمثير الشرطي الأول ومن هنا جاء مفهوم التمييز (,Zanden ١٩٩٩). والتمييز كما مر في السابق هو تقديم استجابات متنوعة لمثيرات متنوعة، فالكلب في تجربة بافلوف تعلم الاستجابة لصوت الجرس له شدة محددة وليس لكل أصوات الأجراس المشابهة له في الشدة ويحدث ذلك عندما يقوم صوت الجرس عن قصد استخدام أصوات أجراس أخرى مختلفة الشدة عن المثير الشرطي الأصلي دون أن يتبعها بالمثير غير الشرطي (اللحم). مثال توضيحي للتمييز: الطفل الذي كان يخاف من جميع الحيوانات التي تشبه الحيوان الذي كون لديه استجابة الخوف ويبدأ بعد ذلك بإصدار استجابة الخوف إلى حيوان معين وليس إلى جميع الحيوانات التي تشبهه.

- **التنبيه أو الاستثارة (Arousal):** وهو القدرة على توليد الاستجابة الشرطية أو استدعائها، فعندما يقترن المثير الذي كان محايدا في الأصل مع المثير غير الشرطي فإنه يصبح مثيرا شرطيا وعندها يقال أنه قد اكتسب القدرة على التنبيه أو استدعاء الاستجابة الشرطية (أبو جادو، ٢٠٠٣).

- **الاسترجاع التلقائي (Spontaneous Recovery):** هو عودة الاستجابة الشرطية مرة أخرى، بعد فترة راحة او انقطاع بدون تقديم التعزيز أو المثير غير الشرطي (عليان وآخرون، ١٩٨٧).

- **الانطفاء:** وهو إضعاف الاستجابة الشرطية بتغيب المثير غير الشرطي، بحيث يصبح المثير الشرطي أضعف من أن يستجر الإجابة الطبيعية وبهذا فان عدم اقتران المثير الشرطي بالمثير غير الشرطي لفترة زمنية يؤدي إلى تناقص الاستجابة الشرطية تدريجيا إلى أن تنطفئ (ستيوارت، ١٩٨٣).

هناك عدد من العوامل تؤثر في الانطفاء هي:

أ. قوة الاستجابة الشرطية: فكلما كانت الاستجابة الشرطية أقوى يصعب انطفاؤها.

ب. عدد المرات التي يتبع فيها المثير غير الشرطي المثير الشرطي: كلما زاد عدد المرات يصعب إطفاء الاستجابة والعكس صحيح.

ج. طور فترة التعرض للمثير الشرطي خلال عملية الانطفاء: كلما زادت هذه الفترة أدى ذلك إلى تناقص أشد في قوة الاستجابة الشرطية (Zanden, ١٩٩٩).

- **الاسترجاع التلقائي:** هو استرجاع الاستجابة الشرطية دون تعلم جديد ولا شك أن الاستجابة التي تم إطفاؤها قد لا تفتقد تماما وإنما قد تكف فقط فمن المعروف أنه بعد أن تتم عملية الإطفاء وتتبعها فترة راحة فإن المثير الشرطي يبقى يمتلك القدرة على إعادة إثارة وتنشيط الاستجابة، وهذا يعني أن الاستجابة الشرطية يمكن ان تعود للظهور للمثير الشرطي إذا أعيد بعد فترة من الزمن ولو على مستوى أضعف من السابق (كورسيني، ١٩٨٣).

- **المنعكس (Reflex):** يشير هذا المصطلح إلى الاستجابة الأوتوماتيكية (الآلية) غير المتعلمة التي تحدث بوجود مثيرات محددة (Gerow, ١٩٩٢: ١٩٤). ويعرفه (Peterson, ١٩٩١: ١٧٦) بأنه سلوك لا إرادي لا يتطلب تعلمه.

٩. **التطبيقات التربوية للنظرية:**

- التكرار والتمرين: كلما كان التكرار أكثر كان التعلم أقوى وأفضل، ويمكن استخدامه في دروس الحساب والإملاء وحفظ الكلمات...

- استمرار وجود الدافع للمثير: يمكن الاستفادة من هذا المبدأ وتطبيقه في غرفة الدراسة عن طريق إحاطة موقف التعلم بالكثير من المثيرات والبواعث التي تضمن إثارة المتعلم إلى أن يتعلم كما تجعل موضوع التعلم في حالة من التجديد فلا يتعرض ما يكتسبه الفرد إلى النسيان (أبو جادو، ٢٠٠٢).

- حصر عناصر الموقف المراد تعلمه: حصر عناصر الموقف المراد تعلمه يؤدي إلى تركيز انتباه المتعلم وبذلك يحدث التعلم بسرعة دون الحاجة إلى زيادة مرات التكرار، فتنظيم عناصر المجال الخارجي يساعد على تكوين ارتباطات ذات اثر بين المثيرات.

- يحتاج تعلم الكثير من السلوكات والمعلومات والمهارات إلى إحداث عملية اقتران بين مثيرات شرطية وأخري غير شرطية، فعلى سبيل المثال يحتاج تعلم مهارة القراءة عند الأطفال الصغار إلى إحداث عملية اقتران بين الكلمة المراد تعلم قراءتها

للأطفال مع صورة تعبر عن هذه الكلمة، فالكلمة تكون مثير شرطي والصورة تكون مثير غير شرطي، فتكتسب الكلمة خصائص الصورة، لذلك لابد من استخدام الصور والأشكال والوسائل عند تعليم الأطفال الصغار.

- تساعد هذه النظرية وضع المنهاج والمقررات الدراسية وبخاصة للأطفال الصغار حيث تستخدم الصور والأشكال حتى يتم اشتراطها مباشرة مع معاني الكلمات.

- مساعدة الطلبة في التعرف على الاختلافات والتشابهات بين المواقف حتى يستطيعوا التعميم والتمييز على نحو ملائم، ومن الأمثلة على ذلك محاولة المعلم من التخفيف من قلق المتعلم من الامتحان النهائي حيث أن الامتحان النهائي يشبه بقية الامتحانات التي أنجزها.

- معالجة بعض الاستجابات الانفعالية مثل الخوف والقلق نحو المدرسة والمدرسين والعملية التعليمية، من خلال إقرانها – المدرسة والمعلمين والعملية التعليمية – بالمثيرات المرغوبة، او على الأقل تجنب إقرانها بالمثيرات غير المرغوبة. ضرورة التأكيد على المعلم بتهيئة البيئة وليجعل من خبرة التعلم خبرة سارة للطفل فإن أحب الطفل معلمه أحب مدرسته وأنشطتها، فحبه للمدرسة وأنشطتها هي استجابة شرطية تعلمها الطفل نتيجة اقترانها بمثير طبيعي وهو المعلم (Zanden, ١٩٩٩).

المبحث الثالث عشر
النموذج الثالث: التعلم الإجرائي (الاشراط الحديث، أو السلوكية الحديثة، والمشهور الاشراط الإجرائي) (Operant Learning) (سكنر(Skinner)):

١. لقد نشر سكنر نموذجه، والذي يعبر عن الرؤية الحديثة والواضحة لقانون الأثر الذي وضعه ثورندايك وصياغة على صورة "السلوك محكوم بنتائجه..." (The behavior is governed by it's consequences).

٢. يتعلم الفرد أي شيء له نتائج (إذا حدد المربي مكافأة تلحق بسلوك معين)، فإننا نلاحظ أن السلوك يزداد ظهوره بشكل متكرر، والسلوك الذي لا يتبعه تعزيز يتناقص، لذلك السلوك يتشكل بواسطة ما يحدث بعد السلوك، وهذا ما يسميه سكنر بالتعزيز (Reinforcement)، ويتطور السلوك عن طريق التحكم في التعزيز.

٣. يرى سكنر أن هناك نوعين من السلوك:

- السلوك الاستجابي (Respondent): سلوك تستجره مثيرات محددة معروفة مثل تدميع العين عند تقطيع البصل (للمزيد انظر Zanden, ١٩٩٩).

- السلوك الإجرائي (Operant): وهو السلوك الذي يصدر عـن العضوية عـلى نحو تلقائي دون أن يكون محكوم بمثيرات معينة، وتقاس قوة الاشراط الإجرائي بمعـدل الاستجابة وليس بقوة المثير، فالمثير هنا قـد يستدعي السلوك ولا ينتزعـه مثل: الذهاب إلى الهاتف الذي يدق ورفع السماعة هذا السلوك قد يكون استجابي وقد يكون إجرائي والذي يحدد ذلك الهدف منه فإذا كان الفرد هنا ينتظر تلفون مهـم من شخص ما يكون السلوك استجابي وإذا لم يكن كـذلك يكـون إجرائي، وكذلك الحال لبكاء الطفل.

٤. الاستجابة هي محور التعلم الإجرائي؛ لأنها الأداة الوحيدة التي تمكن العضوية مـن تحقيق هدف ما.

٥. كانت تجارب سكنر على حمامة وضعت في صندوق فيه رافعـة متصلة بمخزن للطعـام، وتمت عملية التجريب من خلال مرحلتين:

- فصل الرافعة عن مخزن الطعام؛ وذلك لتحديـد مستوى الإجراء (Operant Level) (معدل الضغط على الرافعة دون تزويدها بالطعـام)، تـواتر الاسـتجابة يـزود البـاحث بمستوى الإجراء.

- في المرحلة الثانية قام بتوصيل الرافعة بمخزن الطعام، قامت الحمامة بعدد من الاستجابات الإجرائية منها الضغط على الرافعة فنزل عليها الطعـام - تعزيـز عـرضي (صدفة) (Contingent reinforcement) - ، وهـذا التعزيـز علمها الضغط عـلى الرافعة كلما جاعت (تتعلم العضوية الاستجابة نتيجة التعزيز) (للمزيـد انظـر كورسيني، ١٩٨٣).

٦. يقصد بالاشراط الإجرائي:أن تقوم العضوية بإجراء معـين (سـلوكات)، ونتيجـة هـذا الإجراء يحصل التعزيز، فيزداد ميل السلوك الذي تم تعزيزه إلى الظهور والتكرار.

٧. ينشأ السلوك الإجرائي عن العضوية على نحو إرادي ودون أن يكون محكوما بمثيرات معينه (كل ما يصدر عن العضوية في العالم الخارجي) ودور التعلم فيه اكبر؛ لأنه غير مرتبط بمثير محدد يعتمد على التعزيز.

٨. يمكن توضيح التعلم في الاشراط الإجرائي وفق المخطط الآتي:

وضع مثير ⟵ استجابة مقبولة تصدر في هذا الوضع ⟵ تعزيز

٩. تؤدي العضوية الاستجابة وتعزز بعكس الاشراط الكلاسيكي فإن العضوية تنتظر تقديم المثير غير الشرطي لتؤدي الاستجابة.

١٠. أنواع الاشراط الإجرائي:

- الاشراط الثوابي (تعزيز إيجابي) (Reward Conditioning): تقديم مثير مرغوب فيه لدى قيام العضوية باستجابة معينة، كتقديم الطعام بعد القيام العضوية بسلوك معين.
- الاشراط ألتجنبي (التعزيز السلبي) (Avoidance Conditioning): تقديم مثير غير مرغوب فيه لدى قيام العضوية باستجابة معينة، مثل إطاعة تعليمات المعلم تجنبا للعقاب.
- الاشراط ألحذفي (العقاب السلبي) (Omission Conditioning): حذف مثير مرغوب فيه مثل تجنب الطفل الحديث الجانبي أثناء الدرس خوفا من حرمانه من الاستراحة.
- الاشراط العقابي (العقاب الايجابي) (Punishment Conditioning): تقديم مثير منفر، مثل ضرب طفل عند قيامه بسلوك غير مرغوب فيه.

١١. أنواع التعزيز:

- تعزيز مستمر (Continuous reinforcement): وهو تعزيز كل استجابة صحيحة تصدر عن الفرد، يكون الهدف من هذا النوع من التعزيز هو تشكيل سلوك جديد لدى الأفراد حيث يتم التعزيز من خلال مبدأ التقريب المتتابع (Zanden, ١٩٩٩).
- تعزيز متقطع (Intermittent reinforcement): تعزيز بعض الاستجابات الصحيحة دون الأخرى، ويهدف هذا النوع من التعزيز إلى المحافظة على ديمومة السلوك (أبو جادو، ٢٠٠٠، قطامي وعدس، ٢٠٠٥).

انظر الجدول الآتي الذي يقارن بين جدول التعزيز المستمر وجدول التعزيز المتقطع:

جدول التعزيز المستمر	جدول التعزيز المتقطع
يعد أكثر فاعلية عند بداية تعلم السلوك	يعد أكثر فاعلية بعد بناء السلوك.
يحافظ على استمرار السلوك واستمراره.	يحافظ على استمرار السلوك وتكراره بشكل أكبر.
أقل مقاومة للانطفاء.	يعد أكثر مقاومة للانطفاء.
يصعب تقديمه باستمرار	يسهل تقديمه بين حين وآخر.
يخمد سلوك الفرد بعد التعزيز.	يبقى سلوك الفرد في حالة نشاط دائم بحثا عن المعزز.
يعمل على ظهور السلوك المرغوب فيه وتكراره عند تعزيزه	يعمل على خفض معدل تكرار السلوك إذا لم يحصل التعزيز نهائيا.
يعد أقل اقتصادية من حيث كلفتها.	يعد أكثر اقتصادية من حيث كلفتها.
تصبح العضوية أقل نشاطا وحيوية.	تصبح العضوية اكثر نشاطا وحيوية.

ويقسم التعزيز المتقطع إلى قسمين هما:

أ- التعزيز النسبي: نسبة الاستجابة المعززة إلى الكلية، مثل تعزيز استجابة واحدة كل سبع استجابات، ويقسم جدول التعزيز النسبي إلى قسمين هما:

- تعزيز نسبي ثابت (Fixed – Ratio schedule): تعزيز عدد ثابت من الاستجابات، مثل تعزيز المعلم بعد كل خمس استجابات صحيحة أو الاستجابة الثالثة او السادسة وهكذا. **يتميز هذا النوع بارتفاع معدل الاستجابة وبمقاومة كبيرة للمحو.**
- تعزيز نسبي متغير (Variable – Ratio schedule): حسب متوسط معين من الاستجابات ويكون هذا المتوسط ثلاث أو أربع استجابات مثل تعزيز أية استجابة بين الاستجابة الأولى والعاشرة على أن يكون حاصل تقسيم الاستجابة الكلية على

الاستجابة المعززة مساويا لهذا المتوسط. **يتميز هذا الجدول بحث العضوية على أداء معدلات عالية جدا من الاستجابة وبمقاومة كبيرة للمحو.**

ب- التعزيز الزمني: وهي الفترة الزمنية التي تفصل بين تعزيزين بغض النظر عن عدد التعزيزات مثل: تعزيز استجابة كل دقيقة، ويقسم جدول التعزيز الزمني إلى قسمين هما:

- تعزيز زمني ثابت (Fixed - interval schedule): حسب فترة زمنية ثابتة، مثل كل دقيقة أو ثلاث دقائق، **وكلما قصرت الفترة الزمنية كانت الاستجابة أقوى وأكثر مقاومة للمحو.**
- تعزيز زمني متغير (Variable - interval schedule): حسب فترة زمنية متفاوتة تفصل بين كل تعزيزين متتالين. **تتميز الاستجابة بمعدل مرتفع ومستوى مقاومة كبير للمحو.**

الجدول الآتي يلخص أنواع التعزيز المختلفة (الزغول، ٢٠٠٢):

شكل التعزيز	الإجراء	محل التعزيز	مثال
التعزيز المستمر	تعزيز كل استجابة	ظهور الاستجابة	تعزيز الطفل عند النطق بكلمة صحيحة
الزمني الثابت	تقديم التعزيز بعد فترة ثابتة	الفاصل الزمني الثابت	الراتب الشهري
الزمني المتغير	فترات زمنية غير منتظمة	فاصل زمني غير منتظم	الحوافز والمكافآت
النسبي الثابت	بعد عدد معين من الاستجابات	عدد ثابت من الاستجابات	إعطاء الطالب خمس علامات بعد حل الوظائف
النسبي المتغير	بعد عدد غير محدد او منتظم من الاستجابات	عدد غير منتظم من الاستجابات	إعطاء الطالب علامات إضافية وفقا لعدد غير منتظم من الوظائف

التعزيز المنقطع أفضل من المستمر والنسبي أفضل من الزمني والمتغير أفضل من الثابت.

أخي القارئ تأمل النماذج الآتية:

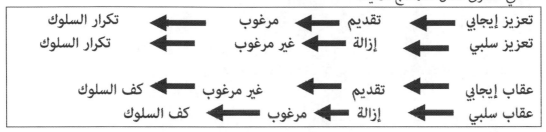

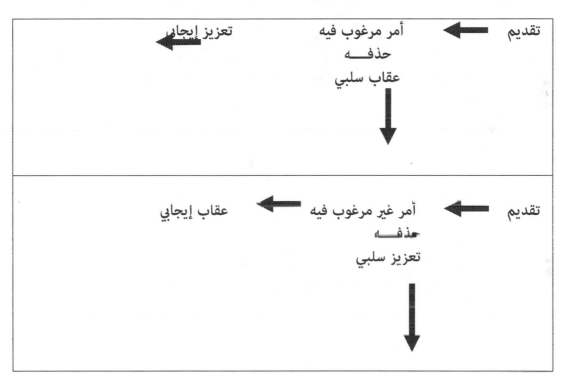

تعزيز إيجابي	←	**تقديم**	←	**مرغوب**	←	**تكرار السلوك**
تعزيز سلبي	←	**إزالة**	←	**غير مرغوب**	←	**تكرار السلوك**
عقاب إيجابي	←	**تقديم**	←	**غير مرغوب**	←	**كف السلوك**
عقاب سلبي	←	**إزالة**	←	**مرغوب**	←	**كف السلوك**

تقديم ← أمر مرغوب فيه ← تعزيز إيجابي

حذفه

عقاب سلبي

↓

تقديم ← أمر غير مرغوب فيه ← عقاب إيجابي

حذفه

تعزيز سلبي

↓

١٢. من أفضل تطبيقات التعلم الإجرائي:

- **التشكيل (Shaping):** وهو تعلم العضوية أداء بعض الأنماط السلوكية التي لا تتبدى عنها تلقائياً، مثل تعلم الحمام التحرك حسب شكل معين.

- **التعلم المبرمج:** وهو تجزئة المادة الدراسية إلى وحدات جزئية مرتبة على نحو متسلسل بحيث يتم تعلمها تدريجياً، ويتبع كل خطوة تغذية راجعة، ولا ينتقل المتعلم إلى خطوة لاحقة إلا بعد تعلم وإتقان الخطوة السابقة.
في هذا الأسلوب يتقدم المتعلم في التعلم حسب نمطه وحسب سرعته الخاصة ومن خصائص هذا التعلم الآتي:
أ- تتسارع المادة في خطوات صغيرة إذ تتحرك بالتدريج نحو أهداف معرفية وأهداف استيعابية.
ب- تؤكد هذه الخطوات الصغيرة على أنه ينبغي على المتعلم أن يحرز ما نسبته ١٠٠% من الإجابات الصحيحة.
ت- تتبع الاستجابات على الفقرات التي تعرض للمتعلم بتعزيزات فورية، وهذا شكل من أشكال التعزيز الإيجابي؛ لذا تكون الاستجابة صحيحة تقريبا في معظم الإطارات (الفقرات الصغيرة التي تقدم عادة متتالية ومتتابعة).
ث- تستعمل التعليمات لتساعد على تحقيق وضمان الإجابات الصحيحة، ولكن الإجابات تجري من قبل المتعلم بحرية وحسب سرعته الخاصة.
ج- لا يستعمل التعزيز السلبي أو العقاب، ويتم تصحيح الأخطاء فورا عندما ينتقل المتعلم من فقرة إلى أخرى.
ح- يشارك المتعلم بحيوية ونشاط في التعلم، ويجري استجابات متكررة بينما يتعلم مبدئيا من خلال التعزيز الإيجابي المضمون النتائج (أبو جادو، ٢٠٠٠).

عيوب التعلم المبرمج:
١. لا يشجع الطلبة على الإبداع.
٢. يزيل العلاقة الإنسانية التي تتكون بين المعلم والطالب أو بين الطلبة أنفسهم؛ لأنه يتعامل مع الكتاب او الحاسوب.
٣. ينسي الطالب المادة بسرعة؛ لأنه اكتسبها بطريقة مقننة ولم تتكون له صورة متكاملة حول الموضوع مما لا يمكنه من استرجاع تلك المعلومات (نشواتي، ٢٠٠٣).

- **تعديل السلوك:** تغيير الظروف واستخدام إجراءات أفضل للتعزيز والعقاب.
- **مقترحات سلوكية لتحسين التعليم:** اهتم سكنر بتطبيق نتائج أبحاثه في التعلم المدرسي، فكانت تجاربه وملاحظاته مكرسة لتنفيذ ما وصل إليه من تحليل السلوك بهدف

فهم السلوك المدرسي وضبطه وتغييره وذلك من خلال تقصيه للأسباب التي تسهم في تعديل السلوك الصفي او تغييره او تشكيله:

أ. المثيرات الصفية المنفرة (Classroom Aversive Stimulus): إن بعض الصفوف تتضمن مثيرات منفرة قد تقرن بسلوك المعلم أو المادة التعليمية، لذلك ترك المتعلم لغرفة الصف وما يسودها من جو، يشكل معززا سلبيا يقود المتعلم إلى تطوير اتجاهات واستجابات غير مرغوبة نحو الصف وما يقدم فيه من نشاطات تعليمية ومن تلك الممارسات التعليمية:

- السخرية من استجابات المتعلم.
- تقديم التعليقات المؤذية للمتعلم ذاته.
- الوظائف البيتية الإضافية الكثيرة والصعبة.
- العمل الإجباري.
- القيام بالنشاطات الجماعية التي لا يرغب الطالب بالقيام بها..

يقترح سكنر مجموعة من الأسئلة تساعد على تحديد المعلم نوعية ضبطه لطلابه وذلك بأن يسال نفسه الأسئلة الآتية:

- هل يوقف طلابي نشاطهم الصفي فورا عند انصرافي من الصف؟
- هل يرحب طلابي بالعطلة المدرسية؟ او يأسفون لها؟
- هل أكافئ طلابي لسلوك جيد، يقومون بممارسته بإعفائهم من أعمال أخرى؟
- هل أعاقبهم بإعطائهم وظائف إضافية؟
- هل اكرر عبارة (انتبهوا) (الآن تذكروا) أو أؤنبهم بشكل لطيف؟
- هل أجد من الضروري من وقت لآخر أن أقف وأهددهم ببعض أشكال العقوبات (Skinner, ١٩٦٨: ٩٧-٦٩).

ب. ندرة التعزيز الإيجابي: ما يشكل تعزيزا لأحد الطلاب قد لا يكون كذلك بالنسبة لغيره، فمثلا يمكن ان يكون الطعام معززا إلى الطفل الجائع، ولكنه ليس معززا للطفل غير الجائع، فالمعلم الذي يريد استخدام المعزز الإيجابي عليه العمل على تهيئة الطلاب بشكل حتى يصبح للمعزز قيمة تعزيزيه عند الطلبة كتجويعهم في حال كان المعزز الايجابي طعام.

ج. تأخير الوقت بين السلوك وتقديم التغذية الراجعة: يعد التعزيز الإيجابي والسلبي والعقاب حالات تغذية راجعة للسلوك، والاستجابة التي يجربها المتعلم، جميع هذه

الحالات تصبح أقل تأثيرا عندما يكون هناك تأخر في الوقت بين ظهور السلوك والاستجابة، وتقديم التغذية الراجعة، وحتى تكون هذه التغذية فاعلة فمن المفروض أن تلي ظهور السلوك دون تأخر.

د. غياب تسلسل الخطوات: تعلم الاشراط الإجرائي هو تعلم خطوات متتابعة متسلسلة صغيرة، حيث يتشكل السلوك بالتدريج من خلال سلسلة من الوحدات السلوكية المتقاربة والمتتالية حتى يتم تعلم المهارة، وكل خطوة في التسلسل ينبغي أن تتبع بتعزيز لذلك يتعلم الطالب وحدات معززة متتالية (Wakefield, ١٩٩٦)، فالطالب إذا فقد التتابع مع المعلم الذي يشرح الموضوع بخطوات متسلسلة، فإنه لا يستطيع تتبع اثر سير التدريس الذي يجريه المعلم، واقترح سكنر للتخلص من هذا القصور استراتيجية التعلم المبرمج.

مقارنة بين الاشراط الكلاسيكي والاشتراط الإجرائي:

الاشراط الكلاسيكي (بافلوف)	الاشراط الإجرائي (سكنر)
الاشراط الكلاسيكي هو اقتران مثير شرطي بمثير غير شرطي عددا من المرات بحيث يتمكن المثير الشرطي من انتزاع الاستجابة غير الشرطية التي ينتزعها المثير غير الشرطي.	الاشراط الإجرائي هو الفريد يقوم بإجراء معين ونتيجة هذا الإجراء يحصل على التعزيز، ويزداد ميل السلوك الذي تم تعزيزه إلى الظهور والتكرار.
ينشأ السلوك الاستجابي نتيجة وجود مثيرات محددة في الموقف السلوكي وتحدث الاستجابة بشكل لا إرادي بمجرد ظهور المثير مباشرة، أي أن أنماط السلوك تحددها المثيرات وتسمى العلاقة بين مثل تلك المثيرات والاستجابة بالانعكاس. مثال: إغماض جفن العين عند تعرضها لنفخة هواء.	ينشأ السلوك الإجرائي عن الفرد على نحو إرادي ودون أن تكون محكومة بمثيرات معينة أي انه لا يوجد هناك مثير أو مثيرات معينة، ويمكن القول أن السلوك الإجرائي هو كل ما يصدر عن الكائن الحي في العالم الخارجي. مثال: الذهاب إلى مكان الهاتف الذي يدق ورفع السماعة.
يتم التعلم من خلال النموذج الآتي تقديم معزز ←—— استجابة.	يتم التعلم من خلال النموذج الآتي

	استجابة ← تقديم معزز.
السلوك لا إرادي.	السلوك إرادي.
المثير ينتزع الاستجابة.	المثير يستدعي الاستجابة.
المثير محدد وواضح.	المثير غير محدد.
السلوك ثابت نسبيا.	السلوك متنوع متباين.
في الموقف الصفي يكون: دور المعلم ← إيجابي دور الطالب ← سلبي	في الموقف الصفي يكون: دور المعلم ← سلبي دور الطالب ← إيجابي
دوام التعلم أقل.	دوام التعلم أكبر.

المبحث الرابع عشر

النموذج الرابع: التعلم الاقتراني (غثري (*Guthrie*)):

١. حاول غثري تفسير سيكولوجية التعلم بمبدأ واحد مفاده: الحركات المرافقة لمجموعة من المثيرات، تنزع إلى الحدوث ثانية لدى ظهور هذه المثيرات (ما يفعله الفرد في وضع معين، هو ما سيفعله إذا تكرر هذا الوضع).

٢. يمكن تفسير كافة التفسير الإنساني بمفهوم الارتباط بين المثيرات والاستجابات فالسلوك المعقد لا يختلف عن السلوك البسيط إلا من حيث عدد الارتباطات التي ينطوي عليها، إذ أن عدد الارتباطات في السلوك المعقد يتجاوز عدد ارتباطات السلوك البسيط إلى حد كبير.

٣. يتوقف التعلم (تكوين الارتباطات) على عملية الاقتران بين الحوادث فقط وليس على الأثر كما يرى ثورندايك؛ لذلك يخلو نموذج التعلم الاقتراني على نحو كلي تقريبا من التنظيمات الفطرية والدافعية التي يعتبرها البعض متغيرات هامة في التعلم.

٤. يميز غثري بين نوعين من التعلم:

- التكيف الإيجابي (Positive adaptation): ويعني به الاستجابة الأكثر تواترا في وضع معين، هي الاستجابة الأكثر احتمالا من حيث الحدوث لدى تكرار ظهور هذا الوضع.

- الاشراط (Conditioning): وهذا النوع هو الأكثر أهمية، ومفهوم الاشراط عند غثري هو غير مفهوم الاشراط عند بافلوف وسكنر، فالاستجابة تصدر نتيجة ظهور مثيرات معينة (غير شرطية) تنزع إلى الصدور في حال ظهور مثيرات أخرى (شرطية)، اقترنت بالمثيرات الأولى، أي أن الاشراط في حقيقته، هو عملية صدور الاستجابة بحضور المثيرات الشرطية عوضا عن المثيرات غير الشرطية، وينطبق مبدأ الاشراط على أنواع التعلم كافة فالوضع الذي لم يستجر استجابة ما في وقت سابق ثم أصبح يستجرها في وقت لاحق يمكن اعتباره أو اعتبار جزء منه على الأقل مثيرا شرطيا؛ لأنه يحل محل المثير الذي كان يستجر هذه الاستجابة أصلا.

٥. التعلم (الارتباط) يحدث دفعة واحدة وليس على نحو تدريجي كما هو الحال عند تورندايك، حيث يدعي غثري أن الارتباط بين استجابة ومثير معينين يحدث بكامل قوته منذ المحاولة أو التجربة الأولى. إن هذا الادعاء يناقض حقيقة الاكتساب التدريجي الذي يتبدى بوضوح في تعلم الكثير من المهارات.

٦. يخلو نموذج التعلم الاقتراني من آلية التعزيز أي أن التعزيز أو ما يتلو الاستجابة من آثار لا علاقة له بقوة هذه الاستجابة او ضعفها (النشواتي، ٢٠٠٣).

تجدر الإشارة إلى أن النماذج الأربعة السابقة تمثل وجهة النظر السلوكية، والتعلم السلوكي عموما يشتمل على الآتي:

- إن معظم السلوك الإنساني متعلم.
- يلعب التعزيز دوراً كبيراً في تحقيق التعلم المستهدف.
- التعلم يتضمن التغيير والتعديل في خبرات المتعلم ونواتجه.
- للإنسان القدرة على ضبط البيئة والظروف لتعديلها لكي يحقق أهدافه.
- يتم التعلم عند تجزئة الخبرات إلى مواقف سهلة قصيرة يستغرق تعلمها فترات زمنية قصيرة.
- السلوك الإنساني سلوك كلي معقد وحتى يمكن فهمه لابد من تجزئته إلى تجزئته إلى أجزاء بسيطة جدا.
- يمكن إخضاع السلوك الإنساني إلى عمليات الفهم والتفسير والضبط والتنبؤ.
- السلوك الخاضع للتعلم هو قابل للملاحظة والقياس.
- السلوك الإنساني والتعلم ظاهرة يمكن دراستها بطريقة علمية وموضوعية (Biehler and Snownan, ١٩٩٧).

المبحث الخامس عشر

النموذج الخامس: التعلم بالملاحظة (Observational Learning) (باندورا):

نظرية التعلم بالملاحظة هي إحدى نظريات التعلم الاجتماعي التي تركز على أهمية التفاعل الاجتماعي والمعايير الاجتماعية، والسياق او الظروف الاجتماعية في حدوث عملية التعلم، ومعنى ذلك أن التعلم لا يتم في فراغ بل في المحيط الاجتماعي، ومن هنا يكتسب التعلم معناه وقيمته (الروسان، ٢٠٠٠).

يقوم هذا النموذج على افتراض أن الإنسان كائن اجتماعي يتأثر باتجاهات الآخرين ومشاعرهم وتصرفاتهم وسلوكهم، أي يستطيع أن يتعلم منهم من خلال ملاحظة استجاباتهم وتقليدها.

يحدث التعلم بالملاحظة عن طريق الربط المباشر بين سلوك النموذج (القدوة) والاستجابات الحسية والرمزية للملاحظ (المتعلم أو العضوية)، حيث يقوم الملاحظ بتسجيل استجابات النموذج وتخزينها على نحو رمزي ثم يقوم باستخدامها عندما يريد أداء هذه الاستجابة على نحو ظاهري.

قسم باندورا (Bandura) مدرسة لرياض الأطفال على خمسة مجموعات معالجة وكانت تتعرض لملاحظة نماذج عدوانية مختلفة على النحو الآتي:

المجموعة الأولى: لاحظت نموذجا على شكل دمية بحجم الإنسان الراشد.

المجموعة الثانية: لاحظت نموذجا عدوانيا من خلال فلم سينمائي.

المجموعة الثالثة: = = = = = = كرتون.

المجموعة الرابعة: كانت مجموعة ضابطة (لم تشاهد أي نموذج للعدوان).

المجموعة الخامسة: نموذج إنسان مسالم وغير عدواني (Bandura، ١٩٦٩).

وكانت النتيجة التي سجلت على سلوك الطلاب في المجموعات بعد النموذج على النحو الآتي:

المجموعة الأولى: "١٨١ سلوك عدواني.

المجموعة الثانية: ٩٢ = =

المجموعة الثالثة: ١٩٨ =   =   =

المجموعة الرابعة: ٥٢ =   =   =

المجموعة الخامسة: ٤٢ =   =   =

من خلال التجريب اقترح باندورا ثلاث آثار للتعلم بالملاحظة هي:

١. تعلـم اسـتجابة جديـدة (سـلوك جديـد) (Learning new behaviors): يسـتطيع الفـرد تعلم سـلوكا جديدا من النموذج، فعندما يقوم النموذج بأداء استجابة جديدة ليست في حصيلة الملاحظ السلوكية يحاول الملاحظ تقليدها.

٢. الكف والتحرير (Inhibiting and disinhibiting behavior): **الكف**: تـرك العضوية سـلوك مـا من خلال ملاحظة العواقب السلبية التي تعرض لها النموذج بعـد قيامـه بالسـلوك. **والتحـرر هـو** سلوك موجود عند العضوية أصلا ولكنـه لا يقـوم بـه خوفـا مـن العواقـب؛ ولكنـه بعـد ملاحظـة النموذج والعواقب الإيجابية يتحرر السلوك.

٣. **التسـهيل** (Facilitating behavior): ملاحظـة سـلوك النموذج تسـهل علـى العضـوية تذكر السلوك الذي تعلمه سابقا، أو تسهل عليه تذكر الاستجابة المشابهة.

ملاحظة:

١. التسهيل مرتبط بالنسيان، أما التحرر فهو مرتبط بالخوف من العقاب.

٢. قد يتأثر الطفل بسلوك النموذج حقيقية كانت أم غير حقيقية.

تحليل التعلم بالملاحظة (التعلم الاجتماعي):

هناك أربع مراحل للتعلم من خلال النموذج وهي:

١. مرحلة الانتباه (Attentional Phase): لا يكون هناك تعلم دون انتبـاه، لـذلك لابـد وأن يكـون النموذج على مستوى من الكفاية العالية والتشويق بحيث يجلب انتباه العضوية، ومن العوامـل المهمة التي تؤثر في انتباه المتعلم للنموذج:

- خصائص المتعلم.

- خصائص النموذج، ومدى اهتمامها بحاجات المتعلم.

- الحوافز.

- درجة تميز المثير ونسبته وتعقيده (Grge and Berliner, ١٩٨٨).

٢. مرحلة الاحتفـاظ (Retention Phase): يحـدث التـعلم مـن خـلال تمثيـل الأداء (النمـوذج) في ذاكرة المتعلم. الملاحظون الذين يقومون بترميز الأنشطة المنمذجة يتعلمون

ويحتفظون بالسلوك بطريقة أفضل من هؤلاء الذين يقومون بالملاحظة وهم منشغلون الذهن بأمور أخرى (Bandura, ١٩٧٧).

٣. مرحلة إعادة الإنتاج (Reproduction Phase): يوجه الترميز اللفظي والبصري في الذاكرة الأداء الحقيقي للسلوك المكتسب حديثا، وقد وجد أن التعلم بالملاحظة يكون أكثر دقة عندما يتبع الدور السلوكي التدريب العقلي (أبو جادو، ٢٠٠٣). تلعب التغذية الراجعة دورا في تشكيل السلوك المرغوب فيه

٤. مرحلة الدافعية (Motivational Phase): يتم تمثيل السلوك المكتسب وتقليده من خلال ملاحظة النموذج، إذا ما تم تعزيزه، أما إذا تم معاقبة السلوك فلن تتم في العادة عملية القيام به، وهنا تتشابه نظرية التعلم الملاحظة بنظرية الاشراط الإجرائي فكلاهما يعترف بأهمية التعزيز والعقاب على أنهما عاملان يؤثران على دافعية المتعلم لأداء السلوكات وليس على التعلم نفسه.

المبحث السادس عشر

النموذج السادس: التعلم ذو المعنى (*Meaningful Learning*) (أوزوبل):

تقوم النظرية المعرفية على افتراض أن التعلم عملية يتفاعل فيها المتعلم مع ما يواجهه من خبرات او موقف منظم او غير منظم، وينمو التعلم ويتطور في تفاعله بما يبذله من عمليات ذهنية معرفية من تنظيم وإدخال وإدماج وتخزين لما تفاعل معه مطورا بذلك خبرات خاصة به حددها أسلوب تعلمه وتفكيره.

يأتي التعلم نتيجة محاولات المتعلم الجادة لفهم العالم من حوله ومن خلال استخدام استراتيجيات التفكير المتاحة له. ترجمة المتعلم للحدث وفهمه له يؤثر على كيفية تعلمه، كما أن للتعزيز دوراً في التعلم، فهو يعمل كتغذية راجعة، ويأتي بصورة مساعدة لبناء طريقة لفهم العالم المحيط به لتحقيق الهدف المرجو من التعلم (Woolfolk, ١٩٩٨, ٢٣٠).

ترى المدرسة المعرفية أن المتعلم نشيط يبادر في تجارب تساعده على التعلم، فهو يبحث عن المعلومات لحل المشاكل ويعيد ترتيب وتنظيم ما تعلمه كمحاولة لفهم الخبرات الجديدة.

يعتمد المتعلم على التجارب والاختبار واتخاذ القرار في تحقيق أهدافه بدلا من الاعتماد المباشر على الأحداث المحيطة، من هنا يركز علماء النفس المعرفي على دور المعرفة في التعلم حيث أن ما تعلمه الفرد سابقا يحدد بدرجة كبيرة ما يرغب في تعلمه وتذكره مستقبلا (عدس وقطامي، ٢٠٠٦).

التعلم من وجهة النظر المعرفية عملية إحداث تغيرات في البنى المعرفية والمخططات التي يطورها ويبنيها المتعلم جراء تفاعله في المواقف والخبرات، فالبنى المعرفية في حالة تطور كما وكيفا كلما تعرضت لخبرات جديدة.

من اجل تحسين عملية التعليم يقترح علماء النفس المعرفي الآتي:

- التأكد من تركيز انتباه الطلبة: يساعد المعلمون الطلبة لان يبذلوا جهدهم للانتباه من اجل تحديد المهام المألوفة الصعبة أو المعلومات غير المألوفة من أجل تذكر المعلومات السابقة المتعلقة بها ومن ثم فهم المعلومات الجديدة وذلك من خلال ربطها مع المعلومات المخزنة في الذاكرة طويلة المدى. هناك العديد من العوامل التي تؤثر على انتباه الطلبة مثل لفت النظر وتوجيه الانتباه في بداية الحصة، وجذب انتباههم بوسائل من مثل طرح أسئلة واستعمال وسائل تعليمية، فالطلاب يتعلمون أكثر لو كان المعلم أكثر حيوية ونشاطا، ومما يثير الانتباه الألوان الجميلة واستخدام الكلمات باستخدامات جديدة ووضع خطوط عريضة للمادة، وتغيير في نغمة الصوت، والإضاءة والسرعة وإعطاء حوادث تعليمية غير متوقعة، ويمكن أن يبدأ المعلم الدرس بسؤال مثير لتفكير الطلبة، ويمكن للمعلم أن يستخدم بعض المثيرات غير اللفظية من مثل التلميح، الإيماءة، الحركات التجريب والتطبيق والصور (Gagne, and Briggs, and Wager, ١٩٨٨: ١٠٤).

- مساعدة الطلبة على استرجاع المعلومات السابقة: التعلم عملية يدمج فيها المتعلم المعلومات الجديدة مع التراكيب المعرفية الموجودة لديهم، وقبل ذلك ينبغي أن يهيأ المتعلم لأن يستحضر ما لديه من مخزونات تتعلق بالموضوع الجديد، وقد يكون المخزون مفاهيم أو تعريفات أو قواعد، وينبغي أن يتأكد المعلم من وجود المخزون في ذاكرة المتعلم قبل تقديم الخبرات الجديدة له (عدو وقطامي، ٢٠٠٦: ١٧٤).

- مساعدة الطلبة على التركيز على المعلومات الأكثر أهمية، من خلال إبراز الخبرات على السبورة باستخدام ملخصات لها، أو تكليف الطلبة بتلخيص المعلومات الهامة التي قدمت.
- مساعدة الطلبة على فهم وجمع المعلومات: يعتمد ذلك على تشكيل صور ذهنية للمادة الشفوية وإعادة المادة المتعلمة بكلمات ومفردات وصيغ المتعلم، إن إعادة تنظيم المعلومات لدى المتعلم يساعده في جعل التعلم ذا معنى وأكثر منطقية وذلك يساعده على الربط بأي معلومات سابقة مخزنة. لقد أجرى ليفين (١٩٧٧) دراسة على مجموعتين، طلب من الأولى قراءة الدرس وعمل صور ذهنية للمفاهيم والمادة المقروءة ولم يخبر المجموعة الثانية بلك، وقد أظهرت الدراسة أن تحصيل المجموعة الأولى كان أفضل وكان التحسن في المفهوم لصالح المجموعة الأولى.
- مساعدة الطلبة على ربط المعلومات الجديدة بالمعلومات القديمة، من خلال توضيح العلاقة بين الخبرات الجديدة والقديمة وذلك باستخدام الأمثلة والتطبيقات العملية لها، ومن خلال الإشارة إلى المعلومات القديمة واستحضارها لدى أذهان الطلاب وإظهار أماكن ربطها مع المعلومات الجديدة.
- إعداد وتكرار المعلومات بصور واستراتيجيات مختلفة كاستخدام امتحانات قصيرة من وقت لآخر، وبدء الحصة بالسؤال عن الدرس السابق.
- تقديم الخبرات الجديده بطريقة منظمة وواضحة، وذلك من خلال اختبار الطلاب بالمعلومات التي يراد تقديمها لهم، وتوضيح ما يراد نقله لهم ثم إعادة نقله إليهم، وجعل هدف الدرس واضحا.

من أهم النماذج التي تفسير التعلم من الوجهة المعرفية نموذج أوزوبل والتي تتحدد في النقاط الآتية:

١. تؤكد هذه النظرية على الفهم والتفكير والاستدلال ... كمثيرات أساسية تسهم في عملية تعلم السلوك.

٢. طلاب المرحلة العليا بحاجة إلى طرق تفكير تعتمد على العمليات المجردة لإدراك العلاقات بين المفاهيم واستنتاج المبادئ والقوانين وليس الربط بين المثير والاستجابة.

٣. إدراك العلاقة بين المفاهيم المبني على بنى معرفية (Cognitive structures) منظمة يجعل التعليم ذو معنى.

٤. المتعلم لا يكتسب ارتباطات بل يكون بنى معرفية تمكنه من التبصر ـ في العلاقات في موقف تعليمي معين.

٥. استقبال المعلومات الحسية وتحويلها وتهذيبها وترتيبها وتخزينها وتذكرها تمكن من اتخاذ قرارات منطقية (تسمى هذه العملية بعملية الإدراك المعرفي (Cognition)).

٦. تكون المادة التعليمية ذات معنى إذا كانت مرتبطة بالمبادئ والمفاهيم ذات العلاقة بشكل منظم والتي تكونت على نحو مسبق في البنى المعرفية للمتعلم وإذا كان ارتباط عشوائي، فهنا التعلم غير ذي معنى بل هو تعلم يعتمد على الحفظ.

٧. إذا كانت البنى المعرفية عند الفرد محددة وواضحة ودقيقة تسهل عملية اكتساب المعلومات الجديدة والاحتفاظ بها.

٨. ينطوي التعلم ذو المعنى على مرحلتين:

الأولى: الطريقة التي تقدم بها المادة العلمية للمتعلم وتكون على شكلين:

أ. التعلم الاستقبالي (Reception Learning): يعد المعلم المادة التعليمية وينظمها ثم يقدمها للمتعلم.

ب. التعلم الاكتشافي (Discovery Learning): يقوم المتعلم باكتشاف المادة التعليمية جزئيا أو كليا.

الثانية: تتعلق بالوسيلة التي يستخدمها المتعلم في معالجة المادة التعليمية (التي تصل إليه بالتعلم الاستقلالي أو الاكتشافي) وطرق تعلمها، بحيث يمكن أن تتوافر لديه عند استدعاء المعلومات. وهذه الوسيلة هي التي تحدد إذا ما كان التعلم ذو معنى أم تعلم يعتمد على الحفظ.

ملاحظة: إذا كانت الوسيلة ربط المادة الجديدة بالبنى المعرفية القديمة كان التعلم ذو معنى أما إذا قام بحفظها عن ظهر قلب دون أي رابط أو علاقة بينها وبين البنى المعرفية هنا سيكون التعلم آليا وليس ذو معنى.

٩. يوجد أربع أنواع للتعلم هي:

أ. التعلم الاستقبالي ذو معنى: يشير هذا النوع إلى عملية تنظيم المعلم المادة التعليمية (المعلومات موضوع التعلم) وتقدمها للمتعلم بصورتها النهائية، فيقوم المتعلم بربطها ودمجها في بنيته المعرفية (ربط المعلومات الجديدة بالمعلومات السابقة لدى المتعلم).

ب. التعلم الاكتشافي ذو معنى: يشير هذا النوع إلى عملية قيام المتعلم باكتشاف المادة التعليمية جزئيا أو كليا (المعلومات موضوع التعلم)، وربطها أو دمجها في بنيته المعرفية.

ج. التعلم الاستقبالي الآلي: تقديم المعلومات للمتعلم بصورتها النهائية، فبقوم المتعلم باستظهارها أو حفظها عن ظهر قلب، دون ربطها أو دمجها في بنيته المعرفية.
د. التعلم الاكتشافي الآلي: يقوم المتعلم باكتشاف المادة التعليمية جزئيا أو كليا، ومن ثم يقوم المتعلم باستظهارها أو حفظها عن ظهر قلب، دون ربطها أو دمجها في بنيته المعرفية.
١٠. يتم دمج المعلومات معا عن طريق تمثل (assimilation) هذه المعلومات، من خلال عملية يسميها اوزوبل **التضمين** (***Subsumption***): وهي عملية إيجاد علاقات بين المفاهيم والأفكار التي تنطوي عليها الأفكار الجديدة والمفاهيم التي تنطوي عليها البنى المعرفية القديمة ودمج هذه المفاهيم فيما بينها، بطريقة يتم بها تعديلها، وينتج عنها مفاهيم وأفكار جديدة تساهم في نمو البنية السابقة وتطويرها، وبحيث تغدو المعلومات الجديدة جزءا مكونا لهذه البنية.
مثل: لو تعلم الطالب مفهوم الطقس، ونريد تعليمه مفهوم المناخ وهو مفهوم جديد بالنسبة له، فإذا وصل الطفل إلى العلاقة بين الطقس والمناخ سواء بالاستقبال أو بالاكتشاف (يصل المتعلم إلى هذه العلاقة بين الطقس والمناخ من خلال عملية التضمين)، فسيتكون لدى المتعلم مفهوم جديد يجمع بين مفهومي الطقس والمناخ معا وسيغدو تعلمه ذو معنى أي أكثر مقاومة للنسيان وأسهل توافرا عند الاستدعاء، وإذا لم يستطع المتعلم إدراك العلاقة بين المفهومين ودمجهما في مفهوم واحد جديد يكون عمله هنا مجرد حفظ مفهوم المناخ عن ظهر قلب ويكون تعلمه آليا مما يجعل تعلمه منعزلا عن المفاهيم الأخرى ذات العلاقة به، والمتوافرة في بنيته المعرفية وعرضه للنسيان.
١١. ومن تطبيقاتها التربوية:
أ. التجريد الاستقرائي: القدرة على تحديد الخصائص المشتركة الهامة بين الأشياء ذات العلاقة وتأليفها في مفهوم أو معنى جديد يمكن تطبيقه على أشياء جديدة.
ب. توضيح المعلم المادة الجديدة للطالب بلغة سهلة وبسيطة تساعده على تحديد الخصائص الهامة وحث دافعيتهم عن طريق الفهم والتعزيز الذاتي لدمجها في بنى معرفية سابقة.

المبحث السابع عشر

النموذج السابع: الاتجاه الإنساني (ماسلو):

تعنى النظرية الإنسانية بتأثير الجوانب العاطفية الوجدانية على التعلم، نظرا لظهور مفهوم إنسانية التعلم (Humanizing the learning)، حيث تم التوجه نحو اعتبار المبادئ الإنسانية لجعل التعلم أكثر إنسانية واحتراما لقيمه واستعداداته وإمكاناته.

ومن الاقتراحات التي يقوم عليها النموذج الإنساني كما حددها ماسلو (Maslow, ١٩٦٨):

١. يولد كل فرد بطبيعة أساسية داخلية تتشكل هذه الطبيعة الداخلية بالخبرات والأفكار اللاشعورية والمشاعر ولكنها ليست محددة بهذه القوى.

٢. يضبط الأفراد كثيرا من سلوكهم.

٣. إن الأفراد لديهم قدرة على تبني خيارات في نموهم وتطورهم.

٤. يلعب الوالدان والمعلمون دورا هاما في مساعدة الأطفال لاتخاذ خيارات عقلية عن طريق إشباع حاجاتهم المختلفة وينبغي أن يتم ذلك بمساعدتهم وإتاحة الفرص للأطفال للنمو وفق أقصى طاقاتهم وذلك عن طريق محاولتهم لتشكيل أو ضبط الطريقة التي ينمون بها.

٥. المعلم مسهل للتعلم.

٦. تتغير الذات وتنمو نتيجة النضج والتعلم وتنمو من خلال عمليات التفاعل بين الأفراد والبيئة المحيطة.

٧. إن للعلاقة بين الطلاب والمعلمين أثرا كبيرا على التعلم، فدور المعلم في هذا الاتجاه يتحدد بالنقاط الآتية:

- تحسين بنية التعلم.

- تسهيل التعلم لكل طالب.

- إتاحة الفرصة أمام كل طالب لاستغلال قدراته.

- توفير الفرص لكل طالب في استغلال حقه في إظهار إبداعه.

- توفير الفرصة لكل طالب لتحقيق ذاته.

٨. ينبغي أن يتم الكشف عن الجوانب الوجدانية بالقدر نفسه الذي يتم فيه الكشف عن جوانب التعلم المعرفي.

٩. أن يثق المعلمون بالطلاب وأن يتركز التعلم على المتعلم.
١٠. إن مشاعر الطلاب نحو أنفسهم تؤثر على الطريقة التي يتعلمون وفقها.
١١. إن الكشف عن مشاعر الطلاب وانفعالاتهم أساسي للمتعلم.
١٢. مساعدة الطلاب على وعي وفهم أنفسهم يسهل ويسرع التعلم.
١٣. إن المعلم هو شخص واقعي.
١٤. أن يهيئ المعلم جوا صفيا يسوده الدفء والإيجابية والقبول.
١٥. إن توضيح قيم المتعلم تساعده على استيعاب الخبرة وتسهم في نموه وتطوره الانفعالي.
١٦. أن يبذل المعلم جهده لكي يظهر إنسانيته في العلاقات والممارسات والنشاطات الصفية.
١٧. إن كل فرد فريد في خصائصه الشخصية وقدراته.
١٨. إن الإنسان كائن عاقل اجتماعي يسعى نحو التقدم الأفضل باستمرار.
١٩. كل إنسان لديه القدرة على الإبداع إذا ما أتيحت له فرص التعلم الأمثل (Clark, ١٩٨٤).

من خلال ما سبق يتضح أن التعلم الإنساني يعنى بالمتعلم وقدراته واستعداداته واستعداده للنمو والتطور وفق ظروف وبيئات يقوم بإعدادها واختيارها ويكون تعلمه محددا بعدد من المتغيرات الشخصية والبيئية (القطامي، والقطامي، ٢٠٠٠).

فالتعلم الإنساني هو: التعلم إلي يتم فيه تهيئة مواقف وخبرات ونشاطات تساعد المتعلم على استغلال طاقاته الإبداعية وقدراته لكي تتيح له فرصا لإظهار مشاعره وانفعالاته وتساعده على تطوير الشخصية وفهم دوره ضمن المجموعات التي يعمل وفقها (عدس وقطامي، ٢٠٠٦).

(للمزيد انظر عاقل، ١٩٨١)

المبحث الثامن عشر

النموذج الثامن: نظرية الجشتالت:

١.من أشهر رواد هذه النظرية:

- ماكس فرتيمر ١٨٨٠-١٩٤٣ ويعد مؤسس هذه النظرية.
- ولفانج كوهلر ١٨٨٧-١٩٦٧.
- كيرت كوفكا ١٨٨٦-١٩٤١.
- كيرت ليفين ١٨٩١-١٩٤٧.

٢.تعنى كلمة جشطلت صيغة أو شكل، ترجع هذه التسمية إلى الحقيقة التي توصلت إليها هذه النظرية حول المدركات الحسية وهي: أن الحقيقة الرئيسية في المدرك الحسي- ليس هي العناصر أو الأجزاء التي يتكون منها المدرك، وإنما الشكل أو البناء العام.

٣.الخبرة تأتي في صورة مركبة فلا داعي تحليلها عما يربطها.

٤.السلوك الكلي هو السلوك الهادف إلى غاية معينة والذي يحققه الكائن الحي ككل من خلال تفاعله مع البيئة، والسلوك عبارة عن وحدة كلية غير قابلة للتحليل.

٥.الخصائص الكلية التي تصبغ السلوك في المواقف المختلفة هي التي تهم علم النفس من وجهة نظر الجشطلت أما رد الظاهرة السلوكية إلى أسسها البسيطة وتجزئتها فينحرف في الدراسة من دراسة الظاهرة الكاملة كما هي موجودة في موقف معين إلى تتبع ظواهر بسيطة أو أجزاء صغيرة مما يبعد الدراسة عن الهدف الأصلي.

٦.قام كوهلر تجاربه على القردة، وهناك نوعان من التجارب التي تحدث عنها هما:

- تجارب مشكلات الصندوق: أعد كوهلر قفصا علق بسقفه موزا ووضع فيه صندوقا، وحتى يصل القرد إلى الموز عليه وضع الصندوق ويقفز ليصل إلى الموز، وكانت هذه المشكلة صعبة بالنسبة للقردة، ونجح في حل هذه المشكلة شمبانزي واحد دون مساعدة، وتعلمت ستة قرود جل هذه المشكلة مع المساعدة، إما بوضع الصندوق تحت الموز أو إتاحة الفرصة لهم ليراقبوا قرد آخر أثناء استخدامه للصندوق كوسيلة للوصول إلى الموز. بعد حدوث التعلم كان القرد يضع الصندوق تحت الموز ليصل إليه. بعد ذلك أجرى تجارب أكثر تعقيدا وهي استخدام الشمبانزي أكثر من صندوق للوصول إلى الموز (وضع صناديق فوق بعضها البعض).
- تجارب مشكلات العصي: وهي استخدام عصا او أكثر لجذب الطعام الذي كان يوضع خارج القفص، بعد ذلك أجرى تجارب أكثر تعقيدا حيث زاد المسافة بين

الشمبانزي والموز، فاستخدم عصوين يدخل إحداهما في الآخر ليستطيع الشمبانزي الوصول إلى الموز.

٧. من خلال التجارب السابقة يرى كوهلر أن الشمبانزي تعلم من خلال الاستبصار وهو إدراك الشمبانزي العلاقة بين الصندوق والمسافة البعيدة عن الهدف وبين العصا الطويلة والمسافة البعيدة عن الهدف (جابر، ١٩٧٦).

٨.لقد بين عليان وآخرون (١٩٨٦) العوامل التي توثر في الاستبصار وهي:

- مستوى النضج الجسمي: فالفرد الذي لا يستطيع الوقوف على رجليه لا يتسنى له الاستفادة من الصندوق والعصي الموجودة، مما يحول بينه وبين إدراك العلاقات التي يمكن أن تربط بين هذه الموجودات والهدف الذي يرغب في الوصول إليه.
- مستوى النضج العقلي: تختلف مستويات الإدراك تبعا لمرتبة الكائن الحي في سلم المملكة الحيوانية أما بالنسبة للإنسان فإنها تختلف باختلاف تطور نموه المعرفي، فالأكثر نموا وخبرة يكون أكثر قدرة على تنظيم مجاله وإدراك العلاقات فيه.
- تنظيم المجال: من الأمثلة على التنظيم في تجارب الجشطلت وجود العصا (الوسيلة)، والهدف (الموز)، والجوع (الدافع) الذي يحرك الشمبانزي للحصول على الموز من أجل خفض توتره او استعادة توازنه، وهذا شكل حسن في تنظيم المجال بحيث لو فقدت منه بعض العناصر كالعصا أو الموز أو الدافع لما حصل تعلم بالاستبصار.
- الخبرة: يقصد بها الجشطلتيون الألفة، حيث يرون أن الألفة بعناصر الموقف او المجال تجعل إمكانية تنظيمه وربط أجزائه بعلاقات أكثر سهولة على الكائن الحي، مما لو افتقر إلى الألفة بهذه العناصر، أو بعناصر مشابهة لها.

٩.الفرق بين التجريب الذي قام به ثورندايك والتجريب الذي قام به كوهلر يتلخص في أن تجارب ثورندايك (التعلم الارتباطي) لا تسمح للعضوية بإظهار قدرتها على التعلم؛ لان العناصر التي يحتوي عليها القفص المشكل كانت مخبوءة بحيث لا تستطيع العضوية معالجتها إلا عن طريق الصدفة، أما تجارب كوهلر فكانت جميع العناصر في الصندوق واضحة أمام العضوية وغن كان لديها القدرة على الملاحظة وإدراك العلاقات تسنى لها أن تحل المشكلة من غير العشوائية التي تفرضها طبيعة المشكلة.

١٠. من خلال تجارب الجشطلت يمكن ملاحظة النتائج الآتية:

- وصلت العضوية إلى حل المشكلة (الوصول إلى الموز) مباشرة نتيجة للاستبصار.

- يعتمد الاستبصار على إدراك أجزاء الموقف وتنظيمها (يأتي الاستبصار عندما تنظم الأجزاء الفردية للحل بشكل يسمح للعضوية بإدراك العلاقة بينها).
- عندما تصل العضوية إلى الحل، فإن الوصول إلى الحل مرة ثانية لن يستغرق منها وقتا أو تبذل فيه أي محاولات، بل ستتجه في هذه الحالة إلى الحل مباشرة، وهنا يلاحظ أن التعلم بالاستبصار يختلف عن التعلم بالمحاولة والخطأ الذي يستغرق التعلم فيه عددا من المحاولات التي تحذف فيها الأخطاء بالتدريج.
- يمكن للعضوية أن تطبق الحل الذي توصلت إليه بالاستبصار في مواقف جديدة؛ لأن العضوية تتعلم علاقة بين وسائل وأهداف، إذ يمكن استبدال الأدوات المستخدمة بأخرى ومع ذلك يصل الحيوان إلى الحل.
- إن عملية الاستبصار ليست دائما عملية تعلم تؤدي إلى توصل المتعلم إلى الحل المطلوب فجأة، بل إنها في الغالب عملية تعلم تدريجي يدرك فيها المتعلم العلاقات المختلفة في المواقف ويحاول تنظيمها في وحدات جديدة تؤدي إلى تحقيق الهدف (انظر عليان وآخرون، ١٩٨٧، وكراجه، ١٩٩٧).

١١. المفاهيم الأساسية المتصلة بنظرية الجشتالت:

- الجشتالت: مصطلح ألماني يشير إلى كلٍّ يتجاوز مجرد مجموعة الأجزاء المكونة له، ويترجم إلى العربية بمعاني مختلفة مثل صيغة، شكل، نمط، نموذج، بنية.
- البنية (التنظيم): وتحدد البنية وفقا للعلاقات القائمة بين الأجزاء المترابطة للجشطلت (الكل)، وعليه فإن البنية تتغير بتغير العلاقات حيث لو بقيت أجزاء الكل على ما كانت عليه.
- إعادة التنظيم: استبعاد التفاصيل التي تحول دون إدراك العلاقات الجوهرية في الموقف.
- المعنى: ما يترتب على إدراك العلاقات القائمة بين أجزاء الكل.
- الاستبصار: الفهم الكامل لبنية الجشطلت (الكل) من خلال إدراك العلاقات القائمة بين أجزائه، وإعادة تنظيم هذه العلاقات على نحو يعطي المعنى الكامن فيه، ويتم فجأة وبشكل حاسم في لحظة واحدة، او من خلال تقريبات للأداء المطلوبة (عليان وآخرون، ١٩٨٦)
- يرى سيرجنت أن هناك أربعة أنواع من الحلول الاستبصارية: هي

أ- الحل المباشر: وفيه لا يحتاج الفرد إلى خطوات بين إدراك المشكلة والتوصل إلى الحل.

ب- الحل الفجائي: وهو حل يبدأ ببعض النشاطات ثم يتوقف هذا النشاط، ويمر الفرد بفترة ارتباك وحيرة ولكنه لا يلبث أن يقفز فجأة إلى الحل.

ت- الحل التدريجي: فيه يقوم الفرد بمحاولات عديدة أو أنواع من النشاط بعضها غير موجهة، ولا يلعب الفهم دورا رئيسيا في التوصل إلى الحل.

ث- الحل الثابت: وفيه يتوصل الفرد على الهدف بعد عدد من الخطوات مع فهم كل خطوة واكتشاف لما في الموقف من علاقات يعاد تنظيمها تدريجيا حتى يصل الفرد إلى الحل النهائي (كراجة، ١٩٩٧).

١٢. فرضيات نظرية الجشتالت:

- التعلم يعتمد على الإدراك الحسي: التعلم يعني اكتشاف طبيعة الحقيقة، ويتعلق بإدراك ما هو حاسم في أي موقف من المواقف، أو معرفة كيف تترابط الأشياء والتعرف على البيئة الداخلية للشيء الذي على الفرد التعامل معه، أما كيف يدرك الفرد شيئا ما فهو الأمر الذي يؤثر تأثيرا مباشرا في كيفية تركيزه في الذاكرة وهكذا فمن البديهي القول أن ما هو موجود في الذاكرة لابد وان يكون قد قدم بشكل محسوس أو مدرك أو معروف، فالإدراك يحدد التعلم.

- التعلم ينطوي على إعادة التنظيم: التعلم هي مسألة الانتقال من حالة يكون شيء ما فيها لا معنى له، أو حالة يبدو فيها الموقف كله غامضا، إلى حالة جديدة يصبح فيها للأشياء معنى نتغلب فيها على الحالة التي كان فيها الموقف غامضا إلى موقف في غاية الوضوح، وهذا يتم من خلال تنظيم العناصر بشكل مناسب يوصل إلى الهدف.

- التعلم ينصف ما نتعلمه (أي يعطيه قدرة): ليس التعلم عملية ارتباط اعتباطية بين أشياء لم تكن مترابطة من قبل، بل إن التعلم يعني التعرف الكامل على العلاقات الداخلية للشيء المراد تعلمهن وكذلك بنيته وطبيعته وهذه هي السمة المميزة للتعلم المتبصر، وما نتعلمه يناسب تماما حقيقة الشيء الذي نتعلمه وخصائص الجشطلت، وجوهر التعلم هو تعرف القوانين الداخلية والترابط الدقيق للشيء الذي نتعلمه.

- يعنى التعلم بالوسائل والنتائج المترتبة على استخدامها، فالشمبانزي عندما استخدم العصا بشكل صحيح استطاع الحصول على الموز.

- الفهم يمكن أن ينتقل إلى مواقف أخرى جديدة: فاكتساب الفرد لمبدأ عام يعني إمكانية تطبيقه في أي موقف مناسب ولا يكون قاصرا على الموقف الذي جرى تعلمه فيه فحسب، وعلى النقيض من ذلك فإن ما يتعلمه الفرد عن طريق الحفظ والاستظهار لا يحتمل أن يكون قابلا للانتقال إلى مواقف تعليمية أخرى.

- التعلم الحقيقي لا ينطفئ (لا ينسى): الخبرة التي تم تعلمها عن طريق الاستبصار لا يتم نسيانها بسهولة؛ لأنها تصبح جزءا من رصيد الذاكرة طويلة المدى.

- الحفظ بديل واهٍ للفهم: الحفظ يؤدي إلى تعلم لا يمكن نقله إلى مواقف أخرى، وإلى تعلم لا يمكن الاحتفاظ به بالقدر نفسه من التعلم الناجم عن الفهم.

- حسب التعلم مكافأة أن يتم بالاستبصار: التعلم الحقيقي كثيرا ما يصاحبه شعور بالابتهاج والارتياح، فرؤية العلاقات التي تدل على المعاني وفهم البنية الداخلية للجشطلت والقدرة على إدراك المعنى الذي يدل على الأشياء، كل ذلك إنما يمثل خبرة سارة في حد ذاتها (أبو جادو، ٢٠٠٣).

١٣. قوانين التعلم في نظرية الجشتالت:

- قانون التنظيم (Law of Organization): تدرك الأشياء إذا تم تنظيمها وترتيبها في أشكال وقوائم بدلا من بقائها متناثرة، مثل تصنيف الحيوانات في الطبيعة إلى آكلة اللحوم وآكلة الأعشاب ومن ثم وضع قائمتين إحداهما للحيوانات آكلة اللحوم وأخرى للحيوانات آكلة الأعشاب.

- مبدأ الشكل على أرضية (Law of Figure - ground): يعتبر هذا المبدأ أساس عملية الإدراك، غذ ينقسم المجال الإدراكي لظاهرة ما على قسمين: القسم المهم هو الشكل وهو الجزء السائد الموحد الذي يكون مركزا للانتباه، أما الجزء الثاني فهو الأرضية وهو بقية المجال الذي يعمل كخلفية متناسقة ومنتشرة يبرز عليها الشكل في البيئة.

- قانون التشابه (Law of Similarity): يقصد به أن العناصر المتشابهة او المتماثلة أو المتساوية تميل إلى التجمع معا، وان العناصر المتشابهة يسهل تعلمها أكثر من العناصر غير المتشابهة، ولا يحدث ذلك نتيجة الربط بين العناصر وإنما نتيجة التفاعل بينهما.

- قانون التقارب (Law of Proximity): يقصد به أن العناصر تميل إلى تكوين مجموعات إدراكية تبعا لمواضعها في المكان، بحيث تكون العناصر المتقاربة أيسر في التجمع.

- قانون الإغلاق (Law of Closure): تميل المساحات المغلقة إلى تكوين وحدات معرفية بشكل أيسر من المساحات المفتوحة، ويسعى الفرد إلى إغلاق الأشكال غير المكتملة للوصول إلى حالة الاستقرار الإدراكي.

- قانون الاستمرار (Law of Continuation): يعنى التنظيم في الإدراك والميل إلى الحدوث على نحو يجعل الخط المستقيم يستمر كخط مستقيم، والجزء من الدائرة يستمر كدائرة (انظر أبو جادو، ٢٠٠٣، وكراجه، ١٩٩٧، والخوالدة، ٢٠٠٣، وسليمان، ١٩٩٠).

١٤. التطبيقات التربوية لنظرية الجشطلت: يمكن الاستفادة من فكرة التعلم بالاستبصار في عدة نواحي منها:

- تعليم القراءة والكتابة للأطفال الصغار، حيث يفضل إتباع الطريقة الكلية بدلا من الطريقة الجزئية، أي البدء بالجمل ثم بالكلمات ثم الحروف، فمن الواضح أن الجمل والكلمات التي يبدأ بها الطفل تكون ذات معنى وذات أهمية في نظر الطفل أما الحروف المجردة فيصعب على الطفل إدراك مدلولاتها.

- يمكن الاستفادة من النظرة الكلية القائمة بأن الكل يجب أن يسبق الأجزاء وذلك بأن تطبق هذه الفكرة في خطوات عريضة لموضوع معين، إذ يحسن البدء بتوضيح النظرة العامة إلى الموضوع في جملته، وبعد ذلك ننتقل إلى عرض أجزائه واحدا بعد الآخر؛ لأن ذلك يساعد على فهم الوحدة الكلية للموضوع.

- في التفكير في حل المشكلات يمكن الإفادة من النظرية الكلية، عن طريق الاهتمام بحصر المجال الكلي للمشكلة، بحيث ينظر إليها مرة واحدة، فهذا يساعد على إدراك العلاقات التي توصل إلى حل إذا ما أغفلنا بعض أجزاء المشكلة او نظرنا إليها من زاوية واحدة، من غير أن نستوعب كل جزء فيها، فإن هذا سيؤدي إلى إعاقة عملية الوصول إلى الحل السليم (أبو علام، ١٩٨٦).

المراجع العربية:

- أسعد، ميخائيل إبراهيم. ١٩٨٢. **مشكلات الطفولة والمراهقة**، دار الآفاق الجديدة، بيروت.
- بياجيه جان، **سيكولوجية الذكاء، ترجمة** سيد محمد غنيم، دار المعرفة، القاهرة، ١٩٧٨.
- توق ود, محي الدين, وعدس, وعبد الرحمن. ١٩٨٤. **أساسيات علم النفس التربوي**, جون وايلي وأولاده، نيويورك.
- أبو جادو, صالح محمد علي. ٢٠٠٣. **علم النفس التربوي**,ط٣, دار المسيرة للنشر والتوزيع والطباعة, عمان.

- جوهر، أحمد. د.ت. **التوحد، العلاج باللعب**، د.ن.

- حسان، شفيق. ١٩٨٩. **علم النفس التطوري**، دار العلم للملايين، بيروت.
- حسين، وزيدان. ١٩٨٢.
- أبو حطب, فؤاد, صادق, آمال. ١٩٨٠. **علم النفس التربوي**, ط٢, مكتبة الأنجلو المصرية، القاهرة.
- حمدان، محمد زياد. ١٩٨٢. **تعديل السلوك الصفي**، مؤسسة الرسالة، بيروت.
- الخضري، سليمان. ١٩٧٦. **الفروق الفردية في الذكاء**، دار الثقافة، القاهرة.
- خير الله، سيد. ١٩٨١. **علم النفس التربوي**، دار النهضة العربية، بيروت.
- خير الله سيد. ١٩٧٣. **علم النفس التعليمي**، مطبعة دار العالم العربي، القاهرة.

- الراوي، فضيلة، وحماد، آمال صالح. ١٩٩٩. **التوحد - الإعاقة الغامضة**، د.ن.

- رزق الله رالف. د.ت. **سيغموند فرويد**، المؤسسة الجامعية للدراسات والنشر والتوزيع، بيروت.
- دمنهوري، رشاد وآخرون. ١٤٢١ هـ. **علم النفس التربوي**, دار جدة, جدة.
- دماس، محمد راشد. ١٩٩٩. **الاتصال الانعكاسي: خمس وعشرون طريقة للتأثير في نفس الطفل وعقله**، ط١, دار ابن حزم, بيروت.
- روسو، جان جاك. ١٩٥٦. **إميل أو التربية**، ترجمة عادل زعيتر، دار المعارف بمصر، القاهرة.
- ريان، فكري حسن. ١٩٦٦. **الاستعداد للتعلم**، عالم الكتاب، القاهرة.

- أبو ريان، محمد. ١٩٨٦. **تاريخ الفكر الفلسفي في الإسلام**، مكتبة دار المعرفة، الإسكندرية.
- زيعور, علي. ١٩٨٠. **مذاهب علم النفس**, ط٣، دار الأندلس, بيروت.
- الزيود, نادر فهمي, وهندي, صالح دياب، وعليان, هشام عامر, وكوافحة, تيسير مفلح. ١٩٨٩. **التعلم والتعليم الصفي**، دار الفكر للنشر والتوزيع, عمان.
- السرور. ١٩٩٨. **مدخل إلى تربية المتميزين والموهوبين**, دار الفكر للطباعة والنشر والتوزيع, عمان.

- السعد، سميرة. ١٩٩٧. **معاناتي والتوحد**، دار ذات السلاسل، الكويت.

- سليمان، عبد الرحيم سيد. ٢٠٠٠. **الذاتوية (إعاقة التوحد لدى الأطفال)**، مكتبة زهراء الشرق.

- سوريال، لطفي. ١٩٧٤. **تنظيم تعلم التلاميذ (R\C\٦)**، منشورات معهد التربية، بيروت: أونروا – يونسكو.
- صالح، أحمد زكي. ١٩٧٢. **علم النفس التربوي**، ط١٠، مكتبة النهضة المصرية، القاهرة.
- عاقل فاخر. ١٩٨١. **التعلم ونظرياته**، ط٥، دار العلم للملايين، بيروت.
- عاقل، فاخر. ١٩٨٢. **أصول علم النفس وتطبيقاته**، دار العلم للملايين، بيروت.
- عبد السلام، حامد. ١٩٩٩. **علم النفس النمو**، ط٥، عالم الكتب، القاهرة.
- عبد الغفار, عبد السلام. ١٩٧٧. **التفوق الفعلي والابتكار**, دار النهضة العربية, القاهرة.
- عدس، عبد الرحمن، وقطامي، يوسف. ٢٠٠٦. **علم النفس التربوي النظرية والتطبيق الأساسي**, ط٣, دار الفكر, عمان.
- عريفج، سامي سلطي. ٢٠٠٢. **سيكولوجية النمو**، دراسة لأطفال ما قبل المدرسة، ط٢، دار الفكر للطباعة والنشر والتوزيع، عمان.
- عريفج، سامي. ١٩٩٣. **علم النفس التطوري**، دار مجدلاوي للنشر، عمان.
- عليان، هشام، وهندي، صالح، والكوفحي، تيسير. ١٩٨٦ **المحص في علم النفس التربوي**، ط٣، دار الفكر للنشر والتوزيع.
- العمر، بدر. ١٩٩٠. **المتعلم في علم النفس التربوي نظرة معاصرة**، جامعة الكويت، الكويت.

- فرويد، آنا. د.ت. **الأنا وميكانيزمات الدفاع**، ترجمة صلاح مخيمر، وعبده ميخائيل رزق، مكتبة الأنجلو المصرية، القاهرة، بلا تاريخ.

- فرويد، سيغموند. ١٩٦٧. **حياتي والتحليل النفسي**، ترجمة مصطفى زيد وعبد المنعم المليجي، ط٢، دار المعارف بمصر، القاهرة.

- فرويد، سيغموند. ١٩٨٥. **الأنا والهو**، ترجمة د. محمد عثمان نجاتي، ط٤، ديوان المطبوعات الجامعية، الجزائر.

- فرنون، فيليب. ١٩٨٨. **الذكاء في ضوء الوراثة والبيئة**، ترجمة فاروق عبد الفتاح علي موسى، ط١، مكتبة النهضة المصرية، القاهرة.

- فهمي، مصطفى. د.ت. **سيكولوجية الطفولة والمراهقة**، مكتبة مصر، القاهرة.

- فيفوتسكي ل.س. ١٩٦٧. **التفكير واللغة**، ترجمة د. طلعت منصور، مكتبة الأنجلو المصرية، القاهرة.

- قطامي، يوسف، وعدس، عبد الرحمن. ٢٠٠٢. **علم النفس العام**، دار الفكر للطباعة والنشر والتوزيع، عمان.

- قطامي، يوسف. ١٩٨٩. **سيكولوجية التعلم والتعليم الصفي**، دار الشروق، عمان.

- قطامي، يوسف، وقطامي، نايفة. ٢٠٠٠. **سيكولوجية التعلم الصفي**، الأهلية للنشر والتوزيع، عمان.

- قطامي، يوسف, وقطامي, نايفة. ٢٠٠١. **إدارة الصفوف**، دار الفكر, عمان.

- آل قماش. ٢٠٠٤. **مفهوم الإبداع والابتكار**، وزارة التربية والتعليم السعودية.

- قناوي، هدى. ٢٠٠٠. **علم النفس التربوي**، دار قباء، القاهرة.

- الكند، ديفد. ١٩٩٦. **نمو الطفل**، ترجمة كاظم الطحان، وزارة الثقافة، دمشق.

- كونجر، جون. ١٩٨٥. **سيكولوجية الطفولة والسخصية**، ترجمة أحمد سلامة، دار النهضة، القاهرة.

- معوض، خليل. ١٩٧٩. **سيكولوجية النمو**، الهيئة المصرية للكتاب، الإسكندرية.

- المليجي، حلمي. ١٩٨٢. **النمو النفسي**، دار المعرفة الجامعية، الإسكندرية.

- المليجي حلمي، **علم النفس المعاصر**، ط٢، دار النهضة العربية للطباعة والنشر، بيروت، ١٩٧٢.

- منصور، طلعت. ١٩٨٤. **أسس علم النفس العام**, الأنجلو المصرية, القاهرة.

- مدنيك سارنوف أ. وآخرون، **التعلّم**، ترجمة د. محمد عمار الدين إسماعيل، ديوان المطبوعات الجامعية، الجزائر، ١٩٨٥.

- ميلر سوزانا، **سيكولوجية اللعب**، ترجمة حسن عيسى، سلسلة عالم المعرفة، العدد ١٢٠، الكويت، ديسمبر(كانون ١) ١٩٨٧.

- نجاتي, محمد عثمان. ١٩٨٠. **الإدراك الحسي عند ابن سينا**, بحث في علم النفس عند العرب، ط٣, دار الشروق, بيروت.

- نجاتي، محمد عثمان. **١٩٨٧**. القرآن وعلم النفس, ط٣, دار الشروق, القاهرة.

- نجاتي، محمد عثمان. ١٤٢٢. **مدخل إلى علم النفس الإسلامي**, ط١, دار الشروق, القاهرة.

- الوقفي. ١٩٨٠. **مقدمة في علم النفس**, ط٣, دار الشروق للنشر والتوزيع, عمان.

- وينج، لورنا. د.ت. **الأطفال التوحديون**, ترجمة هناء المسلم، الكويت.

- هايمان راي. د.ت. **طبيعة البحث العلمي في علم النفس**، ترجمة د. سعد جلال، دار المعارف بمصر، القاهرة، بلا تاريخ.

- الهنداوي، علي فالح، والزغول، عماد عبد الرحيم. ٢٠٠٢. **مبادئ أساسية في علم النفس**، دار حنين للنشر والتوزيع، عمان.

- يعقوب غسان، **تطور الطفل عند بياجيه**، ط١، دار الكتاب اللبناني، بيروت، ١٩٧٣.

المراجع الأجنبية:

- Axelord, S. ١٩٨٣. **Behavior modification for the Classroom** (٢nd) New York, McGraw – Hall.

- Bloom, B.S. Hastings, J.T. and Madaur, G.F. ١٩٧١. **Handbook on for motive and summative Evaluation of student Learning.** New York, McGraw hill Book company.

- Biehler, R. and Snowman, J. ١٩٩٧. **Psychology Applied to Teaching. Boston,** Houghton on Mifflin Co.

- Bruner, L. ١٩٨٦. **How do teachers teach memory skills?** In J. levien and M. Presley (eds) Educational psychologists, ٢١, pp. ٥٥-٧٢.

- Clarizio, H. Carig R. and Mehrens, W. ١٩٨٩. **Contemporary issues in educational psychology.** New York, Random House ٢٢٨-٢٣٥.

- Dembo, M. ١٩٩٤. **Applying Educational Psychology in the Classrom.** Ney York, Longman.

- Goodwin, W.L, and Klausmeier, H.J. ١٩٧٥. **Facilitating student learning: An Introduction to Educational psychology.** New York: Harper and Roar, Publishers.

- Gage, N.L., and Berliner, D.C. ١٩٧٩. **Educational Psychology, Chicago:** Rand McNally.

- Garner, Howard. ١٩٨٧. **Frames of Mind, Harvard University.**

- Gagne, R.M. ١٩٧٧. **The conditions of Learning.** New York: Holt, Rinehart, and Winston.

- Gage, N.L., and Berliner, D.C. ١٩٧٩. **Educational psychology,** Chicago: Rand Mc Nally.

- Gagne, R. and Briggs, L. and Wager, W. ١٩٨٨. **Principles of Instructional Design.** N.Y. Holt, Rinehart and wiston.

- Gagne, E. ١٩٨٥. **The Cognitive Psychology of school learning Boston.** Little Brown.

- Hamachek, D.E. ١٩٧٩. **psychology in Teaching, Learning and Growth –** Boston: Allyn and Bacon, Inc.

- Kaplan, P. ١٩٩٠. **Educational Psychology For morrow's. Teacher**. New York West publishing.

- Mazur, J. ١٩٩٠. **learning and Behavior. ٢nded Englewood** Cliffs, Prentice – Hall.

- Mager R. ١٩٨٤. **Developing Attitude toward Learning**. David lake. Blemont.

- Rohwer, W.D., Amman, P.R., and Cramer, p. ١٩٧٤. **understanding Intellectual Development: Three Approaches to Theory and Practice**. Hinsdale, Illinois: The Dryden press.

- Sprinthall, N, Sprinthall, R. ١٩٩٤. **Educational psychology A development Approach. New York Mc Graw - hill inc.**

- Skinner B.F. ١٩٦٨. **the Technology of Teaching, New Yourk Appleton century – crofts.**

- Wakefield, J. ١٩٩٦. **Educational Psychology Learning to be Problem solver, Boston,** Houghton miffinco.

Woolfolk, A. ١٩٩٨. **Educational Psychology, Boston, Allyn and Bacon.**

Printed in the United States
By Bookmasters